管理觉醒

用行动学习研讨会激活引导式管理

王兴东 著

中华工商联合出版社

图书在版编目（CIP）数据

管理觉醒：用行动学习研讨会激活引导式管理 / 王兴东著 . —— 北京：中华工商联合出版社，2025.6.
ISBN 978-7-5158-4312-4

Ⅰ . F272

中国国家版本馆 CIP 数据核字第 2025FK4164 号

管理觉醒：用行动学习研讨会激活引导式管理

作　　者：王兴东
出品人：刘　刚
责任编辑：胡小英
装帧设计：金　刚
排版设计：汇众创意设计
责任审读：付德华
责任印制：陈德松
出版发行：中华工商联合出版社有限责任公司
印　　刷：文畅阁印刷有限公司
版　　次：2025 年 6 月第 1 版
印　　次：2025 年 7 月第 1 次印刷
开　　本：710mm×1020mm　1/16
字　　数：286 千字
印　　张：17.5
书　　号：ISBN 978-7-5158-4312-4
定　　价：78.00 元

服务热线：010－58301130－0（前台）
销售热线：010－58302977（网店部）
　　　　　010－58302166（门店部）
　　　　　010－58302837（馆配部、新媒体部）
　　　　　010－58302813（团购部）
地址邮编：北京市西城区西环广场 A 座
　　　　　19－20 层，100044
http://www.chgslcbs.cn
投稿热线：010－58302907（总编室）
投稿邮箱：1621239583@qq.com

工商联版图书
版权所有　侵权必究

凡本社图书出现印装质量问题，请与印务部联系。
联系电话：010－58302915

推荐语

在安徽工大"高质量发展研修班"上,与众多企业家学员共同体验了王兴东老师的"企业文化共识工作坊",这种现场引导产出实际成果的工作坊,值得所有团队学习借鉴。相信王老师的新书一定会对各级管理者产生积极的指导作用。

——董书安　希么希纯钛水杯创始人

有幸在北大总裁班上,参与了王兴东老师的"创新思维工作坊",他丰富的知识储备,加上灵活自如的课堂互动,令人耳目一新,堪称有趣、有料、有效!这本新书凝聚了他的宝贵经验,强烈推荐管理者学习!

——马爱民　原聚星科技 CEO

我集团与王兴东老师多次合作培训项目,从行动学习工作坊到领导力培训课程,每一场都好评如潮,成果显著,有效提升了企业的管理效能!这本新书融合了兴东老师多年的实战经验,是团队管理者的必备手册!

——郭彦杰　中秦兴龙集团党委书记、总裁助理

王兴东老师的工作坊精准匹配企业需求,帮助团队快速成长。这本书打破了传统的管理思维,把行动学习研讨会作为激活引导式管理的密钥,案例详实,方法落地,是管理者不可错过的进阶宝典。

——李成虎　山东三合伟业新材料有限公司总经理

在企业家研修班上，体验了王兴东老师的工作坊，他丰富的知识底蕴和灵动创新的课程设计，让人耳目一新。王老师授课紧贴学员的真实工作场景，现场解决实际问题，产出实际成果，让企业家学员们沉浸其中，收获满满！相信这本书能给管理者带来切实的收获！

——程雪　红苹果企业服务集团公司创始人

王兴东老师为我们的管理者多次交付课程，切实解决了管理中的实际问题！他的课程内容丰富，工具实用，帮助团队实现了能力提升。本书必将助力更多团队管理者进阶！

——赵松　凌云集团人力资源部培训管理负责人

王兴东老师曾连续多年为省公司班组长"牵手行动"带来定制化工作坊，还帮助我们编写了《中国移动第一区域班组管理案例手册》，他的专业与博学让课程出彩。这本新作凝聚其多年心血，诚意推荐！

——姜阳　辽宁移动"牵手行动"负责人

我公司连续多年邀请王兴东老师为"青年骨干训练营"提供支持，从贯穿始终的行动学习项目，到穿插其中的职场沟通、情绪管理、职业素养、表达呈现等不同主题培训课程，均由王老师一人承担，每年都取得丰硕的成果，得到学员和上级领导的认可。这本新书凝聚了兴东老师的宝贵经验，相信会帮助广大管理者实现觉醒与突破！

——梁媛媛　某大型国有企业人力资源部青训营项目负责人

作为长期合作伙伴，我的团队见证了王兴东在培训领域的专业与匠心。他的课程体系丰富，落地性极强，客户续约率行业领先！这本新书凝结其课程精华，是管理者不可错过的实操指南！

——苏娜　四川易策府教育咨询公司创始人

行动学习工作坊是我公司主推的产品之一，多年合作中，王兴东老师的定制化工作坊每次都能精准击中企业痛点，解决实际问题，学员反馈"干货满满，回去就能用"。这本新书值得一读！

——李德浩　海沃克（Hi-work）企业管理公司创始人

王兴东老师善于根据客户需求，量身设计定制化工作坊，交付的课程覆盖了领导力培训、行动学习、引导式TTT等三大系列，落地效果远超预期，学员反馈课程"实用、高效、有价值"，客户复购率很高！这本新书值得企业各级管理者学习！

——许英超　北京明日倍增管理顾问公司创始人

王兴东老师总能精准把握企业需求！无论是行动学习工作坊，还是领导力提升课程，落地效果显著，学员评价他的课程"听得懂、学得会、用得上"。本书更是将实战经验倾囊相授，诚意推荐！

——张岩　普尔摩（北京）咨询公司合伙人

从行动学习工作坊到领导力培训项目，王兴东老师的课程始终以效果说话，收获客户好评！他善于现场发掘真实场景，让学员在体验中寓教于乐；用真实案例拆解管理难题，帮助企业解决实际问题。本书为管理者带来全新思路与工具，助力管理效能跃升。

——朱红波　秦皇岛企智企业管理咨询公司创始人

王兴东老师对"绩效改进"工具的融会贯通，让工作坊的成果产出效率大幅提升。本书融入了绩效改进的理念，还转化出了实用的工具，管理者可以拿来即用，强烈推荐！

——钟学敏　郑州行动学堂企业管理咨询公司创始人

连续多年与王兴东老师合作，为电信运营商开展轮训项目，王老师的课程生动有趣，落地效果显著，切实帮助管理者解决带团队的难题。本书值得每位管理者深入研读！

——海霞　深圳市傲举企业管理顾问有限公司师资部负责人

自 序

管理者的反思与觉醒

多年来，我见证了无数管理者在传统管理模式下苦苦挣扎：上司包办一切、部门成员依赖命令、团队气氛日渐低迷、创新和主动性被层层束缚……这些问题不仅使得组织效率低下，更导致管理者总觉得是在孤军奋战、身心俱疲，似乎找不到唤醒团队潜能、凝聚集体合力的良策。

真相是，管理的转变必须从内心的"觉醒"开始。

通过以下自测，或许我们可以从源头开始了解"管理者为何深陷困境"。

开篇自测：你的管理处于何种状态？

作为管理者，您是否在带领团队时遇到过以下情况？请根据实际情况在相应的选项空格内打"√"。

表1 自我测试：管理者在带团队时的困扰

序号	管理者带团队时遇到的现象	从未（1分）	偶尔（2分）	经常（3分）
1	面对下属时，我习惯居高临下地发号施令			
2	下属能力不够，所以我不得不亲自解决难题			
3	团队内部会议，我的发言占据70%以上的时间			
4	本想让团队讨论，最终我自己主导了话语权			
5	作为管理者，我觉得自己像是孤家寡人			
6	团队成员习惯于听从命令，缺乏主动性			
7	团队成员遇到障碍时，倾向于推卸责任			
8	下属遇到难题，首先向我寻求答案			
9	团队讨论话题时，要么冷场，要么吵成一团			

续表

序号	管理者带团队时遇到的现象	从未（1分）	偶尔（2分）	经常（3分）
10	团队讨论时仅有少数人发言，其余人保持沉默			
11	团队讨论问题的效率低下，不如独自思考			
12	团队表面和谐实则各怀心事，背后搞小动作			
13	团队没有形成坦诚开放的工作氛围			
14	我没学过激发集体智慧的方法，不知如何下手			
15	我觉得当一名管理者身心俱疲，压力巨大			
得分：根据各列"√"的数量，折算成相应分数，并求和				

15-20分（含20分）：您已步入觉醒者行列，您擅长调动团队力量，团队氛围积极开放，管理轻松高效。

20-30分（含30分）：您正处于黎明前的觉醒临界点，团队管理存在一些共性问题，需要针对性地改善管理方式，提升团队效能。

30-45分（含45分）：您的管理可能已陷入困境，急需树立新理念，学习新方法，以摆脱身心俱疲的状态。但这是觉醒的契机！沉睡的团队力量亟待管理者叩启心智之门。

以上题目，是对管理者带团队水平的初步测试，无论您得分是多少，相信本书都能够为你打开一扇窗户，带来全新的视角和方法，让您带领团队不再那么吃力。

觉醒的叩问：管理者的解困良方在何处？

一次行动学习工作坊结束后，有位学员无奈又困惑地向我留言倾诉：

"参加您的行动学习工作坊后，我感触颇深，这两天的研讨成果显著，解决了很多团队困扰已久的棘手难题，完全超出了大家的预期。相比之下，我们公司内部会议简直就是在消耗生命！

我身为中层管理者，日程被会议填满，不是在开会，就是在去开会的路上。可很多会议的效率极低：有时是领导一人从头讲到尾，听众昏昏欲睡；有的会议让大家讨论，可是跑题严重，发言浮于表面，进入正题后又互相推诿，没人提出可行方案。宝贵时间被这些会议吞噬，重要工作被搁置，长此以往，公司迟早要被这些毫无意义的会议拖垮！

我自己部门的会议也好不到哪去，常常消耗大量时间却见不到效果，有员工当众抱怨得了会议恐惧症，而我却不知如何着手改善。我自己身上背负着越来越多的事务，如同瘦马拉旧车，带团队越来越辛苦，无力与疲惫感挥之不去。

我十分认同您的观点：行动学习工作坊这种研讨形式，应推广到所有团队，要让管理者都掌握这项能力，摆脱独自负重前行的困境，让团队成员享受到紧密协作、群策群力取得成果的乐趣！"

这段肺腑之言反映了许多管理者的共同困扰：会议效率低下、决策拖延、执行力不足等一系列问题让人身心疲惫，难以自拔。

带团队，本应是管理者带领团队成员共同化解难题，齐心协力达成共同目标的过程。会议效率低只是表面的现象，本质上是管理者没有认清管理的本质，没有找到汇聚员工智慧、形成组织合力、调动团队自驱力的方法，只好在孤军奋战的路上渐行渐远，把所有问题都自己扛，团队越带越累。

本书创作的初衷，就是为深陷此类困扰的管理者奉上一剂解药，让带团队轻松起来。通过行动学习研讨会，让员工成为主角参与到团队事务中，群策群力解决团队难题，齐心协力改善团队管理，把管理者从事必躬亲的沼泽中解救出来，让队伍焕发生机与活力。

作为一名行动学习引导师、领导力培训师，笔者的课程体系中有一个重要的模块，就是帮助管理者学会在团队中开展行动学习研讨会，组织团队高效研讨，在群策群力化解难题的同时，促进组织融合与协作。这不仅要求管理者掌握一些研讨的方法和工具，更重要的是，管理者需要重新看待团队管理的本质，转变旧有的心智模式，建立新的组织管理系统，这是新时代下领导力发展的重要组成部分。

近年来，我为众多商业组织量身定制各类主题的工作坊，以下是我经常交付的工作坊主题：

表2　不同主题的工作坊及应用场景

工作坊主题	应用场景	主要目的
问题分析与解决工作坊	团队中有需要共同解决的难题时	群策群力分析与解决实际问题，产出创新的落地行动方案
问题案例与管理改善工作坊	团队中发生负面事件时	借助负面事件，共同弥补管理漏洞，改善团队管理水平，防止此类事件再次发生

续表

工作坊主题	应用场景	主要目的
业务目标达成工作坊	团队面临任务压力大，实现目标有难度时	锁定团队最重要目标，找到实现目标的最优路径，制定出执行策略和行动方案
企业（团队）文化共识工作坊	需要借助企业文化（或团队文化）的塑造，来指引工作开展，推动组织变革时	提炼（或深入理解）共同的愿景、使命、价值观，产出行为准则，让企业文化（或团队文化）内化于心、外化于行、固化于制、显化于物
战略落地工作坊	组织的战略方向需要澄清、共识，并形成合力落地践行时	梳理或共创企业或团队战略方向，形成全员共识，确立阶段里程碑，夺取必赢之战
项目复盘工作坊	项目团队在各阶段，需要通过复盘回顾，指引今后工作时	运用复盘方法论，开展工作复盘，总结经验与教训，规划后期工作
跨部门协作工作坊	企业或项目团队在面临跨部门沟通和协作障碍时	加强跨部门融合，促进信息畅通和资源共享，推动各部门协作，有效面对工作挑战
创新思维工作坊	面临创新项目，需要拓宽创新思维的时候	借助多种创新思维方法，打破思维边界，产出创新成果。
跨界游学落地工作坊	跨界标杆游学的过程中	学会高效务实的观摩方法，将标杆观摩的亮点与自身工作结合，现场转化为实际改善行动

以上这些工作坊，多数是在特定的情境下偶尔或阶段性召开，且需专业引导师协助才能达到效果。然而，"问题分析与解决工作坊"和"问题案例与管理改善工作坊"应用场景广泛，流程和工具较易掌握，管理者可以适当增加召开频次，并由内部人士自行引导。

为了方便团队成员理解，本书将引进外部引导师开展的行动学习活动称为"行动学习工作坊"，团队管理者组织开展的称为"行动学习研讨会"。基于"解题"与"防患"的不同目的，上述两个研讨会的应用场景有所区别：

"问题解决研讨会" 是在团队遇到"棘手难题"时，运用问题分析与解决的流程与工具，集体研讨创新解决方案并落实行动，重点在于"解决问题"。

"管理改善研讨会" 是在团队发生"负面事件"时，通过讨论分析事件背后的管理漏洞并弥补，防止类似事件再次发生，重点在于"改善管理"。

借助这两种行动学习会议，团队可以在解决问题的同时构建防范机制，提升管理效能。两种研讨会的方法论是一脉相承的，管理者若能掌握这两种研讨会的引导方法，将对"引导式管理"有更深的理解，可灵活应用于更多工作场景。

AI 时代的追问：行动学习研讨是否具有不可替代性？

在本书写作的关键时期，国产人工智能大模型 DeepSeek 的横空出世，让"人工智能如何颠覆工作方式"的讨论热度持续升温。面对舆论的喧嚣与焦虑，我开始重新审视本书的价值。

当 AI 已经能高效生成解决方案时，还有必要召开群策群力的行动学习研讨会吗？

当 AI 能瞬间输出答案时，耗时费力的行动学习研讨是否会被"人机协同"彻底取代？

带着这些疑问，我将思考付诸实践。在为客户交付"基于创新思维的问题分析与解决"行动学习工作坊时，我有意识地引导学员在研讨中同时打开 AI 工具，既独立思考，又向 AI 提问，将两者结合进行讨论。实践的结果令人振奋——AI 为行动学习注入了前所未有的效率与深度：思维框架更加清晰，逻辑推演更具深度，参考视角更加多元，输出成果更加全面，实操建议更加落地。AI 完全可以成为研讨桌上的"超级助手"！

虽然人工智能为行动学习提供强有力的支持，但我却愈发笃定地认为，团队成员的群策群力研讨依然是不可替代的。

首先，AI 存在着显著的局限性。它无法替代人类在情感互动中传递的细腻温度，也难以构建团队协作中至关重要的信任感——这种成员间的情感纽带，正是驱动协作效能、强化团队凝聚力的核心引擎。尽管 AI 能输出逻辑严密的高质量解决方案，却始终无法营造出让团队成员彼此坦诚信任、并肩作战的理想协作状态。对于团队发展而言，这些无形的情感联结与协作默契，往往比具体的任务成果更具长远价值。

其次，团队智慧碰撞迸发的创造力无可替代。团队成员间思想的激烈碰撞与灵感交融，才是孕育创新方案的沃土；多元背景与经验的叠加，让团队得以突破复杂难题的桎梏，这绝非 AI 所能独立完成。面对复杂问题，AI 常陷入线性优化的思维定式，而团队凭借多维视角，更易实现突破性的非线性创新。此外，团队成员在协作中形成的众志成城、共同担责的行动力，更是 AI 难以逾越的鸿沟。

总之，AI 技术为行动学习研讨会提供了强大的支持，但团队的群策群力依然是化解难题、推动创新和组织融合的重要方式。将 AI 的技术优势与团队的协作能力相结合，能实现更高效、更全面的问题解决和管理改善。这个结论进一步激发了我深度创作这本书的热情。

本书不是只为管理者提供解决当下问题的应急手册，而是点燃团队觉醒的火种。根据本书的结构，我们将共同经历三个层次的认知跃迁：

在第一部分，本书开门见山地直击管理之殇，从低效会议模式的反思入手，探讨管理模式与管理角色转型。通过团队会议的参与度，可以折射出组织健康度，从以管理者自我为中心的管理模式，调整为团队成员群策群力化解难题，这不仅是一种会议方式的转变，更是管理理念的转型和管理本质的觉醒。通过塑造"引导式管理"新范式，向"引导式管理者"转型，可以化解诸多团队难题，迎来崭新的团队面貌。

第二部分，向读者介绍"行动学习"这种被广泛验证有效的会议模式，行动学习为管理者提供践行"引导式管理"的舞台，充分实现团队成员共同参与群策群力。通过介绍行动学习中的多元技术协同，为管理者提供行动学习研讨会的实用工具。通过各项准备工作的介绍，让管理者能够做好充足的准备，为行动学习研讨会的有效召开打好基础。

第三部分和第四部分，分别对"问题解决研讨会"和"管理改善研讨会"的实践过程进行详细介绍和实践，通过详细的流程、方法、工具和案例介绍，为各级团队管理者提供可供借鉴的经验。行动学习研讨会的实践过程，需要管理者积极尝试，只要肯迈出应用的第一步，哪怕并不能完全做到位，也一定会有收获；如果能够坚持应用，不断总结经验教训，随着引导式领导力的提升，管理者必将带着行动学习的破茧之力，看到团队的变化！

本书适合三类渴望觉醒的读者：

1. 各级团队管理者

本书帮助管理者转变工作习惯，从"自我为中心"的管理方式，迈向群策群力的团队研讨共创方式，成为一名"引导式管理者"。

2. 主持团队内部研讨会的职场人士

本书所介绍的理念和方法论可供每个职场人学习。管理者可以授权员工担任团队内部研讨会的主持人，员工也可以主动申请承担该工作，经过研讨会主持历练的员工，将获得多方面的快速成长，对未来职业发展大有裨益。

企业内训师、人力资源业务合作伙伴（HRBP）等岗位，承担着组织发展、人才发掘、能力培养等方面的工作职责，也可以借助本书提升工作能力，将引导的方法运用于培训教学、人才培养、问题解决等工作中，推动本职工作迈向新台阶。

3. 引导、教练、培训圈的专业人士

本书作者是一名从业十余年的职业培训师、引导师、团队教练，书中内容均来自定制化工作坊的商业交付实践，有很多独立开发，自主版权的方法论，以及在领导力、引导、团队教练等方面的思考，还有一些对行业经典的演绎。业内人士可从批判的角度审阅书中内容，选择性地接收有价值的部分，对不当之处请不吝批评指正，展开建设性的探讨，相信会碰撞出新的火花，共同进步。

当你翻开这本书，就踏上了管理者的觉醒之旅。这不单是工作方法的升级，更是管理认知的颠覆与重生。那些曾被我们视作"管理难题"的挑战，终将成为团队觉醒之路上的垫脚石——因为真正的管理之道，永远在群体智慧的觉醒中徐徐展开。

导 读

本书涉及的重要概念

为了让大家对本书的内容有更准确的理解，现对书中涉及的重要概念进行阐释，以方便您的阅读。

1. 对"团队"的澄清

并不是所有组织都可以称作"团队"。在乔恩·R·卡岑巴赫与道格拉斯·K·史密斯合著的《高效能团队》一书中，曾对团队下过这样的定义：团队是由少数具有互补技能的人组成的，他们致力于共同的目的、绩效目标和方法，并对此相互负责。

很多被称作"团队（Team）"的组织，其实并不完全具备团队的特征，准确来说应该称作"工作小组（Working Group）"，二者的区别如下：

表3 工作小组和团队的区别

工作小组	团队
强有力的、明确集中的领导者	共享的领导角色
个体问责	个体和相互问责
小组目标与更高级的组织任务一致	团队自身总结的具体团队目标
个体工作成果	集体工作成果
进行高效的会议	鼓励开放式讨论和活跃的问题解决会议
通过对他人的影响（如业务的财务绩效）间接衡量其有效性	通过对集体成果的评估直接衡量其绩效
讨论、决策和委派	共同讨论、决策和一起工作

对比可见，工作小组的绩效，只需将个人绩效加总即可，而团队的绩效，必须取决于团队成员之间的高质量互动。因此，选择团队的工作方式，就意味着要承担相应的挑战——更多互动就意味着可能有更多的冲突出现；一起工作就意味

着要有共享的工作方法，也就意味着个人可能需要为团队做出更多行为改变；更重要的是，个体的绩效评估必须与集体工作成果挂钩。

以体育比赛为例，乒乓球团体赛，只需将每名出场队员的得分加总，就可以得到团体总分，个人也可以按照自己习惯的技战术和节奏进行比赛；而足球比赛，不仅要各司其职，还要求全体成员共享一套技战术打法，比赛的胜负也取决于前中后场的默契配合。

下图是从目标与责任的角度，看工作组与团队的区别：

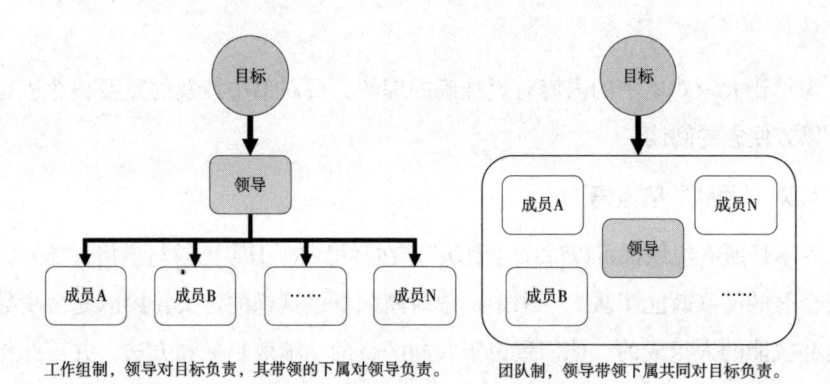

图 1　工作组与团队的区别

本书中，对这两个概念没有做刻意区分，都用人们耳熟能详的"团队"这个词来表述组织形态。当一个"工作小组"的领导者带领内部成员开展行动学习研讨会时，就已经在潜移默化地塑造着"团队"的运作形态，这是管理转型的体现。

2."行动学习""行动学习工作坊"与"行动学习研讨会"

（1）行动学习

"行动学习"由雷吉·瑞文斯教授在 20 世纪 40 年代提出，其概念虽然几经变化，而且演变出了不同的流派，但其核心主旨离不开"行动"与"学习"这两大核心目的："行动"指向的是"解决实际问题，产出落地方案，促进团队融合，增进相互信任"等具体实践成果；"学习"包括了"个人成长、团队进步、组织发展"这三个层面的提升。

这种"干中学"的方法论，已被全球众多优秀企业采纳，也是众多企业领导力培养、团队建设与组织发展的首选策略。"行动学习"在 20 世纪 90 年代传入中国后，得到了迅速传播，并在实践中衍生出诸多本土化变形，国内的企业开展行动学习时，往往将集体解决实际问题排在首位，实现学习成长是解决问题的过程中必然会收获的结果。

开展行动学习的方式，可以是1-2天的"行动学习工作坊"，也可以设计成持续数月的中长期"行动学习项目"，后者会将课前调研、开结营仪式、多种主题的工作坊、培训课程、课后辅导等内容融合在一起，实现更落地的效果。

（2）"行动学习工作坊"与"行动学习研讨会"

行动学习工作坊是一种短期集中进行的行动学习活动形式，在引导师的流程设计与引导推进下，与课题紧密相关的参与者通过深入融合体验、分组研讨交流，面对真实课题产出成果，并从中获得学习与提升。

行动学习涉及的主题丰富多彩，本书将由职业引导师操作的行动学习称为"工作坊"，开展工作坊流程设计与推进的角色称作"引导师"；将团队内部开展的行动学习称为"研讨会"，推进研讨会进程的角色称作"主持人"。

作为职业引导师、培训师，笔者为众多团队量身定制各类主题的"工作坊"，本书选取了其中的两个主题，将其中的专业工具进行精简和改造，使其成为非专业人士也可以驾驭的"行动学习研讨会"，让每一位管理者都可以担任起主持人的角色，组织团队成员高效开展研讨并产出成果。

表4 "行动学习工作坊"与"行动学习研讨会"的区别

	行动学习工作坊	行动学习研讨会
引导者	外部引导师	团队管理者或内部主持人
发起人	企业高层、HR部门	各层级管理者
参与者	与主题相关的各类成员	团队内部或跨部门成员
引导能力要求	较高	相对较低
流程设计与工具应用	较复杂且专业	简化并易于理解
开展成本	较高	低

3. "引导""引导技术"与"引导师"

（1）引导

"引导"英文为"Facilitate"，原意是"让事情变得容易"。国际引导学院（INIFAC）对"引导"的定义是："引导是一门艺术，也是一门科学，它能帮助群体更有效地研讨并作决策。引导所使用的工具和流程，能鼓励大家利用各自不同的背景、价值观、兴趣及能力，作出更高质量的决策，提升生产力，改善团队动力。总之，引导提升人与人之间、群体与群体之间的互动品质，使之更加聚焦在成果上。"

管理者一定能够从上述定义中发现令人感兴趣的关键词：有效的研讨、高质量的决策、提升生产力、改善团队动力、改善互动品质……这些都是带团队梦寐以求的结果，是"领导力"的真实体现，而"引导"恰恰就是实现它们的手段。通过引导，可以激发团队成员积极参与，同频互动，在不断对话和互相学习的过程中，形成团队共识、共创落地成果。

（2）引导技术

"引导技术"是引导的实操流程与工具，可以激发团队成员积极参与，同频互动，在不断对话和互相学习的过程中，形成团队共识、共创落地成果。

有很多经典的引导技术在各类引导现场发挥着价值，在经典引导技术的基础上，成熟的引导师还善于根据引导主题和现场情况，创造出适用于当下场景的引导工具，使其发挥实用价值。

（3）引导师

在开展行动学习的过程中，"引导师"负责设计和把控整体进程，适时给予思维方式的引领，起到穿针引线和激发催化的作用。随着引导技术和行动学习的推广普及，专业引导师不断涌现，还有越来越多的咨询师、培训师将引导技术作为利器，有效地推动项目落地和学习成果转化。

工作坊的设计和引导，是一项专业性较强的工作，很多组织往往会从外部邀请职业引导师提供支持，特别是团队内部关系复杂、管理者身份敏感、问题解决难度较大的情况下，请外部引导师带领工作坊是最佳的选择。其实，团队管理者完全可以在日常工作中承担起内部引导师的角色，由于管理者对团队成员和研讨话题都更熟悉，如果设计和操作到位，管理者担任的引导师甚至能取得比外部引导师更好的效果。

4."引导式领导力"与"引导式管理"

（1）"领导"与"管理"

在组织运营中，"领导"与"管理"是两种相辅相成但各有侧重的职能。"管理"更多聚焦于"事"，通过制定流程、分配资源和监督执行，确保组织以高效、有序的方式运转。

与之相对，"领导"则更加关注"人"，强调通过愿景激励、信任建立和价值引领，激发团队成员的内在动力。领导注重的不是维持现状，而是推动变革、引领创新，帮助团队在复杂多变的环境中找到方向和动力。

简单来说，管理的关键在于计划、组织和控制，而领导的核心在于激发、沟通和愿景驱动。在实际工作中，成功的管理者往往需要同时具备这两种能力，在"事"的有序推进与"人"的深度联结之间找到平衡。

（2）引导式领导力

"引导式领导力"，是基于"引导技术"和"行动学习"在企业中的推广而衍生出的新型领导力学说。从狭义角度理解，引导式领导力就是管理者借助"引导"的思维、方法和工具，带领团队群策群力解决实际问题的能力；如果进一步深究其本质，就会发现，引导式领导力的培养不仅仅是一项"领导能力"的培养，更是管理模式的深度改变，涉及对组织发展底层认知的升级迭代。引导式领导力逐渐成为管理者能力培养中不可缺少的一环。

（3）引导式管理

"引导式管理"是"引导式领导力"的具体实践应用过程。引导式管理特别强调，要用激发团队参与的方式来带团队，给予团队成员足够的参与感和掌控感，从而实现团队共同目标的达成。当然，"引导式管理"并不是孤立和排他的，一定要根据实际情况，与各种管理模式相结合，才能产生最佳的管理效果。

目录

第一部分
敏锐洞察——团队会议模式与管理角色转型

第一章 管理之殇：低效会议的迷思   003

    窥斑见豹：会议暴露团队管理效能不足   005
    会议参与度：团队健康度的"晴雨表"   007
    压抑：以领导为中心的"官僚"会议   009
    混乱：全无章法的"伪研讨"会议   014
    追根溯源：会议研讨效率低的两大症结   016

第二章 与时俱进：塑造引导式管理新范式   019

    团队中的问题，该由谁面对和解决   021
    引导式管理的崛起：新时代背景下的管理变革   024
    引导式管理，匹配新生代员工的特点   027
    引导式管理，提升领导者的"非职权影响力"   030
    引导式管理，提升团队自驱力   032
    引导式管理，推动组织"聪明"又"健康"   034
    引导式管理，融合"四大管理模式"   037

第三章 转型之旅：引导式管理者的"逻辑层次"觉醒   041

    "逻辑层次"模型与管理者的转型   043
    愿景：管理者的未来画面差异   045

身份：引导式管理者的角色定位　　　　　　　　　　046
　　价值观："领导风格"背后的心理地位　　　　　　　049
　　能力：引导式管理者的能力模型　　　　　　　　　052
　　行为：引导式管理者的行为模式　　　　　　　　　054
　　环境：培养引导式管理者需要的条件　　　　　　　055

第二部分
破局之道——用"行动学习"解锁高效会议新模式

第四章　行动学习：引导式管理的实践舞台　　　　　061
　　基础认知：行动学习的概念、原理和特点　　　　　063
　　价值体现：行动学习在企业管理中的作用　　　　　065
　　成功实践：行动学习在知名企业中的推广　　　　　066
　　开展形式：行动学习工作坊与中长期项目　　　　　069
　　应用起点：行动学习研讨会的发起与选题模式　　　072

第五章　善工利器：行动学习中的多元技术协同　　075
　　引导技术：促动团队思维协作的"魔法棒"　　　　077
　　经典引导技术选录　　　　　　　　　　　　　　　078
　　团队教练技术：激活团队潜能的"助推器"　　　　082
　　绩效改进技术：指引绩效提升的"导航仪"　　　　089
　　咨询技术：高效推进组织诊断的"盾构机"　　　　093

第六章　充分准备：为研讨落地保驾护航　　　　　　101
　　场地布局：打造舒适开放的研讨空间　　　　　　　103
　　物料准备：为高效研讨提供枪支弹药　　　　　　　108
　　会前沟通：确保信息畅通和有备而来　　　　　　　114
　　规则建立：全员遵守共同的行为准则　　　　　　　117
　　场域营造：构建坦诚开放的研讨氛围　　　　　　　121

第三部分
创新实践 1——解题:"问题解决研讨会"实操指南

第七章　思维框架:"问题分析与解决"矩阵模型　　127

　　解题顺序:经典的"问题分析解决"流程对比　　129
　　空间维度:基于"发散"与"收敛"的思考方向　　131
　　时间维度:面向"过去"与"未来"的思考方向　　132
　　四步解题矩阵模型:用"思维"引领"流程"　　133

第八章　界定问题:澄清目标与现状之间的差距　　137

　　完整表述:用"标准句式"清晰地提出初始问题　　139
　　问题界定表:借助便利贴收集目标与现状信息　　141
　　厘清目标:三类目标表述,以终为始定方向　　145
　　梳理现状:三种现状表述,还原事实不评判　　147
　　澄清课题:修正和聚焦真正要解决的问题　　152
　　选题评估表:运用"多维矩阵"筛选关键课题　　155

第九章　诊断分析:探询根本原因与达标阻碍因素　　157

　　根据问题类型,确定诊断分析的方向　　160
　　要因分析图:用结构化工具分析问题　　162
　　"合并同类法"与"要因分析图"的组合运用　　164
　　五问法:深挖问题背后的根本原因　　166

第十章　寻找方案:借力激发让创新思维涌现　　169

　　解决方案激发表:让解决方案不断涌现　　171
　　遵循五大原则,开展"便利贴头脑风暴"　　173
　　拆掉思维枷锁,人人都能成为创新者　　177
　　运用创新思维工具,让创意持续涌现　　179

第十一章　决策行动:快速筛选并落实具体行动　　185

　　用"优选二维矩阵",快速筛选解决方案　　186

制定"行动计划",明确后续举措 190
PDCA 循环:持续改进,不断超越 192

第四部分
创新实践 2——防患:"管理改善研讨会"实操指南

第十二章 底层逻辑:管理改善背后的思维模式 197

成长型思维:将负面事件视为成长的契机 199
灭火与防火:建立"解题"与"防患"的并行思维 200
通用框架:"四步解题矩阵模型"与"黄金圈" 203

第十三章 界定问题:整理问题案例,澄清会议目标 207

案例还原:如实呈现负面事件脉络 209
核心目标:防止此类事件再次发生 211

第十四章 诊断分析:从"技控"角度探究管理缺憾 213

借助"标靶图",避免掉入归因陷阱 215
从改善效率出发,探究技控真因 219
两个 BEM 诊断工具,让原因分析更高效 223

第十五章 寻找方案:共创高效率的管理改善措施 227

六步检视法:简便易行的管理改善共创步骤 229
两个改善方案探究工具,助力高效成果产出 233

第十六章 决策行动:落地执行并迈向管理标准化 237

成果示例:"离职交接案例"的初步成果 239
以事为师:推进管理标准化与规范化建设 245
自主自觉:登上团队驱动力的最高境界 250

后记 管理者的终极觉醒 253

第一部分

敏锐洞察
——团队会议模式与管理角色转型

———————————>>>

当组织效能成为企业发展存续的关键命题,传统会议模式与管理角色的局限性逐渐暴露:低效会议消耗团队活力,影响决策效率,新生代员工不愿盲目服从,管理者深陷"救火"的恶性循环。

在新时代,团队迫切需要更为创新且务实的会议形式与管理方式,以应对不断变化的不确定性和全新的管理语境。

如何才能打破惯性,重塑管理角色?

隔岸观火不如身临其境。本部分以真实管理案例为镜,抽丝剥茧地剖析低效会议背后的管理痛点,揭示"一言堂"等传统会议模式的弊端,并探讨破解管理困局的核心在于重构两个维度——将机械化的会议场景升级为价值创造的协作场域,推动管理者从"自我中心"向"引导式管理"转型,通过激活集体智慧,让会议成为激发创新、凝聚共识、行动落地的引擎,从而实现管理效能与组织韧性的跃迁。

管理觉醒

第一章

管理之殇：低效会议的迷思

案例导读

能干的管理者遇见新问题，这局怎么破？

诸葛明是公司里出了名的"智多星"和"工作狂"，凭借出色的业绩和敬业精神，被提拔到管理岗位上，两年前还晋升了部门经理。承担管理工作后，诸葛明每天加班加点，他充分发挥精力充沛、善于思考的优点，独自解决了很多棘手难题。

诸葛明麾下的员工习惯了把领导当作问题解决者，他们平时各司其职，遇到困难只需及时汇报，就一定能从诸葛明那里得到答案。员工觉得很省事，诸葛明也颇感自豪。

然而，随着公司内外环境的变化，越来越多的复杂问题出现，曾经行之有效的经验开始失效。在部门例会上，员工们依旧把棘手的难题抛出来，等待领导指示，而诸葛明却难以给出有针对性的解决方案。面对坐等答复的员工，应接不暇的诸葛明恼羞成怒，批评下属只把问题上交，不去主动想办法，而员工却私下议论"连领导都一头雾水，我们能有什么办法？"

令诸葛明更加头疼的是，老员工不给力也就罢了，年轻的新员工更让诸葛明恼火。

现在刚毕业的年轻员工根本不把领导放在眼里。诸葛明会上发出的指令，不仅未能得到迅速响应，反而常被质疑，让领导下不来台；有时候批评他们几句，话说重了，年轻人还会当众顶撞，甚至用离职表达抗议。

诸葛明心力交瘁，但问题依然层出不穷，团队氛围陷入低迷，部门工作出现隐患。公司领导和诸葛明谈话，期待他"与时俱进，再展雄风"。诸葛明不是那种轻易服输的人，但这位曾经的王牌管理者陷入了

> 认知困境，他不知道问题出在哪里：为什么引以为傲的经验会成为带团队的枷锁？为什么团队看似听话实则丧失活性？是否是自己的管理方式已落后？

诸葛明经理面临的困扰，也是许多管理者遭遇的现实困境和转型阵痛——在新形势下，新生代员工已成为主力，传统管理模式面临严峻的挑战，即使是经验丰富的资深管理者，也开始感到力不从心。如何打破旧有习惯，激发员工的内驱力，从根本上提升管理效能，考验着每一位管理者的领导力水平。

窥斑见豹：会议暴露团队管理效能不足

团队管理中的普遍困扰

在当下不确定性不断加剧的环境中，团队组织面临着业绩下滑、士气低迷和沟通不畅等多重挑战。而会议作为一种管理工具，不仅用于信息传递，更能直观反映出团队管理中的诸多问题。这些问题虽表面显而易见，但往往被忽视，其根源在于管理决策和执行中的不足。团队管理中常见的困扰主要包括：

1. 决策效率的隐患

团队管理中的大多数问题，都源自"决策"。传统权威式决策模式在稳定环境中或许能高效运转，但在动态竞争下暴露致命缺陷。当会议沦为"领导提案—全员附议"的过场，组织实质上已丧失应对风险的核心能力。

一个不当的决策会触发连锁反应，导致一系列的不良决策，这些累积的劣质决策正是团队效能损耗的核心原因。管理层的决策失误，会加剧团队成员的工作困扰与内部消耗；而团队成员若不能理解和执行管理者的决策，更会阻碍组织流畅运作，进一步加剧内部摩擦。

2. 创新缺失的困境

作为管理者，人人都想创新，然而，传统管理模式和思维方式，却常常导致管理者面对创新无从下手。创新力的消弭往往始于会议桌上的沉默。员工因恐惧担责而隐藏真实想法，组织在"伪共识"中滑向平庸。

追根究底，是管理者"外归因"而非"向内观"的思维模式，成了变革道路上的绊脚石，它像一道厚重的城墙，将新事物、新方法、新技术拒之门外。这道城墙的构筑者，往往正是那些曾经令行禁止、说一不二的管理者们，他们仿佛被过往经验束缚的巨人，虽然拥有强大的力量，却难以迈出探索新世界的步伐。

3. 执行落地的鸿沟

每当笔者在培训或工作坊中，请管理者分享自己最想解决的难题时，"执行力差"几乎是必然被提及的一个典型困扰。管理者反馈，尽管已经有了目标的明确、清晰的计划，但在执行过程中，结果却常常事与愿违，决策与执行之间总是有一条无法逾越的鸿沟。

执行力问题的背后，一方面有员工自身的原因，另一方面，管理者更应当反思自己管理中的缺憾。无论是因为员工对上级指令的理解偏差，还是对目标的理解不统一，甚至是因其主观故意或能力缺陷，每个员工问题的背后，都隐藏着管理者自身的改进点。只有承认并愿意和团队一起面对这些不足，才能找到打开团队执行力大门的金钥匙。

4. 责任推诿的迷局

低效会议往往暴露团队责任体系的崩坏。管理者是团队的第一责任人，必须主动承担责任，成为问题解决的主导者，而非旁观者。而责任推诿犹如一种慢性毒药，不断侵蚀团队的凝聚力和执行力。当问题出现，管理者与员工相互推诿、不愿直面问题，团队的高效运转必然受阻。

有些管理者在意识到无法亲自解决所有问题后，选择了另一个极端——将团队的难题全盘甩给员工，自己则置身事外。他们以"用结果说话"为借口，实则是对管理责任的逃避。这种"唯结果论"看似提倡员工自主性，实则破坏了团队信任与合作。

推卸责任的管理者让员工陷于孤立无援的境地，员工缺乏资源、权力和全局视角，很难独自解决复杂问题。当责任缺位成为常态，团队士气下降，必将引发信任危机。

5. 孤立无援的困局

一系列管理问题的累积，往往会导致一个严重的后果——人才流失。人才是企业最宝贵的资源，当员工工作积极性不高，频繁选择"出走"时，这往往意味着企业将面临人才短缺的困境，同时反映出团队管理中存在的深层次问题。在某些企业，管理者往往过于关注业绩和结果，而忽视了员工的情感需求和职业发展，也不让他们参与到团队事务中。员工感到自己只是企业这部庞大机器上的一颗螺丝钉，缺乏归属感和价值感，他们的积极性就会逐渐消磨殆尽，最终选择离开。

有效的管理从不回避问题，而是直面挑战并推动解决。正如美国奈飞公司前首席人才官帕蒂·麦考德在《奈飞文化手册》提出的"绝对坦诚，才能获得真正高效的反馈"——一家正向发展的企业、一个高效的团队，会勇敢地直面问题的存在，回归管理本质，共同寻找解决之道。

会议参与度：团队健康度的"晴雨表"

"团队健康度"这个词听起来有点抽象，人们通常会用绩效、满意度或者离职率这类数据来衡量团队现状，其实，这些指标很难直接反映团队的真实状态，那些真正决定团队生命力的要素，往往在日常会议的"参与度"中得到最真实的体现。会议中，成员是否积极发言、是否敢于表达真实想法，这些细微之处往往能反映出团队的内在问题。

1. 参与度能看出团队成员的信任度

当参会者主动提出不同意见，甚至分享一些自己不太确定的想法时，其实就是在告诉大家："我信任这个团队，不怕说出自己的真实想法。"人都是有顾虑的，只有觉得安全才会敞开心扉。在一个好的团队里，大家都知道，与其自己暗自纠结，不如说出来一起讨论。但如果会议上只有少数人发言，而大多数人保持沉默，则说明团队内部缺乏信任，成员担心自己的观点被忽视或受到责难。

2. 参与度能看出团队决策的可靠度

斯坦福大学的研究发现，开会时大家意见越多，决策失误的可能性就越小。一个健康的团队像高效的加工厂，每位成员的想法都是宝贵的原料，经过充分讨论和筛选，最终形成最优方案。如果会议上只有个别人主导讨论，那就像机器只有一个齿轮在转，很容易出问题。比如，大家明明都看到了产品设计有问题，但没人敢说，最后受损的还是整个团队。

3. 参与度能看出团队的权力平衡度

分析会议发言频率可以看出团队权力分布情况。有一家科技公司用技术分析开会时谁说得最多。他们发现，理想的团队中，大家发言的机会比较均衡；而那些官僚气重的团队，发言权往往集中在少数人手里。如果某个部门或者某个人在会上一直占主导地位，那可能就意味着权力不平衡，其他人的好想法被压制了。长此以往，团队的创新就会被扼杀，执行力也会变差。

4. 参与度能看出团队成员的责任感

在一些团队里，开会时大家都不愿意发言，好像都在等着别人先说，参会者觉得"反正别人也不说，我何必出头"。而一个高效的团队则会通过各种方式激发每位成员的责任感，例如采用彩色贴纸等小工具，促使每个人在讨论中留下自己的观点。这样一来，大家就会真正感觉到自己是团队的一部分，有责任把自己的想法说出来，为团队贡献智慧。

5. 参与度能看出团队文化的健康度

观察一个团队开会的氛围，就能大致判断他们的文化是不是健康。一个健康的团队中，成员之间能敏锐捕捉到彼此的情绪，并通过眼神、手势等方式保持讨论热度；而若会议上气氛沉闷、讨论迅速冷场，则可能表明团队文化存在问题，缺乏积极向上的动力。

如今，许多管理者误以为会议不活跃仅是沟通技巧的问题，实际上，真正健康的团队不怕会议时出现适度混乱，甚至欢迎不同意见的碰撞。他们相信，只有让沉默的人说话，让质疑的人发声，才能使团队从简单的分工协作迈向真正的协同发展。从这个角度看，会议参与度不仅是衡量团队健康度的工具，更是让团队变得更有活力的关键。

按"参与度"划分的三种会议类型

企业中的会议有多种类型，都有各自的功能和用途，按照参会人员的"参与度"来区分，可分为宣贯型会议、研讨型会议以及交叉型会议这三种形式。

宣贯型会议：主要目的在于传达信息、发布政策或指令。会议组织者或领导占据主导地位，通过讲解、演示、指令等方式，将特定内容准确无误地传递给参会人员，以确保信息在团队内的一致性和准确性。

研讨型会议：侧重于激发团队成员的思考和讨论，鼓励大家针对特定问题或议题各抒己见，共同探索解决方案。在这类会议中，参会者的互动交流至关重要，组织者通常只是起到引导和协调的作用。

交叉型会议：既包含信息的传达，又鼓励参会者进行讨论。这种会议形式较为灵活，能够根据实际情况在不同阶段切换功能。

这三种会议各有其价值，管理者应根据具体需求，在不同管理场景中合理运用适合的会议类型：宣贯型会议确保信息的准确传达；研讨型会议激发团队智慧；交叉型会议则兼具信息传递与讨论决策的优势。

压抑：以领导为中心的"官僚"会议

单向宣贯的"一言堂"

单向宣贯型会议作为一种信息传播方式，具有信息传递高效、节省时间、内容权威性强、指引方向明确等优点。

然而，许多管理者习惯于独自决策，通过发号施令来布置任务，令团队成员只能被动执行，缺少参与讨论的机会。长期依赖这种模式，会暴露出一系列弊端。

图 1-1　单向宣贯会议过度的四大弊端

1. 执行效率低，推诿责任

如果只从会议时长看，"一言堂"类会议似乎"效率"很高，毕竟一个人直接发出指令，是最节省时间的。然而，如果站在全局的角度，看管理者所付出的代价，以及会议可能出现的执行效果，结论也许完全不同。

要想宣贯到位，管理者就要在会议之前耗费大量时间和精力，准备无懈可击的对策，管理者的时间成本被大量消耗；而且，团队成员要有坚决的执行力，不打折扣地按照领导要求去做，这本身就是很难把控的事情。更可悲的是，由于员工自始至终没有参与思考，一旦在执行命令时遇到阻碍，便第一时间将责任推给领导，认为是上级决策出了问题，把矛盾转移，又进一步增加了管理成本。

2. 团队协作差，创新受阻

过度依赖宣贯型会议，单向传达、决策封闭，抑制了团队内部的沟通和互动，削弱了集体智慧的激发，难以形成强大的团队合力。同时，领导者过度强调个人意见和决策，以管理者自我为中心，忽视团队多元意见，使得创新能力在信息孤岛中逐渐丧失，团队难以应对日益复杂多变的市场环境。

3. 成员投入低，归属感弱

在宣贯型会议中，团队成员大多扮演被动接受者的角色。他们只需聆听管理者讲解，缺少主动表达与参与讨论的机会。经常看到一些团队管理者，在工作例会上机械地传达各项任务指标和工作要求，员工只能被动听讲，鲜有人提出自己的想法和建议，会议氛围沉闷压抑，毫无活力可言。团队成员会感到他们的想法和建议得不到表达的机会，参与感和归属感匮乏，对团队工作的投入度也会大幅降低。

4. 决策质量差，效率不足

由于缺乏充分的讨论与交流，管理者在制定决策时往往只能依赖自身经验和判断，很难获取全面信息和多元观点，会存在决策的片面性和局限性，无法充分考虑团队成员的实际状况和潜在问题。

轮流表态的"过堂会"

"过堂会"在形式上让每位成员轮流发言，似乎体现了民主讨论的原则，但实际上，领导在会议中占据绝对主导地位，成员的发言只是走过场。

场景一：

某年初，公司召开年度工作会议，董事长针对上一年度经营情况做了工作报告，并发布了未来三年战略规划。冗长的报告念完后，参会的中高层管理干部被分配到不同会议室，针对总经理的报告内容召开"研讨会"。

董事长在总经理的陪同下进入市场部的研讨会场，与会的中高层管理干部全体起立，用热烈的掌声迎接领导莅临指导。领导在长方会议桌的首席落座，面带微笑说道："同志们，咱们今天这个会是民主讨论，所有人不要有顾虑，一定要针对报告深入讨论，畅所欲言，做到知无不言，言无不尽，让这个会议真正推进工作开展！大家谁先发言？"

现场一片沉寂，大家大气都不敢出。一旁的总经理见状说："那就从左手第一位开始，顺时针轮转发言吧，要注意，为了保证时间进度，每人发言不要超过三分钟。"

左手第一位的刘经理开始发言："今天听了董事长的报告，我感到备受鼓舞，非常振奋，董事长高屋建瓴，为我们指明了今后的方向，就像一盏明灯，照亮了我们前行的道路。我印象最深刻的是，董事长报告中提出的去年工作'五大进步'和'四个不足'，真的是一针见血，客观准确。今年我们部门一定要百尺竿头更进一步，按照董事长的指示，牢记守土有责，打好市场攻坚战，把失去的阵地夺回来，不辜负公司对我们的殷切期待！我的分享就这些，请大家指正！"

刘经理的发言博得了一阵掌声，董事长点点头，示意下一位继续。就这样，每个人都得到了发言的机会，滴水不漏地表达出一番空话和套话。

所有人发言完毕，董事长针对市场部的工作，提出了"五大原则、六条标准、七个要求和八步方针"，大家都认真记录，频频点头，最终用热烈的掌声恭送领导离场。

公司内刊报道了这次研讨会："这是一次团结奋进、和谐向上、坦诚开放的研讨会！"

场景二：

部门经理钱亮面对团队中突发的难题，和身边智囊商议，整理出了一套比较完整的应对方案之后，决定召集团队成员开展民主研讨。

会议中，钱经理提出当前的问题，让参会者轮流发言表态，说出自己的对策。下属没有太多准备，只能在轮到自己的时候，浮于表面地谈一谈想法。个别人的思路有些见地，得到了经理的表扬。

钱亮在听取汇报时，只是偶尔点头，并没有参与讨论。待每个人都说完后，他公布了会前草拟的应对措施，明显比团队成员的主意更高一等，对之前大家讨论的内容只字未提。大家认领了任务，按照上级指明的方向去执行。

这两个场景都属于"过堂会"：现场虽按规定轮流发言，但大家言辞空洞、套话连篇，最终的决策仍由领导统一制定。表面上，会议流程完整，但实质上，员工仅在完成形式要求，不是真正为了解决问题、推动工作。

"过堂会"看起来很死板，但它其实满足了一些隐藏的需求，比如权力、避险和习惯。它的存在暴露出组织里的很多问题。

1. 权力表演：谁大谁先说

在很多公司，开会的时候，谁职位高、谁资历老，谁就先发言，说得也最长，领导说话的时间可能是普通员工的好几倍。这种会议就像一场权力秀，表面上大家都有机会发言，但其实都是在巩固上下级的权威。

2. 风险对冲：出了问题大家一起扛

有些公司开会，不是为了讨论出好点子，而是为了分摊责任。比如公司讨论产品方案时，大家轮流说"没意见"，这样一旦出了问题，就可以说"当时大家都同意了"。这种做法本质上是用形式上的民主来掩盖真正的风险。

3. 流程合规：开会只是为了留痕

在一些特别注重流程的公司，开会只是为了应付审计。比如，某国企规定每个项目都要有"全员表态记录"，哪怕实际决策早就定好了。每个人都对着摄像头念完台词，公司就觉得完成了风险管控。

4. 冲突冻结：把矛盾藏起来

有些管理者在面临矛盾的时候，会用"过堂会"来掩盖冲突。比如，领导希望大家支持某个决策，为避免单独面对反对的声音，就用轮流表态制造一个缓冲带：有反对意见的人因为不想做"破坏和谐的第一人"，就选择了沉默或附和；即使勇敢地发表了不同看法，也很容易被其他人的肯定性发言所淹没，意见被稀释直至忽略。这种做法是用表面的和谐掩盖内部的问题，极易滋生"办公室政治"等不良习气。

5. 认知舒适：不用动脑的会议

人在重复的仪式中会更省力。"过堂会"上，参与者不用动脑筋，只要按套路发言就行。连续召开此类会议后，员工的创造力必然急剧下降，焦虑感也同时大幅降低。因此，这种形式主义的会议其实是组织和员工共同选择的一种"精神麻醉剂"。真正的团队健康，需要打破这种"官僚"会议的束缚。

辩证看待"以领导为中心"的会议

尽管以领导为中心的"一言堂"和"过堂会"存在诸多弊端，但在特定情境下，也需要客观地看待这类会议的正面作用。

在发展与转型阶段，各类组织既需应对激烈的市场竞争，又要防范系统性风险。在此背景下，"以领导为中心"的会议不应被简单视为"落后的会议形态"，而应被理解为特定发展阶段中的适应性选择。事实上，以领导为核心的传统会议形态，在特定情境中可以展现出其积极的实践价值：

场景一：与时间赛跑的关键时刻

在瞬息万变的商业战场，效率至关重要。浙江某跨境电商企业曾在"双 11"前三天发现某爆款商品的库存不足，总经理连夜召集会议宣布：所有生产线转产该产品，物流车队就地待命，从决策到执行仅用 3 小时，最终抢下 2.3 亿元销售额。正如该企业管理者所言："当市场窗口稍纵即逝时，我们需要的是战令传达，而非坐而论道。"

场景二：重大责任下的决策担当

中国特有的权责体系，往往要求管理者在关键决策中发挥"定盘星"作用。某中药企业曾面临典型困境：一批即将发货的药品检测值处于质量标准临界点。质量分析会上，质检员主张"重新检测"，生产负责人建议"特批放行"，双方僵持不下。最终，总经理依据《中华人民共和国药品管理法》作出封存产品的决定，并在责任书上单独签字。这个看似专断的决策背后，是管理者对质量安全终身追责制度的清醒认知。

场景三：传统治理智慧的现代转化

中国组织管理中的会议文化，始终带着独特的制度基因。某国有装备制造集团的"三级决策会"体系便是典型：党委常委会确定战略方向，总经理办公会分解任务目标，部门协调会打通执行堵点。这套机制既延续了民主集中制的组织传统，又融合了现代企业的科层管理逻辑。在承担国家重大专项任务时，采用这套会议系统的任务达成率比完全民主协商型组织明显更高。

场景四：与创始人性格相匹配的管理模式

在一些小型民营企业和家族企业中，老板的性格和创业经验造就的独断专行，也有其现实的价值。这些企业通常规模较小、结构简单，决策流程短，领导凭借丰富的市场经验和敏锐的洞察力，能迅速做出决策，及时调整方向，赢得市场先机。

这类企业资源有限，领导的强势能有效整合资源，避免内耗，集中力量实现目标。贸然改变管理方式，可能因沟通成本上升、决策效率下降，导致企业失去灵活性和竞争力。因此，在不同发展阶段和特定情境下，以领导为中心的管理方式反而能成为企业发展的助力器，助力企业实现小而美地发展。

综上所述，带团队就像中医强调的"辨证施治"，在不同发展阶段和特定情境下，选择适合本组织的管理模式就是适当的。即使是被人诟病的独裁专权式管理，也有其雷厉风行、高效传达和快速决策等优势，不可一概否定。优秀的管理者懂得，在需要快速突围时做"指挥家"，在需要集思广益时当"协奏者"——这种因地制宜的管理智慧，才是中国式领导力的精髓所在。

混乱：全无章法的"伪研讨"会议

没有指挥的交响乐：研讨陷入思维踩踏

研讨会本应是思想碰撞、凝聚共识的交流平台，却常常因为缺少专业的主持方法，沦为一场混乱无序的"混战"。

产品经理李佳曾对团队的创造力寄予厚望，在一次产品功能讨论会上，李佳提出了初步想法，她热情鼓励团队成员分享意见。资深工程师小赵率先发言，提出技术上的难点，明确反对该方案，其他技术成员纷纷附和；设计师小刘试图从用户体验的角度为方案辩护，两方观点尖锐对立，讨论逐渐演变为激烈的争吵。李佳几次试图带领大家回到方案优化上，但会议已失去控制，难以收场。

会议终于结束，不仅没有达成共识，反而让技术与设计团队之间的矛盾更为尖锐。团队成员带着疲惫与不满离开会议室，而李佳则感到一阵挫败：明明是要开一个解决问题的研讨会，为什么研讨反倒成了问题的来源？

很多管理者虽然鼓励参与，但现实与理想相去甚远。由于缺乏基本的引导能力，使得讨论缺少方向、规则和节奏，最终沦为"瞎讨论"——形式上热闹，实质上低效，甚至适得其反。员工怨声载道："比工作更累的，是开会！"管理者的领导力缺失，也在这些混乱无章的会议中暴露无遗。

研讨会为何失控？

1. 会议流程失控，时间管理混乱

没有明确的议程和时间分配，会议容易被个别发言者占据过多时间，导致核心议题被搁置，后续内容无法有效展开。

2. 讨论方向偏离，沟通低效

主持人无法及时归纳观点、调整方向，导致讨论变成各自表达，而非围绕核心问题寻找解法。大家各执一词，看似热烈，实则毫无成效。

3. 参与不均衡，声音被淹没

外向者主导讨论，内向者难以插话，使得会议充斥着少数人的声音，缺乏多元视角，导致讨论质量下降。

这种无序的研讨会，看似"民主开放"，实则低效无果，不仅浪费时间，也消耗团队成员的耐心与信任。

议而不决：研讨会沦为决策真空带

不论何种会议，最终都应导向"行动"，研讨会尤应以解决问题为目标。然而，现实中许多研讨会陷入"议而不决"的怪圈——讨论热烈，执行却无从谈起。

在某大型企业的季度业务研讨会上，会议室里气氛凝重又嘈杂。会议主题是探讨如何提升下一季度的销售业绩，参会人员包括各部门负责人、业务骨干。销售部门率先发言，强调市场竞争激烈、客户流失严重，主张加大市场推广力度，拓展新的销售渠道；市场部门则指出推广渠道效果不佳，建议重新评估策略；财务部门提醒预算有限，必须谨慎控制成本；研发部门提出加快新产品上市……但这又引发了关于研发周期和资源分配的讨论。

讨论声此起彼伏，各种观点层出不穷。然而，随着会议时间推移，问题逐渐浮现——会议没有明确的讨论方向和重点，每个部门都在强调自身困难，却无人讨论如何协同解决。最终，会议在一片争论声中结束，没有形成任何实质决策，亦无后续行动跟进，销售业绩提升的问题依旧悬而未决。

这场研讨会就这样在一片讨论声中结束，没有带来任何实际的改变。这种议而不决、没有落实行动推进的研讨会，问题根源是多方面的。

1. 讨论表面化，缺乏深度分析

参会者往往停留在问题描述层面，而非剖析问题本质，缺少针对性的解决方案，导致讨论流于空谈。

2. 责任不明确，任务无人认领

会议未能清晰划分各部门职责，会后无人主动承担落实，讨论成果无法转化为实际行动。

3. 缺乏决策机制，难以形成共识

没有有效的决策流程，导致不同意见难以整合，最终陷入僵局，会议结论摇摆不定，无法推动执行。

这样的研讨会不仅浪费了大量的时间和资源，还削弱团队对解决问题的信心，影响团队的凝聚力和执行力。殊不知，研讨会的价值不在于"讨论了多少"，而在于"推动了什么"。

追根溯源：会议研讨效率低的两大症结

团队会议研讨效率低的根源，可以归结为两个层面的问题：一是团队文化与管理模式的缺陷，这是深层次的结构性问题；二是会议引导与流程设计的不足，这是执行层面的技术问题。这两者表里相依，彼此干扰，导致会议低效、决策迟滞、执行无力。

团队文化与管理模式：团队研讨效率的隐形枷锁

1. 团队文化：开放与封闭的博弈

团队文化决定了会议讨论的氛围与深度。在开放、包容的团队文化中，成员之间相互信任，能够自由表达观点，即使意见相左，也能以建设性的方式进行讨论。而在封闭、保守的团队文化下，讨论往往流于形式，创新动力受阻。

例如，在"权威至上"的文化里，成员习惯于服从上级，害怕挑战权威，尤其当个人观点与领导相左时，更倾向于沉默不语。这种文化氛围不仅削弱了团队成员的主动性和创造力，也使研讨会议变成领导单向宣讲的舞台，讨论视角单一，难以形成真正有价值的决策。

此外，团队内部的竞争与合作关系也深刻影响着研讨效率。如果团队过度强调个体竞争，成员可能会互相隐瞒信息、争夺话语权，甚至在讨论中故意"拆台"，而不是以团队整体利益为导向进行合作。这种内耗式的竞争文化会严重阻碍团队研讨的效率，使团队无法形成合力。相比之下，真正高效的团队更强调协作，让讨论围绕组织目标展开，而不是沦为个人博弈的战场。

2. 管理模式：集权与放权的失衡

管理模式直接影响团队成员的参与度和讨论深度。高度集权的管理模式下，会议由管理者全权掌控，从议题选择到最终决策皆由领导定夺。这种模式虽然保证了决策的一致性，但也极大地压制了团队成员的自主思考。由于习惯于"领导说了算"，参会者担心自己的意见被否定或不被重视而选择保持沉默，导致团队研讨缺乏多元化的视角和创新性的思维，最终流于形式。

相反，过度放权也会带来效率问题。如果管理者完全放手，不进行任何引导，会议就容易失控，讨论缺乏焦点，决策过程拖沓，甚至无法形成任何有效结论。这种情况下，团队成员可能各说各的，会议演变成一场自由散漫的座谈会，既无法聚焦问题，也难以达成有效的共识和决策。

高效的管理模式，需要在集权与放权之间找到平衡——既给予团队充分的讨论空间，又能在关键时刻引导决策，使会议真正成为问题解决的催化剂，而非负担。

会议主持与流程设计：团队研讨效率的执行瓶颈

1. 会议主持：专业与随意的差距

高质量的会议离不开专业的引导。许多团队的研讨会议效率低下，根源之一在于主持人的角色缺失或能力不足。

在许多团队研讨中，主持人没有经过专业的训练，对如何引导讨论、如何激发成员参与、如何处理分歧等问题缺乏清晰的认识和有效的技巧。例如，在讨论过程中，主持人可能无法及时识别和纠正偏离主题的讨论，导致时间被浪费在无关紧要的话题上；或者在面对成员之间的激烈争论时，主持人无法有效地调解和引导，使讨论陷入僵局。

主持人自身的权威性和公正性也会影响团队研讨的效率。如果主持人在团队中具有较高的权威，可能会不自觉地将自己的观点强加给团队成员，影响成员的独立思考和自由表达；而如果主持人缺乏公正性，团队的公平性和信任度也会受到影响，削弱讨论效果。

2. 流程设计：规范与混乱的对比

合理的流程设计是团队研讨高效进行的重要保障。一个缺乏清晰流程的会议，就像一场没有规则的球赛，最终往往无疾而终。许多团队在会议流程设计上存在诸多问题：

议题不清——讨论前没有明确目标，导致会议变成无效的闲聊；

缺乏时间管理——讨论拖沓，重要问题被搁置；

缺乏决策机制——没有标准来筛选观点，最终难以形成共识；

执行责任不明——讨论结束后，没人跟进落实，会议成果沦为空谈。

低效会议就像一场没有终点的茶话会，参与者付出了宝贵的时间，却让时间流逝、士气下降、决策疲软，甚至一无所获。这种会议看似热闹，实则流于表面，难以触及问题核心。会议结束时往往没有明确的决策和行动方案，留下的只有悬而未决的问题，员工的热情被消磨殆尽。

第二章

与时俱进：塑造引导式管理新范式

案例导读

团队困境中的责任归属之问

部门例会上，诸葛明经理和部门核心成员坐在会议室里，会场弥漫着紧张气氛。

"这个月咱们部门的多项考核指标下滑严重，客户投诉率飙升，我们到底出了什么问题？"诸葛明的声音中带着一丝焦虑。他目光扫视在座每一位成员，似乎在寻找明确的"责任人"。

一阵沉默后，小李率先发言："恕我直言，既然是部门的KPI下滑，您作为部门经理就直接下命令吧，要求我们怎么做，都按您的指示办就好！"小李的发言似乎把矛头指向了诸葛明，大家读到的潜台词是：你作为部门经理，自己的指标下滑，凭什么让我们在会上发言？——这番话后，现场气氛更加尴尬。

小周看着诸葛明经理脸色不好，连忙打圆场："我能理解诸葛经理，毕竟部门KPI是所有部门成员都要关注的，不能让经理一个人扛。我觉得，哪个岗位的问题就由哪个岗位来解决，解决好了就表彰，如果解决不好就是不胜任，被考核掉也没话可说。"

小吴说："说得轻巧，咱们的工作都是一环套一环，很多问题没法归结到某一个岗位上。而且，如果整个部门被考核掉了，身处这个部门中的人，就算表彰又有什么可自豪的？就像一艘船触礁沉没了，甲板上再优秀的水手，也没什么可庆功的啊！"

诸葛明深知，作为管理者，他有责任解决团队中的问题，以前就是这么做的。但在这复杂多变的内外部环境下，他越来越感到力不从心，这才想到开个会听听大家的想法，却没想到有这么多分歧。他不由得反思：团队中的问题到底该由谁来解决？

正当诸葛明陷入沉思时，小陈说："我以前就职的公司遇到难题时，经理会通过开研讨会，带大家群策群力找到解决措施，效果还蛮不错的，他们说这叫'引导式管理'。"小陈原来就职于一家互联网公司，他的声音虽小，却让诸葛明眼前一亮。他第一次听到"引导式管理"这个词，原来除了"自上而下"解决问题的模式，还有另外一种"群策群力"化解难题的方法，之前似乎从来没用过。

这个案例展现了现代团队管理中常见的困惑：当团队出现问题时，是管理者独自解决，还是员工自己解决，抑或是大家共同面对？这种困惑不仅是责任分配的问题，更折射出很多管理者习惯的"自我为中心"的管理方式，已经到了亟须变革的时候。引导式管理或许能为这种困境提供一种全新的思路。

团队中的问题，该由谁面对和解决

在日常团队运营中，问题的出现是不可避免的。但当问题摆在面前时，我们常常陷入一个关键思考：该由谁来解决？是由管理者单独承担、员工独自应对，还是两者共同协作？这一责任归属不仅关系到问题能否有效解决，也直接影响团队协作和共同成长。

各司其职：明确问题的归属

在团队中，每个成员都有其明确的职责范围，问题的归属应遵循"各司其职"的原则。一般来说，属于某一岗位职责范围内的问题，应由该岗位的人员解决。这样的分工不仅能避免越俎代庖，也能使问题解决者更高效地利用资源，找到合适的解决方案。

在实际工作中，问题的归属通常可以分为以下两类：

1. 员工本职岗位遇到的问题

员工在其岗位上遇到的问题，往往是其职责范围内的事务，体现了其岗位胜任能力和专业水平。例如：

人力资源专员如何高效整理员工档案？
财务人员如何精准完成税务核算？
销售人员如何成功拿下某个关键客户？
培训专员如何制定一套有效的培训计划？

这些问题的解决主要依赖于员工自身的专业能力和主动性，管理者只需提供必要的支持与资源。

2. 管理者自身需要解决的问题

管理者在带领团队的过程中，也会遇到一些需要自己解决的问题。这些问题通常涉及团队的管理和发展，例如：

如何进行有效的绩效评估？

如何开展员工辅导？

如何激励和培养团队成员？

如何合理分工，知人善任？

如何与团队成员进行高效沟通？

此类问题需要管理者主动思考，通过提升自身的领导力和管理技能，找到合适的解决方案。

这两类问题的归属相对明确，因为每个岗位的存在，就是为了承担起相应的职责。然而，当问题跨越了单一岗位的边界，成为团队成员共同面对的问题时，归属的界定就变得模糊起来（详见图2-1）。

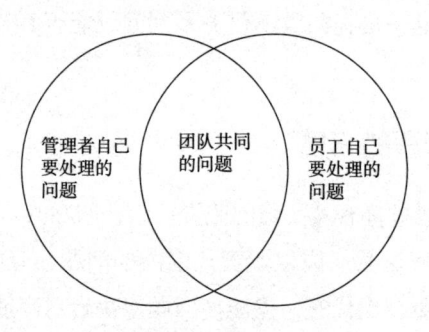

图2-1　问题的归属边界

团队成员"共同的问题"谁来面对？

团队的本质在于，通过成员间的协作来实现共同目标。当问题涉及团队整体利益和长远发展时，它不再归属于某一个人，而是需要全体成员共同面对。

这类问题的范围非常广泛，例如：

如何达成团队的共同目标？

如何塑造团队的文化？

如何优化团队的规则和流程？

如何在团队内部达成共识？

这类问题通常具有深远影响，难以由单一成员解决。最佳的做法是让管理者带领团队共同应对，齐心协力找到解决方案。然而，实际工作中，这些团队共同问题往往被默认为"管理者的问题"，最终由团队负责人独自承担。虽然管理者承担并解决团队问题是其职责所在，但如果长期由其单独应对，而不让团队成员参与，容易造成责任不均和团队士气低落。

理论上，除以下四类问题外，其他团队共性课题都可以考虑让团队成员参与进来，集思广益共同面对：

1. **高度专业化或技术性问题**：需要特定的专业知识和技能，可能超出普通成员的能力范围。

2. **涉及敏感信息或隐私的问题**：需要保密性，不适合公开讨论。

3. **紧急且需要快速响应的问题**：需要迅速决策，可能没有时间召集团队讨论。

4. **涉及深层次心理或情感的问题**：可能需要专业的心理支持，而非团队讨论。

通过明确问题的归属和责任，团队可以更高效地解决问题，同时也能促进成员之间的协作与成长。

管理者与员工各自的责任

在团队管理中，管理者和员工在解决问题时并非"非此即彼"，而是相互依存、协同作战。

1. 管理者的核心责任：引导与赋能

管理者在团队中扮演着核心角色，他们不仅要负责团队的整体目标和方向，还需通过有效的引导帮助团队解决问题。

明确目标与责任分配：清晰定义团队目标，将任务合理分配，避免责任模糊。

提供资源与支持：为团队提供必要的工具、培训和时间，协助解决实际问题。

营造积极团队文化：构建开放、包容的氛围，鼓励成员主动提出意见和解决方案，而不是相互指责。管理者通过激励和赋能，让团队成员主动承担责任。

协调与沟通：加强内部及跨部门间的沟通，确保问题得到及时解决。如果管理者只关注自己部门的问题，而忽视与其他部门的协作，问题往往会变得更加复杂。

2. 员工的参与和责任

员工作为团队的直接执行者，同样对解决问题负有重要责任。

主动发现问题并提出建议：员工是问题的直接接触者，他们往往能更早地发现问题。员工应该主动提出问题，并尝试提出初步的解决方案，而不是等待管理者发现问题。

积极参与团队决策：在团队会议中，员工应该积极参与讨论，表达自己的观点和想法。如果员工总是保持沉默或推诿责任，团队很难形成有效的解决方案。

执行与反馈：员工需要按照分配的任务积极执行，并及时反馈执行过程中遇到的问题。如果员工在执行过程中发现问题却不及时反馈，问题可能会进一步恶化。

3. 管理者和员工的协作：群策群力解决问题

团队中的很多问题需要管理者和员工共同协作来解决。

明确角色和分工：管理者和员工需要明确各自的角色和分工，避免职责不清导致的混乱。管理者负责整体规划和协调，员工负责具体执行和反馈。

建立有效的沟通机制：管理者和员工之间需要建立高效的沟通渠道，确保信息能够及时传递。

共同承担责任：团队中的问题不应仅仅由管理者或员工单独承担责任，而是需要双方共同面对。管理者可以通过引导式管理，激发员工的自驱力和创造力，让员工主动参与问题的解决。

在团队管理中，管理者和员工都有责任解决问题。管理者需要通过有效的引导和赋能，为团队提供方向和资源；员工需要积极参与并主动承担责任。只有通过管理者和员工的协作，才能真正实现团队高效运作和目标达成。

引导式管理的崛起：新时代背景下的管理变革

在当今快速变化的时代，传统的管理方式正面临着前所未有的挑战。人们常用"VUCA"和"BANI"这两个英文缩写词来描述当今时代的特点：

VUCA：易变性（Volatility）、不确定性（Uncertainty）、复杂性（Complexity）、模糊性（Ambiguity）。

BANI：脆弱性（Brittle）、焦虑性（Anxious）、非线性（Non-linear）、不可

理解性（Incomprehensible）。

这两个概念，真实地反映了现今组织运营环境的特性，时代发生巨变，提醒着管理者要与时俱进，重新审视管理的本质和方法。

自我为中心式管理的局限性

在过去，信息相对单一，环境相对稳定，管理者垄断着信息和资源。他们凭借经验和掌握的信息，独自分析和解决问题，对团队事务做出清晰的决策。这种管理方式简单高效，员工只需按部就班地执行命令，就能保证生产的有序开展。然而，这种模式在新时代遭遇到了挑战。

如今，信息爆炸，环境瞬息万变。管理者虽然仍掌握组织内部的信息优先权，但已不再是唯一的信息掌控者。面对信息过载的局面，有效信息的收集和处理难度大幅增加，决策的准确性也更容易受到干扰。如果管理者仍然依赖个人经验，试图独自解决问题，很容易顾此失彼，失去主动权。

引导式管理的崛起

在新的时代背景下，引导式管理应运而生。这种管理模式通过引导和激发团队成员的主动性和创造力，让团队共同面对各种难题，实现目标。管理者成为团队的"引导者"和"教练"，帮助成员参与团队事务，集思广益产出成果。

引导式管理的核心在于借助团队的集体智慧来应对复杂多变的环境。每个人都有自己的视角和局限，如同"盲人摸象"，只能掌握部分真相。但当一群人共同面对问题时，就能还原事实的全貌。团队成员的共同参与不仅能敏锐地关注变化，还能基于变化制定出最适合的应对措施，避免个人思考的主观性和片面性。

引导式管理有三大核心理念：

1. 协作共创：大家一起做决定

在引导式管理中，管理者和团队成员共同参与目标的制定和执行。通过开放式的讨论和头脑风暴，将各自的意见汇总，形成统一目标。管理者不再是单方面的决策者，而是通过提问、倾听和总结，将大家的意见整合成一个共同的目标。

例如，在制定年度计划时，管理者可以用"愿景墙"的方式，让大家一起描绘理想的结果，然后通过优先级排序，找到实现目标的具体路径。这种方式不仅能增强团队对目标的认同感，还能挖掘出团队中隐藏的潜力。

2. 动态闭环：不断调整，持续进步

自我为中心式的管理方式往往是线性的，任务一旦下达就很难调整，一旦调整便被讥讽为"朝令夕改"。但引导式管理强调"计划—执行—反馈—迭代"的循环过程。管理者需要定期组织复盘会议，用一些工具来分析阶段性的成果和问题，并根据反馈快速调整策略，使得管理模式能够灵活适应变化，避免因僵化执行而浪费资源。由于调动了员工参与，这种灵活性就成为被众人乐于接受的一大优势。

3. 双向激活：让每个人都能发光发热

通过赋权与激励，使每个成员都能在团队中成长。管理者可让成员尝试不同角色，拓宽能力边界，同时通过公开表彰等方式及时认可贡献，激发积极性。最终，这种机制能形成"1+1>2"的协同效应，整体表现远超个体简单相加。

在一家科技公司中，管理者采用引导式管理来应对快速变化的市场环境。在新产品开发过程中，团队成员被鼓励参与决策，通过头脑风暴和开放讨论，共同确定产品的核心功能和市场定位。管理者定期组织复盘会议，分析项目进展，并根据团队反馈及时调整策略。最终，这款新产品不仅成功上市，还获得了市场的高度认可。团队成员在过程中也感受到了强烈的参与感和成就感，团队凝聚力显著提升。

引导式管理应对时代变化的四大优势

1. 关注动态，避免刻舟求剑

过去，管理者可以根据经验和信息做出清晰的选择，员工只需执行。而如今信息多元、环境瞬息万变，管理者依赖过去的成功经验，很容易陷入"刻舟求剑"的陷阱。引导式管理强调借助团队的力量，敏锐地关注环境动态，共同制定应对措施。当团队成员共同参与决策时，组织做出的决策不再是上级的独断专行，而是团队的共同选择，员工也会更主动地应对变化。

2. 发现风险，避免孤注一掷

在新的市场环境下，不确定性增加，管理者难以仅凭个人判断就能做出准确评估。引导式管理通过集体智慧替代个人经验，让团队成员共同参与决策，避免管理者陷入两难境地，提高决策的准确性和可靠性。

3. 收集真相，避免一叶障目

过去信息渠道相对单一，管理者可以凭借信息优势做出决策。但在信息过载的今天，管理者很容易形成"信息茧房"，陷入"一叶障目不见森林"的困境。引导式管理通过集体的信息收集和观点碰撞，帮助管理者避免误入盲区，还原事实的全貌，从而做出更准确的决策。

4. 拨云见日，避免当局者迷

在新的市场环境下，组织发展的各个方面都充满可能性，没有标准答案。引导式管理通过团队成员的协作，将决策过程从"自上而下"的指令转变为"上下一体"的共创，让团队共同面对模糊的未来，找到清晰的方向。

在新时代背景下，管理者必须意识到，传统的"单枪匹马"管理模式已不再适用。只有激发和借助团队成员的集体智慧，才能应对复杂多变的环境。引导式管理不仅是一种新的管理方式，更是适应未来发展的必然选择。管理者需要从"绝对的指挥者"转变为"团队引导者"，从"单一决策者"转变为"共同协作者"。通过引导式管理，管理者和团队成员可以共同面对挑战，在复杂多变的环境中保持竞争力，同时激发团队的智慧与活力，实现真正的群策群力，打造出富有朝气和活力的良性团队，实现共同成长。

引导式管理，匹配新生代员工的特点

新生代员工特点及其背景

"新生代"一般是指刚刚踏入社会的年轻人，这代人与"前辈"相比，从思维到行为都有着明显的差异。新生代员工管理成为培训市场上常见的领导力课题之一，反映出团队管理中的一个普遍困扰，管理者渴望找到新的管理方式，来应对年轻人提出的新课题。

管理者对新生代员工的反馈结论，往往五花八门，有的是负面评价，如：

过于自我，无视他人；缺乏约束，不守纪律；

喜欢表扬，抗拒批评；不能吃苦，贪图安逸；

标新立异，哗众取宠；心浮气躁，爱走捷径……

还有的是正向的评价，如：

个性张扬，热情奔放；思想自由，敢想敢干；

容易激发，潜能无限；打破常规，善于创新；

头脑灵活，学习力强；不惧权威，另辟蹊径……

其实，仔细研究这些评价会发现，正向与负面反馈本来就是相互对应的，如同硬币图案，一体两面，同生共存。

新生代群体拥有显著的"特点"本没有好坏之分，只是因为代入了不同的场景，加入了评价者的主观立场，才形成鲜明对立的两种结论。

新生代员工的内在需求

人本主义哲学家马斯洛将人的需求分为不同的层次（如图2-2所示），越往上越偏重精神层面。相对而言，新生代的"生理"和"安全"这些"基础型需求"，已经被满足；对"社交""尊重"这些"社会型需求"，有更强烈的渴望；相当一部分年轻人，甚至已经在追求"自我实现""自我超越"这些"升华型需求"。这些需求特点，与老一辈成长经历中的需求特点形成了鲜明反差，出现"代际差异"在所难免。

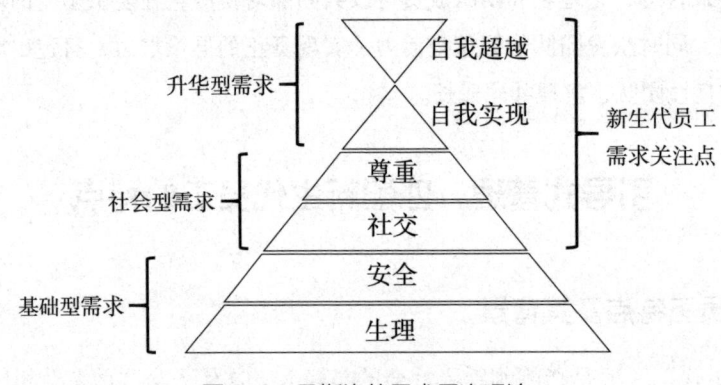

图 2-2 马斯洛的需求层次理论

基于社会的总体印象，观察新生代在职场中的行为特点，对应马斯洛需求层次，可以绘制一幅粗略的"新生代画像"（如表2-1所示）。

表 2-1 基于马斯洛需求层次理论的"新生代画像"

	基于马斯洛需求层次理论的"新生代画像"
生理需求	新生代生存无忧，追求更精致、高端的物质享受，接受透支未来，超前消费的理念；他们享受着安逸和懒散的状态，放纵欲望，对前辈倡导的"自力更生，艰苦奋斗"无感；也正因为"懒"，他们富有创造力，毕竟很多发明创造都是"懒人"的杰作

续表

基于马斯洛需求层次理论的"新生代画像"	
安全需求	新生代的安全感是充足的，所以做事大胆、敢闯敢拼、无拘无束、勇于冒险；由于没有经历过社会更迭和重大变故带来的冲击，他们的抗压能力弱，一旦遭遇挫折，容易一蹶不振，走向另一个极端，这也是年轻人成长中的烦恼
社交需求	新生代期待能在工作中结识更多朋友，充分交流分享自己的想法，获得归属感；他们不愿意独自面对困难，更希望结伴迎接挑战，找到相互支持的力量；他们希望在群体中被听到、被看到，不甘心只做默默无闻的追随者
尊重需求	新生代期待获得更多尊重和认同，能够平等参与团队公共事务；他们讨厌被居高临下地指责和命令，不会把颐指气使的"领导"太当回事；他们渴望被当成团队中的重要一分子，而不是总被忽略的职场小白
自我实现与超越需求	新生代期待展示和证明自己的才华，来获得内心的充实，让自己不留遗憾；拒绝被压制和埋没，有想法就要表达出来，不愿忍耐和压抑；敢闯敢干，为了实现自我梦想，可以义无反顾，全力争取；他们不甘平庸，总想脱颖而出，希望利用一切机会，发出自己的声音，表现出与众不同的地方

以上"新生代画像"，描摹的是人们对这一代人的整体印象，但千万不可当作"标签"来给这个庞大的群体定性。每个人都是独一无二且不断成长的个体，草率地用出生时间来对"新生代"切分划界，概括总结，未免简单粗暴，有失偏颇。这幅以偏概全的粗略画像，仅用于帮助管理者对比新生代与老一辈的明显差别，更好地理解管理对象的变化，反思管理方式转变的必要性。

从更广阔的视野看，"社会型需求"和"升华型需求"不仅是新生代员工的需要，也是当下社会各个年龄段员工的共同需要——即使是"老一辈"员工，他们的价值观也在跟随时代发展而变化。面对员工需求的变化，管理者是站在固有的立场上指手画脚？还是投入其中，努力满足员工的需求？这暴露了管理者的心智模式，也是检验领导力水平的试金石。

显然，成熟的管理者会顺应时代发展规律，尊重员工需求变化，通过改变管理方式，谋求多方共赢的结果，而群策群力的引导式管理，正是满足员工内在需求的最佳手段。

当团队成员相互交流，充分发表自己看法时，员工的"社交"需求得到了满足；

当个人意见被人用心倾听乃至被采纳时，员工的"尊重"需求得到了满足；

当自己贡献的想法被认可，取得成果时，员工的"自我实现"需求得到了满足；

当员工为团队作出贡献，自身潜能被激发时，员工的"自我超越"需求得到了满足。

这些精神需求的满足，甚至比物质回报更值得珍惜。当员工的需求被满足时，他们必将用更积极的状态来面对工作，管理成效自然水到渠成。

引导式管理，提升领导者的"非职权影响力"

管理者的影响力分为"职权影响力"和"非职权影响力"。"职权影响力"来自组织赋予管理者的职责和权力，团队成员因畏惧组织力量，不得不服从上级指令。但是，仅有职权影响力的管理者一旦失去职位，就毫无影响力可言，于是出现在位时门庭若市，下台后无人问津的尴尬局面。

"非职权影响力"是来自管理者个人的影响力。拥有"非职权影响力"的管理者，不依赖职务权力，也能赢得员工的信赖与尊重，他们在日常工作中能够轻松地感召员工、引领团队，即使失去职位，依然会有众多追随者不离不弃。可见，非职权影响力才是真正强大、持久的领导力。

约翰·麦克斯韦尔提出的"领导力五层进阶模型"（如图2-3所示），诠释了从"职权影响力"到"非职权影响力"的进步阶梯。

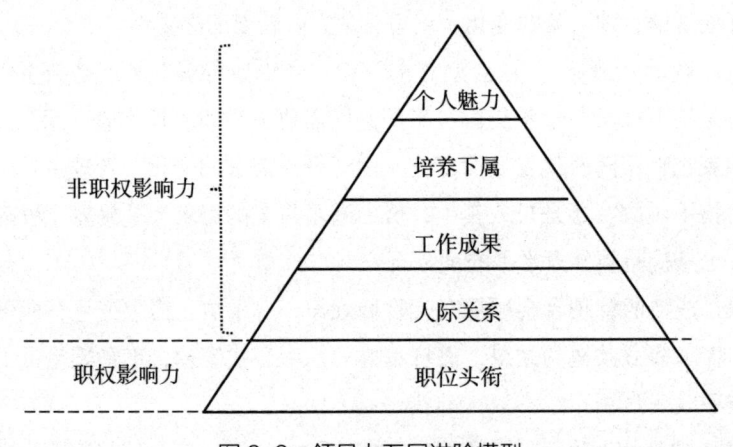

图2-3 领导力五层进阶模型

从模型中可以看出，在源于"职位头衔"的"职权影响力"之上，有四种途径搭建起了"非职权影响力"的阶梯，分别是"人际关系""工作成果""培养下属"和"个人魅力"，越靠上的途径，越能够获得更大的影响力。

基于群策群力的引导式管理，可以有效地实现这四个方面的提升，从而培养起管理者的"非职权影响力"。

1. 改善团队"人际关系"

当领导者和团队成员建立起了良性的人际关系，拥有了情感基础，即使有一天领导者失去职权，团队成员依然可以把他当作可信赖的朋友甚至亲人，这显然能比"职权"获得更稳定的影响力。

群策群力的工作方式，可以促进团队成员之间、领导者和下属之间的人际关系和谐。当团队成员围绕一个共同话题展开讨论的时候，不同岗位，甚至不同部门的同事，能够有机会坦诚交换意见，深入思考探究，碰撞达成共识，共同付诸行动。这个研讨过程，本身就是参与者互相增进了解，建立信任的过程，不仅有利于打破内部隔阂，稳固协作关系，也能增进领导者与下属之间的情谊。

2. 共同创造"工作成果"

每个士兵都愿意追随能打胜仗的将领，每个员工都期待自己的上级能带领团队达成目标，获取收益。管理者通过摘取胜利果实来赢得下属认可，比单纯依靠人际关系而获得的影响力更有价值。

俗话说：众人拾柴火焰高。越来越多的工作需要依靠团队协作，单兵作战取得的成绩再出色，也难以替代团队共同努力所创造的价值。群策群力的工作方式，能有效凝聚团队合力，产出超越预期的成果，形成 1+1＞2 的效果。员工参与了成果创造的过程，会更加认同和珍惜劳动果实，产生强烈的归属感与成就感，领导者也因此获得更大的影响力。

3. 实现高效"培养人才"

比获取成果更能够驱动员工忠诚追随的管理举措，来自领导者对员工的栽培。培养人才是管理者的基本职责，愿意培养下属的领导者，就是员工一生的贵人，必将得到员工的感激与爱戴，从而获得持久的影响力。

群策群力研讨的过程，是发现和培养人才的有效途径。管理者可以借助研讨会，观察员工的表现，对其思维模式和价值观作出判断，选拔出有潜力的员工给予重点培养；员工在相互讨论中，视野被拓宽，互相换位思考，取长补短，思维格局和工作能力都会得到提升，逐步具备独当一面的水平。这些都是其他方式难以获得的成长机会。

4. 塑造领导"个人魅力"

个人魅力能够为领导者带来经久不衰的影响力，是领导力提升的最高境界。人们都愿意追随那些散发着光芒的领导者，他们大公无私、胸怀坦荡、目光长远、知行合一，拥有超乎常人的精神力量。个人魅力所带来的影响力，往往能够超越所在组织的局限，辐射到更广阔的天地中，吸引众多敬仰者。

带领团队群策群力，也是培养管理者个人魅力的便捷路径。当领导摆脱以自我为中心的姿态，用心倾听团队成员不同想法时，就已经开始拥有了独特的魅力；如果能更进一步，用更专业的方法提高群策群力效率，帮助团队达成超出预期的目标，会赢得更多崇敬；特别是，管理者一旦从"指挥官"向"引导师"的角色转变，就将踏上以道驭术、内外兼修的精进之路，随着自我的深入觉醒，必将散发出自内而外的个人魅力。

引导式管理，提升团队自驱力

自驱力，是指团队成员在共同目标和价值观的引领下，自发地追求卓越、不断创新，以及积极面对挑战的能力。这种力量能够推动团队在复杂多变的环境中持续成长和发展。

具备自驱力的团队成员往往展现出鲜明的特点：首先，团队成员具备强烈的责任感和使命感，他们深知自己的行动对团队整体目标的影响，因此能够主动承担责任，积极解决问题。其次，团队成员之间形成良好的协作氛围，他们相互支持、相互学习，共同面对挑战，形成强大的合力。最后，团队成员具有持续学习和创新的精神，他们不断追求新知识、新技能，以适应不断变化的市场环境。

丹尼尔·平克在《驱动力》一书中提到，驱动力3.0的三大要素，分别是：

"自主"：我做什么，我决定；

"专精"：把想做的事情做得越来越好；

"目的"：超越自身的渴望。

以群策群力为载体的引导式管理，充分激活了这三大要素（详见表2-2）：

表2-2 引导式管理激活自驱力三大要素

引导式管理激活自驱力三大要素	
给予员工"自主"的掌控感	给予团队成员充分的授权和信任，让他们能够在工作中发挥主动性和创造性。当团队成员感受到自己的价值和能力被认可时，他们会更加投入地工作，积极寻求解决问题的方案
给予员工"专精"的成长机会	通过深度参与团队事务，在互相学习和共同实践中，团队成员能够形成独特的竞争优势，在自己的专业领域内不断精耕细作，提升专业能力

续表

引导式管理激活自驱力三大要素	
给予员工明确的"目的"意义	让团队成员明确知道自己的工作对实现团队目标的重要性，他们会更加努力地工作，以实现个人和团队的共同成长

在传统的管理模式下，员工往往被视为执行任务的机器，其内在的动力和创造力往往被忽视或未能充分激发。

引导式管理模式在提升团队自驱力方面发挥着重要作用。每个人都是一座潜力无限的宝库，他们拥有对工作的热情、对创新的渴望，以及对成长的追求。通过一系列精心设计的引导活动，如团队建设、目标设定研讨会、个人发展规划等，从而帮助员工明确自己的价值所在，在以下多个方面激发他们内心的驱动力，使他们从"被动执行"转变为"主动创造"。

1. 增强员工的参与度和责任感

引导式管理鼓励员工参与到目标设定和决策过程中来。这种参与不仅提升了员工对工作的投入感，还能显著提高他们对工作的责任感。当员工认为自己对公司的目标有贡献时，他们会更加努力地工作以实现这些目标。例如，通过设立共同的目标和期望值，员工能够明确自己的角色和职责，在工作中展现出更高的积极性和自主性。

2. 提供成长和发展的机会

引导式管理为员工提供了持续学习和发展的机会。在这种管理模式下，领导者会鼓励员工探索新的技能和知识，为他们提供必要的资源和支持。这不仅帮助员工在职业生涯中保持竞争力，也增强了他们对工作的热情。员工会感受到公司对他们个人成长的重视，从而更加积极地投身于工作中。

3. 建立基于信任的文化

引导式管理侧重于建立一种基于信任的工作文化。领导者通过赋予员工更多的自主权，展示出对员工的信任。这种信任感使得员工更愿意尝试新的方法，试错被视为学习和成长的机会而非失败，这种文化鼓励员工在不确定的环境中自信地行动，增强他们的自我驱动力。

4. 强调透明度和沟通

在引导式管理中，透明的沟通机制是至关重要的。确保信息的自由流动和交换，可以帮助员工更好地理解团队发展方向和策略。明确的沟通有助于消除不确定性，降低员工的焦虑和不安全感；有效的反馈机制能够使员工了解自己的表现如何，以及如何改进，进而增强其自我改进的动力。

5. 促进团队合作与协同

引导式管理倡导团队合作精神，鼓励员工之间的协作和支持。通过相互间的合作，员工可以从不同角度获得知识和经验，这种交流促进了创新和创意的产生。团队内部的相互支持为员工提供了一个安全的环境，他们可以在这里分享自己的想法和挑战，寻求帮助和建议，从而增强解决问题的能力和动力。

引导式管理，推动组织"聪明"又"健康"

著名管理专家帕特里克·兰西奥尼认为，一个组织的成功主要有两个因素：一是"聪明"，另一个是"健康"。"聪明"是指战略、财务、营销、技术等方面分析到位，决策正确；而"健康"是指最少的办公室政治、最少的混乱、高涨的士气、高效率、优秀员工的低流失率等。

当管理者在团队中养成群策群力的工作习惯时，便可以同时实现"聪明"和"健康"这两个目标，获得超出预期的管理成效。

推动组织更"聪明"

群体智慧的激发对组织的决策和分析过程具有重要意义。当团队成员能够积极参与、深入交流并共同协作时，他们能够从不同的角度和层面思考问题，提出更加全面、准确的观点和建议。这种多元化的思考方式能在一定程度上弥补管理单一思维的局限性，提高管理者的决策质量和准确性。

1. 激发全员智慧

引导式管理鼓励组织内各层级人员积极参与决策与问题解决过程。它不是领导者一人决策后强制推行，而是让员工有机会表达想法和见解。例如在项目规划阶段，引导员工共同探讨目标和策略，他们凭借自身岗位的实际经验和独特视角，能提出多元思路，丰富组织的决策选项，使决策更贴合实际且富有创意，充分发挥全体人员智慧，让组织在面对复杂情况时能做出更明智的判断。

2. 促进知识共享与学习

引导式管理营造了开放、积极的沟通氛围，打破部门或岗位壁垒，构建知识分享平台。不同岗位的员工交流经验、分享知识，加速知识传播与整合。员工分享各自领域的最新技术或最佳实践，有助于组织成员拓宽知识面，提升整体知识水平。同时，在相互学习中，员工能发现自身不足，主动学习新技能，促进组织形成学习型文化，增强组织适应变化的能力，从而让组织在知识经济时代更具智慧地发展。

3. 明确目标与路径

引导式管理中，领导者依据组织战略目标，与员工共同制定个人目标及实现路径。员工清晰了解自身工作与组织整体目标的关联，清楚努力方向。这避免了工作的盲目性，使其更专注于关键任务，提高工作效率。而且，在共同制定目标的过程中，员工对目标有更强的认同感和责任感，主动投入工作，积极寻求解决问题的方法，推动组织高效运转，展现出更具智慧的行动方式，实现组织目标。

促进组织更"健康"

涉及组织经营成果的"聪明"部分更容易衡量，所以往往被更多关注，而与团队文化氛围相关的"健康"部分，则容易被忽视。

兰西奥尼在《团队协作的五大障碍》中提出了五个影响团队协作的障碍，即缺乏信任、惧怕冲突、欠缺投入、逃避责任和无视结果。这五大障碍严重影响团队的效率和绩效，进而阻碍组织的健康发展。

引导式管理作为一种强调团队协作的管理理念，与"克服团队协作的五大障碍"的方向紧密相连，为推动组织"健康"提供了有力途径（详见图2-4）。

1. 引导式管理有助于"建立信任"

在传统管理模式下，管理者与员工之间往往存在明显的层级差距，信息不对称，导致员工对管理者难以建立深度信任。而引导式管理强调管理者转变为引导者角色，与员工共同前行。管理者通过倾听员工的想法和需求，尊重员工的意见，给予员工充分的支持与鼓励，能够在组织内部营造开放、平等、信任的氛围。例如，在项目讨论会议中，引导式管理者会鼓励每个成员分享自己的见解，认真对待每一个建议，让员工感受到自己是团队中重要的一员，从而增强彼此之间的信任，为高效协作奠定基础。

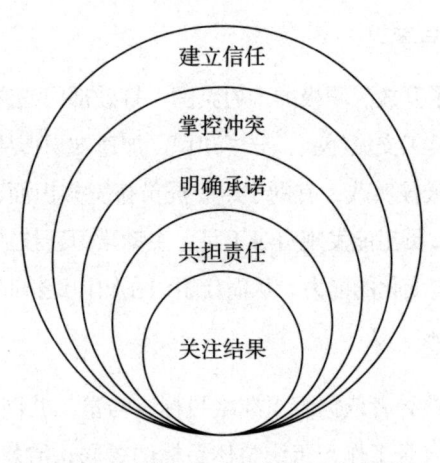

图 2-4　克服团队协作的五大障碍

2. 引导式管理可以帮助团队"掌控冲突"

引导式管理者鼓励建设性的冲突，将其视为激发创新和推动问题解决的契机。他们通过引导员工以理性、客观的态度看待分歧，帮助员工理解不同观点背后的价值，促使团队成员围绕目标展开有益的争论。在引导式管理的环境下，员工不用担心因表达不同意见而受到惩罚，反而会因为积极参与讨论、提出独特见解而得到认可。这种开放包容的氛围能够有效地打破惧怕冲突的壁垒，让团队成员敢于直面问题，通过充分的思想碰撞找到更优的解决方案，提升组织的决策质量。

3. 引导式管理让团队成员"明确承诺"

传统管理模式下员工的被动执行任务，容易导致他们对工作缺乏热情和全身心地投入。引导式管理则聚焦于激发员工内在的动力和创造力。管理者通过帮助员工明确目标，让员工清晰地认识到自己的工作对组织整体目标的重要性，从而增强工作的使命感。同时，在工作过程中给予员工足够的自主权和资源支持，鼓励他们自主思考、积极行动。当员工感受到自己的价值得到认可，并且在工作中有充分的发挥空间时，他们会更愿意主动投入精力，提高工作效率和质量，推动组织不断前进。

4. 引导式管理能发挥"共担责任"的作用

引导式管理者强调明确的责任划分和共同的目标追求。通过与员工共同制定清晰的工作计划和绩效标准，让每个成员都清楚自己的职责所在。同时，在团队中营造勇于担当的文化氛围，当出现问题时，引导式管理者不是急于指责，而是与团队成员一起分析原因，共同承担责任，并寻找改进的措施。这种方式能够让员工意识到自己对团队的重要性，增强责任感，避免逃避责任的现象发生，确保组织的各项工作能够顺利推进。

5. 引导式管理让团队一起"关注结果"

引导式管理以组织目标为导向，始终将结果放在重要位置。管理者引导员工将个人目标与组织目标紧密结合，让员工明白只有实现组织的整体目标，个人的价值才能得到最大程度的体现。在日常工作中，注重对工作进展和成果的及时反馈与评估，根据实际情况调整策略和方法，确保团队始终朝着正确的方向努力，最终实现组织目标。这种以结果为导向的管理方式，能够让组织更加聚焦目标，提高资源的利用效率。

引导式管理，融合"四大管理模式"

对不断涌现的经典管理理论进行梳理，我们会发现管理思想的演变围绕两条主线，呈现出此消彼长、螺旋式上升和波浪式前进的演变特征：纵向主线为"科学管理—人本管理"，横向主线为"目标管理—问题管理"（详见图2-5）。

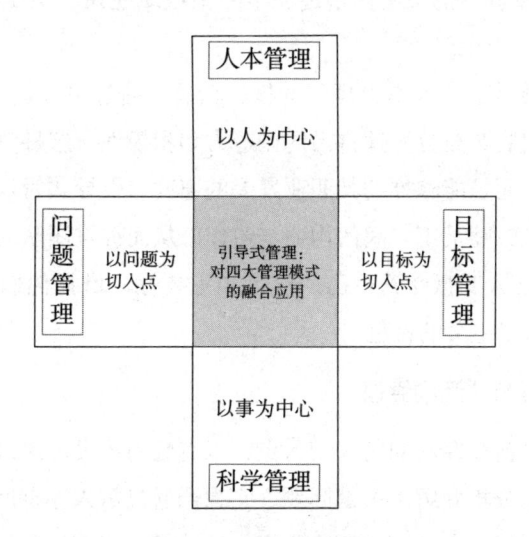

图2-5　四大管理模式

这四种管理模式相互呼应，在管理思想史上占据着举足轻重的地位。它们所涵盖的各个管理流派，往往以不同名称呈现，形成相互补充，彼此促进的态势，共同构筑了现代管理理论的基石。

引导式管理不仅融合了科学管理、人本管理、目标管理和问题管理的思想，还通过创新的方式将这些理念有机结合，形成了独特的管理风格。

1. 引导式管理与"科学管理"

科学管理以提高生产效率为目标，通过明确职责分工、优化工作流程和引入科学的管理方法，构建标准化的制度体系。同时，科学管理注重通过物质激励机制调动员工积极性，并强调在执行过程中追求效率与精确性，确保管理活动的高效性和可重复性。科学管理的代表有泰勒制、精益生产、六西格玛等管理理论。

引导式管理致力于"科学管理"的持续完善，面对共同难题或遇到问题事件时，团队成员集思广益优化工作流程，以提高问题解决效率，完善奖惩制度以奖优罚劣，形成标准化管理动作，以确保问题解决与持续防范。

2. 引导式管理与"人本管理"

人本管理以"以人为本"为核心，通过构建和谐的人际关系和促进团队协作，营造积极的组织氛围。它注重通过激励机制和职业发展规划，充分调动员工的积极性和创造力，同时关注员工的个人成长与职业发展，强调通过精神关怀与物质激励相结合的方式，激发员工的内在潜力，实现员工与组织的共同发展。人本管理的代表有行为科学、企业文化塑造、学习型组织建设、员工关怀计划等管理手段。

引导式管理继承了"人本管理"的核心精髓，通过引导员工参与决策过程，赋能员工，使他们能够充分发挥自己的创造力和积极性。这种参与式管理不仅促进员工成长历练，而且能够推动其职业发展的速度。引导式管理注重营造开放和包容的工作环境，鼓励员工之间的沟通与协作，从而促进团队的凝聚力和协作能力。引导式管理让员工感受到自己的价值和重要性，增强他们的归属感和成就感，充分体现了人本主义的特色。

3. 引导式管理与"问题管理"

问题管理以当前存在的问题为切入点，以克服组织发展障碍为核心，通过系统化的方法识别、分析并解决关键问题。它强调通过深入挖掘问题的根源、清晰表达问题的本质，以及有效实施解决方案，持续优化管理流程。问题管理注重防范小问题的积累和恶化，持续降低组织的整体风险水平，保障组织的稳健发展。问题管理的代表有事业部制、权变理论、危机管理、风险管理、内控体系等管理方式。

引导式管理运用了"问题管理"的工作方式，它通过引导员工识别和解决工作中的关键问题，促进组织的不断优化。引导式管理组织员工进行深入的问题分析，精准找出团队运营过程中的瓶颈和缺陷，并采取切实有效的措施加以解决。同时，引导式管理高度重视预防性管理，通过定期的风险评估和问题排查，及时发现潜在问题，防范小问题演变为大问题，从而有效降低组织风险，保障组织的稳健发展。

4. 引导式管理与"目标管理"

目标管理是一种从未来目标切入、以寻找发展捷径为核心的管理理念，通过系统地分解组织目标，确保每个员工的工作活动与组织的整体战略方向紧密相连。它倡导员工进行自我管理和自我驱动，借助团队协作的力量，以及定期的反馈与评估机制，协助员工持续调整和优化个人工作流程，从而高效达成既定目标，促进组织的稳定与持续发展。目标管理的代表有德鲁克思想、战略管理、平衡积分卡等管理思想和工具。

引导式管理体现了"目标管理"的关键要点，它通过跨部门、跨职能的团队合作，资源共享和优势互补得以实现，从而攻克复杂问题，推动目标的顺利实现。定期的反馈与评估机制则为员工提供了持续改进的依据。通过定期检查目标进展情况，及时发现问题并调整策略，确保目标的最终达成。

引导式管理通过融合四大管理模式的思想，形成了独特的管理风格。它不仅注重效率和精确性，还强调人的因素和积极性；不仅关注未来目标的设定和实现，还从现实问题出发，致力于克服发展障碍。这种综合性的管理方式，能够帮助组织在复杂的市场环境中保持竞争力，实现可持续发展。

管理觉醒

第三章

转型之旅：引导式管理者的"逻辑层次"觉醒

案例导读

直击灵魂的六个问题

诸葛明经理因团队问题烦恼不已，焦头烂额地找到新来的直接上级张总寻求帮助。他诉说着自己面临的问题太多，压力巨大，期望能得到一些切实可行的建议。

张总建议诸葛明，有些问题可以调动团队成员一起解决，没必要所有问题都自己扛。然而，诸葛明对此不以为意，认为员工都有各自的本职工作，团队难题怎能指望他们解决？他说，如果把问题全都分给员工，那么我这个经理还有何用？

学习过教练辅导的张总见诸葛明听不进建议，转而提出了几个强有力的问题：

1. 三年后，你期待团队呈现怎样的状态？你希望自己达到什么样的理想境界？

2. 在你看来，管理者在面对团队问题时，应该扮演什么角色？员工应扮演什么角色？

3. 你认为，团队管理中最核心的要素是什么？你如何看待员工的价值？

4. 作为管理者，应具备哪些关键能力？你的优势在哪里，又存在哪些不足？

5. 面对当前的困境，你已经采取了哪些措施？还有哪些改进空间？

6. 在解决团队问题时，可以借助哪些资源？你还需要哪些支持？

这些直击灵魂的提问，让诸葛明陷入了深思，他开始重新面对自己的内心，希望找到这些问题的答案。

"逻辑层次"模型与管理者的转型

经典的教练模型——逻辑层次

案例中张总提出的六个问题，来自经典的教练模型——逻辑层次。NLP 大师罗伯特·迪尔茨提出的这个模型，揭示了组织与个人发展的基本规律，对组织文化塑造、管理水平提升、个人成长规划等方面，都能够作出通透的解读，管理方式的转型，同样可以借助"逻辑层次"（详见图 3-1）来进行系统深入地思考。

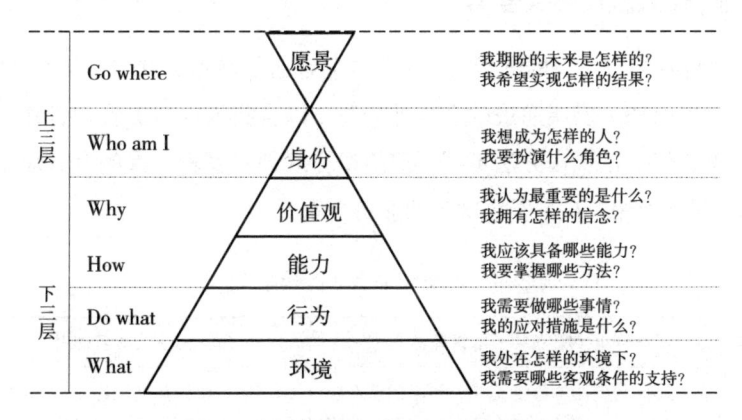

上三层	Go where	愿景	我期盼的未来是怎样的？ 我希望实现怎样的结果？
	Who am I	身份	我想成为怎样的人？ 我要扮演什么角色？
	Why	价值观	我认为最重要的是什么？ 我拥有怎样的信念？
下三层	How	能力	我应该具备哪些能力？ 我要掌握哪些方法？
	Do what	行为	我需要做哪些事情？ 我的应对措施是什么？
	What	环境	我处在怎样的环境下？ 我需要哪些客观条件的支持？

图 3-1 "逻辑六层次"揭示人的普遍规律

"逻辑层次"模型分为六层，分别与案例中的六类问题相对应：

上面三层：愿景：Go where（去哪里）；身份：Who am I（我是谁）；价值观：Why（为什么）。

下面三层：能力：How（怎么做）；行为：Do what（做什么）；环境：What（时间、地点、事件、背景）。

逻辑层次的每一层之间都有明确的因果关系。正如爱因斯坦的名言："你永远无法在制造问题的维度来解决问题。"当逻辑层次中的任何一层出现了困惑，停留在本层往往无法解决，需要到上一层去寻找答案。

当"环境"出现问题的时候，需要靠"行为"来解决；当"行为"没有达到效果时，需要提升"能力"；当"能力"始终无法提升时，要反思"价值观"排序；当"价值观"不清晰时，要觉察自己的"身份"定位；当"身份"定位不清时，要寻找自己期待的"愿景"。

逻辑层次的"上三层"（愿景、身份、价值观）来自看不见的"潜意识"，常常被忽略；"下三层"（能力、行为、环境）来自看得见的"意识"，是能够被关注到的。看不见的潜意识,主宰着看得见的意识,我们的"下三层"就是"上三层"影响的结果。

大多数人会把注意力放在逻辑层次的"下三层":被"环境"层面纷繁复杂的问题所困扰,试图通过各种"行动"措施来化解困境;当行动无效时,要么抱怨"环境"不给力,要么想方设法提升"能力";如果"能力"的提升受阻,便会陷入纠结与无助。如果理解了"逻辑层次",在遇到与"人"相关的问题时,就可以从逻辑层次的"上三层"入手,找到更彻底的解决路径。

两类管理者的逻辑层次差异

从"以自我为中心"的管理者向引导式管理者的转型,并非一场盲目的转变,而是一个由内而外、层层递进的系统性变革。以自我为中心的管理者和引导式管理者,表面看似乎是工作方法不同,但追根究底却是逻辑层次的全方面差异。表3-1 展示了两类管理者在逻辑层次上的显著区别。

表3-1 两类管理者的逻辑层次对比

逻辑层次	以自我为中心的管理者	引导式管理者
愿景	以团队的效率为核心追求,要求团队在统一指令下的快速行动,确保每一个环节都符合预期	以团队和组织的共同愿景为导向,注重团队的活力和创造力,追求团队在共同目标下的自主成长和协作共赢
身份	视自己为权威的领导者,强调自己的地位和权力,看重自己在团队中的核心领导地位	与员工是"创业合伙人"的关系。要扮演好引导者、协调者、资源调配者、决策者、激励者的角色
价值观	管理者就要高人一等,重视控制、权威和效率,认为"我说了算"是最重要的,优先考虑自己的决策和指令是否被执行	与团队成员平等相处,互相尊重,认为团队的自主性和创造力是最重要的,优先考虑团队成员的需求和发展
能力	依赖个人经验和权威,倾向于使用命令和控制的方式解决问题,或者自己身先士卒解决专业问题。缺乏对团队成员能力的信任和培养	相信团队具备解决问题的能力,鼓励成员群策群力,调动集体智慧解决问题,注重培养自身的赋能能力、引导能力和交互能力
行为	常常单方面决策,下达指令,要求团队成员执行,对成员的反馈和建议不够重视	鼓励团队成员参与决策,倾听成员的意见和建议,通过引导和协作推动项目进展
环境	团队氛围压抑,成员缺乏自主性和积极性,沟通不畅,容易出现推诿责任的情况	团队氛围开放、包容,成员积极参与,沟通顺畅,能够主动承担责任,共同解决问题

从上表可以看出,管理模式的转变,不仅涉及管理者的工作习惯,更是其内在认知系统的全面觉醒。只有在"愿景、身份和价值观"层面做出改变,才能带

动"能力、行为和环境"的改变。

愿景：管理者的未来画面差异

此刻，请管理者放松心情，畅想团队愿景的画面——

假设你有机会乘坐时光机，穿越到三年后的未来。那时的你，已排除一切阻碍，带领团队进入理想状态。那么，你所看到的团队，会呈现出怎样的工作场景？如果团队遇到难题，你们会以怎样的方式寻找解决办法？

未来的画面不仅反映出各自的愿景期待，还折射出不同身份定位的差异：自我为中心式管理者与引导式管理者所描绘的未来截然不同。

自我为中心式管理者的愿景

自我为中心式管理者，其愿景常常是一幅高度有序、高效执行的画面。他们想象中的未来，是团队在统一的指令下，如同精密的机器般运转。每一个决策都由管理者做出，每一个任务都由员工迅速执行，团队如同一支训练有素的军队，整齐划一地朝着目标前进。

在这种愿景中，团队的效率是核心追求。管理者通过明确的指令和严格的监督，确保每一个环节都符合预期。他们相信，通过强有力的领导和集中决策，团队能够在复杂多变的环境中快速应对，达成目标。

这种愿景更多地关注短期的效率和执行力，而对团队成员的创造力和主动性关注不足。在这种模式下，团队成员的角色更像是机械的执行者，而非参与者，他们的创造力和主动性往往被限制在既定的框架内。

引导式管理者的愿景

引导式管理者的愿景，则是一幅充满活力与创造力的画面。他们所期待的未来，是团队成员在共同的目标下，自由地发挥自己的专长和创造力。团队不再是一个单一的执行单元，而是一个充满活力的生态系统，每个成员都能在其中找到自己的价值和成长空间。

在这种愿景中，团队的凝聚力和创新能力是核心追求。管理者通过设定清晰的目标和价值观，为团队提供方向，但具体的路径则由团队成员共同探索。他们相信，团队的力量来自成员之间的协作和互补，而不是单一的指令。

在这样的愿景中，团队成员不仅是任务的执行者，更是问题的解决者和创新的推动者。他们被赋予足够的自主权和信任，能够在面对挑战时提出自己的想法，并与他人合作找到最佳解决方案。这种模式下，团队的潜力得以充分释放，成员在追求共同目标的过程中，也能实现个人的成长和发展。

对比两类管理者的愿景画面，自我为中心式管理者的愿景强调的是效率和执行力，追求的是团队在统一指令下的快速行动。而引导式管理者的愿景则更注重团队的活力和创新能力，追求成员在共同目标下自主成长与协作共赢。这两种愿景虽然各有优势，但在当今快速变化的时代，引导式管理者的愿景更符合团队发展的长远需求，能够激发团队更大的潜力，实现可持续的发展。

身份：引导式管理者的角色定位

用"创业团队合伙人"的身份，重新定义团队和员工

海尔集团掌舵人张瑞敏曾以电学术语为喻，精准勾勒企业组织关系的变革轨迹：传统企业中，人与人是按部就班的"串联"关系，而互联网浪潮下，企业已蜕变为互联互通的"并联"网络。员工身份也随之重构，从被动执行的"被雇佣者"，转型为主动进取的"创业者"与"合伙人"。海尔将这场变革凝练为"三自"理念——自创业、自组织、自驱动，成为组织创新的生动注脚。

小米集团创始人雷军同样敏锐洞察趋势："花点时间找合伙人吧，雇佣时代已经是过去式！"两位企业家的前瞻性判断，为管理者敲响警钟——唯有重新锚定角色定位，在组织内营造"创业团队"氛围，以创业者视角重塑团队关系，方能避免陷入"温水煮青蛙"的发展困局。

优秀创业团队与普通团队的本质差异，在于组织关系的深度重构。创业团队秉持协同共赢的核心理念，推崇"联盟"式组织架构，视每位成员为战略"盟友"。面对工作任务，他们整合资源、优势互补；遭遇复杂难题，便迅速凝聚集体智慧，以高效协作突破瓶颈。这种敏捷务实的组织形态，赋予团队抵御市场风险的韧性，使其能在激烈竞争的浪潮中站稳脚跟，堪称企业团队建设的标杆范式。

站在"创业团队合伙人"视角，团队早已超越简单的人力聚合，升华为命运与共的共同体。成员们因共同的愿景、使命与价值观紧密相连，为企业发展注入源源不断的动力。相应地，员工也不再局限于传统雇佣关系，而是摇身变为企业创新的引擎与发展的伙伴，其创造力与潜能的释放，成为企业持续前行的核心驱

动力。

当管理者以"创业者心态"拥抱未来，重新诠释自身角色，便会深刻领悟群策群力的价值。在协同解决问题的过程中，团队将打破部门壁垒，从传统的命令执行模式，进化为真正的"联盟"协作关系。这种转变赋予组织灵活应变的能力，让团队在面对未知挑战时，始终保持蓬勃生机与创新活力。

引导式管理者的角色定位

团队共同问题的解决，往往需要全体成员的参与和协作。在这一过程中，管理者的角色至关重要。管理者在团队共同问题中应扮演好五个关键角色：

一、引导者：激发集体智慧，达成目标

在团队共同面对问题时，管理者首先需要扮演的是"引导者"的角色。他们需要明确问题的核心，梳理问题的边界，并将团队的注意力聚焦在关键点上。管理者要帮助团队成员理解问题的背景和重要性，确保每个人都清楚问题的解决对团队的意义，并引导团队会议，共同化解难题，产出成果。

引导者的作用在于：

1. 明确方向：帮助团队确定解决问题的大方向，将问题转化为具体的目标，避免团队成员在问题解决过程中迷失方向。

2. 群策群力：调动员工投入到群策群力会议中，集思广益化解难题，产出成果。

3. 激发动力：通过团队研讨会，激发团队成员的积极性和主动性，增强团队凝聚力。

二、协调者：协调团队关系，促进协作

团队共同问题的解决往往需要成员之间的协作。然而，团队成员的背景、能力和思维方式各不相同，这可能导致协作过程中的摩擦和冲突。管理者作为"协调者"，需要促进团队成员之间的沟通与协作，确保团队能够高效运转。

管理者可以通过以下方式扮演好"协调者"的角色：

1. 搭建平台：组织团队研讨会或线上讨论平台，确保团队成员能够充分表达自己的观点和想法。

2. 化解冲突：及时发现并处理团队成员之间的矛盾和分歧，通过公正、客观的态度帮助团队达成共识。

3. 分配任务：根据团队成员的能力和专长，合理分配任务，确保每个人都能

在团队中发挥自己的优势。

例如，在处理一个涉及多个部门的组织变革问题时，管理者需要协调各部门之间的利益和工作流程，确保变革能够顺利推进。通过有效的协调，管理者可以减少内耗，提高团队的整体效率。

三、资源调配者：合理调配资源，提供支持

团队共同问题的解决往往需要资源的支持，包括时间、人力、物力和财力等。管理者作为"资源调配者"，需要确保团队在解决问题的过程中有足够的资源可用，并合理分配这些资源，以提高资源的利用效率。

管理者可以通过以下方式扮演好资源调配者的角色：

1. 评估资源：与团队成员一起分析解决问题所需的资源，并制定合理的资源分配计划。

2. 争取支持：在必要时，管理者需要向上级领导或外部机构争取更多的资源支持。

3. 优化配置：根据问题解决的进展，动态调整资源分配，确保资源能够用在刀刃上。

四、决策者：果断拍板决策，高效执行

在团队共同问题的解决过程中，管理者还需要扮演"决策者"的角色。当团队成员在问题解决过程中遇到分歧或瓶颈时，管理者需要凭借自己的经验和判断，做出关键决策，推动问题的解决。

管理者作为决策者，需要做到以下几点：

1. 倾听意见：在做出决策之前，充分听取团队成员的观点和建议，确保决策的科学性和合理性。

2. 果断决策：在必要时，管理者需要果断地做出决策，避免因犹豫不决而延误问题的解决。

3. 承担风险：管理者需要明白，任何决策都可能带来风险。因此，他们需要勇于承担责任，并在决策失误时及时调整策略。

五、激励者：激发团队潜能，积极进取

团队共同问题的解决往往需要成员的共同努力和奉献精神。管理者作为"激励者"，需要通过各种方式激发团队成员的潜能，让他们在解决问题的过程中保持积极的态度和高昂的斗志。

管理者可以通过以下方式扮演好激励者的角色：

1. **认可奖励**：对团队成员在问题解决过程中的贡献给予及时的认可和奖励，增强他们的成就感和归属感。

2. **提供机会**：通过培训、轮岗等方式，为团队成员提供成长和发展的机会，让他们在解决问题的过程中提升自己的能力。

3. **营造氛围**：通过营造积极向上、团结协作的团队文化，让团队成员在解决问题的过程中感受到团队的温暖和支持。

在团队共同问题的解决过程中，管理者要扮演的这些角色并非孤立存在，而是相互关联、相互促进的。管理者需要根据问题的性质和团队的实际情况，灵活地切换角色，确保团队能够高效地解决问题。通过扮演好这些角色，管理者不仅能够帮助团队解决当前的问题，还能在解决问题的过程中提升团队的协作能力和凝聚力，为团队的长期发展奠定坚实的基础。

价值观："领导风格"背后的心理地位

六种领导风格的"双刃剑"

丹尼尔·戈尔曼提出的六种领导风格理论，揭示了不同类型的管理者在带团队时，会基于价值观的差异，呈现出不同的行为倾向。这六种风格分别是：愿景型、教练型、亲和型、民主型、先锋型和命令型。每种风格都有其独特的优势和局限性，如同双刃剑，既能推动团队发展，也可能带来潜在挑战。深入剖析这六种领导风格的利弊，有助于领导者们树立正确的团队管理价值观，将不同风格扬长避短，更好地运用在带团队的过程中。

1. 愿景型领导风格

愿景型领导者是团队的领航者，能够为团队描绘激动人心的未来蓝图，激发员工的使命感和热情。苹果公司的乔布斯就是这种领导风格，他凭借对科技趋势的洞察，带领团队推出革命性产品，改变了世界。愿景型领导常通过视觉隐喻和情景模拟激发团队的内驱力。然而，如果愿景与现实之间差距过大，实现路径不清晰，可能导致资源浪费和员工疲惫，甚至被员工嘲讽为"画饼充饥"。

2. 教练型领导风格

教练型领导者关注员工的个人成长，通过个性化指导帮助员工提升能力。通用电气的杰克·韦尔奇是这一风格的代表，他通过培训和提问激发员工潜力，培养了大量优秀人才。教练善于激发和促进员工成长，但需要领导者投入时间和精力，且见效较慢，不适合紧急场景。

3. 亲和型领导风格

亲和型领导者注重人际关系，营造和谐的工作氛围，增强员工的归属感和忠诚度。海底捞的张勇通过关心员工生活，赢得员工的高度认同。亲和型领导者通过情感缓解团队压力，但过度关注人际关系可能导致工作效率下降，甚至在处理冲突时失去原则。

4. 民主型领导风格

民主型领导者强调团队成员的参与，广泛征求员工意见，提高决策的科学性。谷歌的开放文化是典型例子，通过集思广益推动创新。民主型领导者通过团队研讨和民主投票等工具提升团队智慧，但可能导致决策周期过长，错过市场时机，甚至削弱领导权威。

5. 先锋型领导风格

先锋型领导者以身作则，通过模范行为激发员工积极性。先锋型领导者以专家身份主导团队，但这种风格可能导致员工过度依赖领导者，缺乏独立思考能力，最终影响团队整体发展。

6. 命令型领导风格

命令型领导者强调权威和控制，通过明确指令确保执行力。命令型领导者以杀伐果断为特征，但长期使用可能导致团队创新效率下降，员工缺乏积极性，甚至破坏团队氛围。

优秀的领导者能够根据团队特点、任务性质和外部环境选择合适的风格，就像厨师炒菜时知道什么时候该用大火爆炒，什么时候该小火慢炖。新人迷茫时需要教练指导，老团队遇到瓶颈时需要民主讨论，项目停滞时需要指引方向，员工个人有困难会嘘寒问暖，该拍板时果断，该放权时信任，该鼓励时绝不吝啬——这就是"领导力"的具体呈现。

多种领导风格的灵活应用，不仅能够帮助管理者更好地应对复杂的组织环境和团队需求，还能够提升其领导影响力和权威性。在未来的领导实践中，管理者需要不断学习和实践，提升自己的领导风格切换能力，从而更好地引领组织走向成功。

心理地位：领导风格背后的"价值观"

在领导力的发展历程中，六种领导风格的运用并非孤立或固定的，而是需要根据时代背景、组织需求和团队特点做出灵活调整。从"工业时代"的权威管理模式，到"信息时代"的协作与赋能，再到"人工智能时代"的人本主义与创新驱动，领导风格的使用频率和优先级也在悄然发生变化。

在新时代背景下，管理者需要重新审视"命令型"与"先锋型"这两种传统风格的适用性，转而将"愿景型""亲和型""民主型"和"教练型"作为组织运行的核心驱动力。这种看似反直觉的转变，实则是领导力进化的重要分水岭。

丹尼尔·戈尔曼的这一观点，可以通过心理学中的"心理地位"模型得到进一步阐释。"心理地位"源于艾瑞克·伯恩的人际沟通分析学，它指的是个体在与他人互动时所持有的先入为主的态度。这些态度反映了一个人如何感知自己和他人的基本价值，进而直接影响管理者的领导风格和管理模式。

通过"心理地位四象限"（详见图3-2），我们可以直观地呈现心理地位的四种状态：

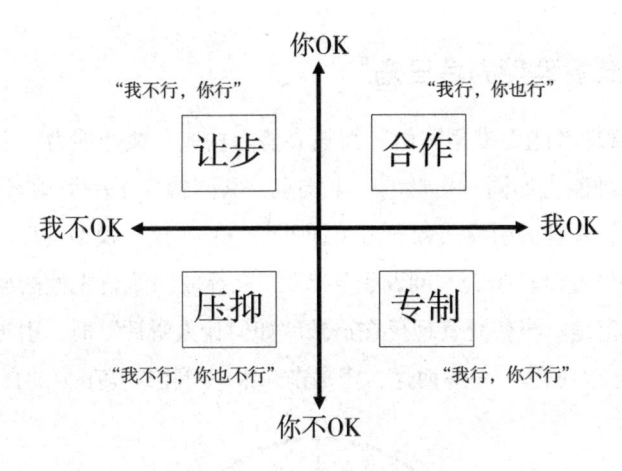

图 3-2　心理地位四象限

领导风格与心理地位的关联，不仅反映了管理者的内在价值观和心理状态，还决定了他们在团队管理、决策制定和会议形态中的方式与效果。许多管理者在日常管理中，往往深陷"专制"而非"合作"的会议模式而不自知，导致决策过程缺乏多元视角和深度思考。他们被职位赋予的权力所蒙蔽，怀疑下属的自驱力，否定员工的能力和潜力，以居高临下的姿态面对团队。

这种心理地位的管理者往往通过独自解决问题来证明自己的能力，表现出独裁和自大的"专制"倾向，这正是"先锋型"和"命令型"领导风格的根源，尽管它们在某些情境下具有正向价值，但与现代组织所倡导的扁平化、联盟化趋势背道而驰，因此需要谨慎使用。

相比之下，"我行，你也行"的心理地位是健康、富足且最具建设性的状态。处于这一象限的管理者心智成熟、乐观自信，充满活力。他们将员工视为独立的成年人，相信员工具有良好的工作意愿和发展潜力，致力于营造平等、尊重的团队关系。这种心理状态正是"愿景型""教练型""亲和型"和"民主型"领导风格的体现，与当今社会的协同联盟趋势高度契合，因此应当经常运用。

领导风格的选择需要与组织的发展阶段、团队的特点以及管理者的心理状态相匹配。在新时代背景下，管理者需要重新审视自己的价值观，从"专制"模式中解脱出来，转向更具人本主义和协作精神的"合作"模式，以激发团队的潜力，推动组织的持续发展。

能力：引导式管理者的能力模型

构建"引导式管理能力金三角"

"引导式管理者能力模型"由三大核心能力构成：赋能能力、引导能力和交互能力，这三种能力如同三角形的三个支点，共同构建了一个动态平衡的系统，旨在全面提升管理者的引导式领导力（详见图3-3）。这一模型的核心，是让管理者从"答案提供者"转型为"问题引导者"，在释放团队自主性的同时，确保战略目标的精准落地。当传统管理仍在追求"如何让人听话"时，引导式管理者已在探索"如何让人思考"——而这，正是未来组织可持续竞争力的真正源泉。

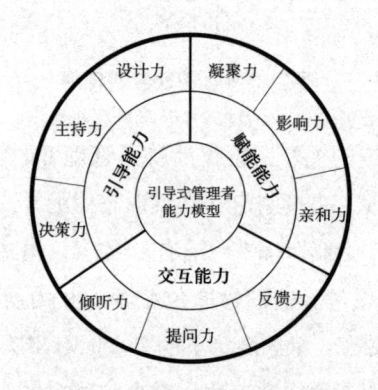

图3-3 引导式管理者能力模型

1. 赋能能力：赋能团队协调一致，达成目标的能力

凝聚力：凝聚人心是领导者必备的基本能力，更是引导式管理者需要强化的能力。通过对自我言行的修炼，把团队成员凝聚在一起，相互信任，才能够顺利开展群策群力。

影响力：借助"非职权影响力"带团队，才能够确保在群策群力时，员工自动自发投入其中。影响力是引导式管理者顺利开展工作的保证，是带领团队达成目标的重要因素。

亲和力：要带领团队高效群策群力，畅所欲言，引导式管理者需要平等友爱的亲和力，帮助团队成员以开放的姿态投入其中，避免因居高临下的距离感阻碍团队协作。

2. 引导能力：确保研讨有序开展，产出成果的能力

设计力：研讨会的流程和工具都需要提前精心设计，如果管理者积累了足够的经验，就能够针对各种主题的研讨会，设计出灵活多样的流程，甚至基于现场情况，即兴创造出引导工具，让研讨会高效达成目标。

主持力：管理者作为研讨会主持人，要能够基于产出目标，把握现场状态，运用引导技术开展过程引导。掌握一些常用的引导工具，准确理解引导背后的规律，用正确的思维面对会议的各环节，实现有效控场，是对主持力的基本要求。

决策力：群策群力的管理方式体现了平等且民主的工作理念，但随之而来的是，如果缺乏决策力作为支持，就很有可能让研讨会成为拖沓冗长、议而不决的低效会议。因此，在过程引导的同时，敢于果断拍板做决策，也是引导式管理者不可缺少的一项能力。

3. 交互能力：推动人际互动交流，高效沟通的能力

倾听力：有效倾听是人际互动的首要能力，引导式管理者能够通过全身心投入的倾听，接收到表达内容背后的事实、情绪和需求信息，建立同理心，推动沟通双方的深度连接，使沟通进入高层次的共鸣。

提问力：强有力的提问是推动沟通效率的法宝，也是引导式管理者的基本功。通过开放式与封闭式相结合的提问，引发受众思考，推动对话深入。在群策群力时，好问题可起到四两拨千斤的作用，是诱发思维改变的最佳途径。

反馈力：在倾听和提问的基础上，适时给受众以反馈，让交互对象从中获取力量，是引导式管理者常常需要去做的日常行为。不论是表扬赞赏的激励性反馈，还是批评提醒的建设性反馈，都需要换取正向的结果才有价值，反馈力就是实现积极反馈效果的一项能力。

引导式管理者能力模型为管理者提供了一个全面而系统的框架，通过不断修炼这三项核心能力，管理者能够更好地引领团队前行，在瞬息万变的市场环境中保持竞争力。

行为：引导式管理者的行为模式

激活团队，共创未来

引导式管理者通过一系列具体的行为模式，调动员工的主动性和创造力，帮助团队共同应对挑战，实现目标。

以下是引导式管理者在日常工作中常见的行为策略，这些做法旨在营造一个充满活力和协作精神的团队氛围，以达成最佳的管理效果：

1. 提出开放性问题

引导式管理者通常会提出开放性问题，鼓励员工深入思考并找出解决方案。例如，当员工遇到问题时，管理者可能会问："你认为这个问题的根本原因是什么？""你认为我们可以采取哪些措施来解决这个问题？"这样的问题能够激发员工的创造力和主动性，帮助他们更好地理解和解决问题。

2. 鼓励员工自我反思

引导式管理者会鼓励员工进行自我反思，以便他们能够从自己的经历中学习。例如，管理者可能会说："回顾一下过去一周的工作，你觉得有哪些地方可以改进？"或者"你在处理这个问题时遇到了哪些挑战？你学到了什么？"这样的对话有助于员工成长，并增强他们的责任感。

3. 提供支持和资源

尽管引导式管理者不会直接给出答案，但他们会在员工需要时提供必要的支持和资源。例如，当员工在某个项目上遇到困难时，管理者可能会说："我注意到你在数据分析方面遇到了一些挑战。我可以帮你联系一位这方面的专家同事，或者我们可以一起找找相关的资料。"这样的支持能够帮助员工克服障碍，顺利完成任务。

4. 促进团队合作

引导式管理者会促进团队成员之间的合作，鼓励他们共同解决问题。例如，管理者可能会组织团队会议，让大家分享各自的观点和建议，然后一起讨论最佳解决方案。这样的做法不仅能够集思广益，还能够增强团队的凝聚力和协作精神。

5. 及时反馈和认可

引导式管理者会在适当的时候给予员工及时的反馈和认可，以肯定他们的努力和成就。例如，当员工完成一个重要项目时，管理者可能会说："我注意到你在项目中表现得非常出色，特别是在数据分析和团队协调方面。你的贡献对我们整个团队的成功至关重要。"这样的反馈能够激励员工继续进步，并增强他们的自信心。

6. 鼓励创新和冒险

引导式管理者鼓励员工尝试新方法和新思路，即使这意味着要承担一定的风险。例如，管理者可能会说："我知道这个想法有些冒险，但我欣赏你的创新精神。我们可以一起探讨一下如何降低风险，并最大限度地利用这个机会。"这样的态度能够激发员工的创新思维，并推动组织不断前进。

7. 有效引导会议

引导式管理者善于通过有效引导群策群力研讨会，提升团队的决策效率和参与度。因此，面对团队共同事务，引导式管理者会和员工、跨部门同事一起，借助引导的流程和工具，激发团队智慧，汇聚集体力量，产出丰硕成果，解决实际难题。

引导式管理者的这些行为模式，能够有效地激发员工的潜能，促进他们的个人成长和职业发展，同时也为组织带来更多的创新和成功。

环境：培养引导式管理者需要的条件

构建引导式管理者成长的支持环境

要成功培养引导式管理者，组织必须提供全方位的环境支持，从文化、结构到激励机制，都要为管理者提供充分的发展条件。以下是构建这一支持环境的关键要素：

1. 组织文化与价值观：奠定信任与创新的基础

组织文化是培养引导式管理者的基石。首先，组织需要建立一种开放与信任的文化，允许试错并包容失败。这种文化减少了对管理者的微观管控，鼓励他们进行创新和自主决策。通过消除层级壁垒，管理者与团队成员能够平等对话，共同探讨问题和解决方案。

心理安全感是开放文化的重要组成部分。组织需要确保员工敢于表达意见，团队成员在无压力的情况下畅所欲言，而管理者能够倾听反馈而不被评判。组织还应倡导长期导向的价值观，平衡短期业绩与长期团队发展，避免因过度关注短期目标而忽视团队的长远潜力。

2. 组织结构与流程：赋能与灵活性的保障

扁平化的组织结构和流程的设计对引导式管理者的成长至关重要。通过减少层级和缩短决策链，管理者能够获得更多的灵活性和跨部门协作空间。这种结构不仅提高了决策效率，还促进了信息的快速流通和团队的协作能力。

资源支持也是不可或缺的。组织应为管理者提供充足的时间资源、学习资源，一方面减少事务性工作的负担，预留时间用于团队辅导和反思性实践；一方面提供领导力培训、引导技术工作坊和团队教练工作坊等实用课程，帮助管理者不断提升自身的引导能力。

授权与自主权的明确是组织结构支持的另一重要方面。管理者应在目标设定、资源分配和团队决策中拥有足够的自主权，避免上级的过度干预。这种授权不仅能够激发管理者的积极性，还能增强他们的责任感和使命感。

3. 领导力与激励机制：引领与激励的双重动力

高层管理者的示范与支持对引导式管理者的成长起着关键作用。高层管理者最好能以身作则，展现引导式领导风格，这种自上而下的示范，本身就是培养引导式管理的最佳途径。

组织应在考核中纳入软性指标，如员工发展、团队协作和创新尝试，而不仅仅是关注结果。同时，认可"过程价值"，例如奖励成功引导团队解决问题的案例，能够有效激励管理者关注团队的整体成长。

建立持续反馈机制，通过引入360度评估、同行评审等工具，管理者能够全面了解自身能力的不足，并据此进行改进。这种反馈机制不仅能够促进管理者的个人成长，还能提升团队的整体效能。

4. 团队与外部环境：多元与开放的视野

多元化团队的组成能够激发创新思维，促使管理者通过引导整合多样性。组织应积极吸纳不同背景的成员，包括不同专业文化、背景和工作经验的人才。这种多元化的团队结构不仅能够丰富团队的思维模式，还能为管理者提供更多的引导实践机会。

外部学习网络的建立同样重要。组织应鼓励管理者参与行业社群、跨公司交流，吸收最佳实践。通过与外部优秀管理者的交流，管理者能够不断学习新的理念和方法，提升自身的引导能力。

引导式管理的转型需要耐心和持续的优化。这种管理方式见效较慢，组织需要容忍试错周期，并通过小步快跑的方式持续改进。通过不断调整和优化支持环境，为管理者提供成长的土壤，逐步实现管理者从自我为中心的管理到引导式管理的转型。

管理觉醒

第二部分

破局之道
——用"行动学习"解锁高效会议新模式

在时代发展和组织变革的背景下，旧有的会议模式和单一的管理方式，已无法满足复杂环境下高效协同和持续创新的需求。面对会议低效、团队内耗、信息孤岛和决策僵化等一系列问题，行动学习成为引导式管理转型的重要抓手。

　　作为"破局"的关隘，本部分通过实际案例和深入解析，展示如何借助行动学习这一工作方式，帮助管理者激活团队智慧，找到向引导式管理者转型的有效路径。我们将从概念认知、技术工具、实践准备等角度入手，让读者对行动学习工作坊有基本的认知，帮助管理者在组织内部构建出创新高效的会议与协作模式。

　　需要说明的是，本书将由职业引导师操作的行动学习会议称为"工作坊"，而将团队内部引导师开展的行动学习称为"研讨会"。

第四章

行动学习：引导式管理的实践舞台

案例导读

行动学习工作坊初体验

经过张总的辅导，部门经理诸葛明逐渐认识到，单一的"自我为中心"管理模式已经难以解决团队中层出不穷的问题。为了打破这一僵局，他意识到必须引入"引导式管理"来激发团队潜力和协同效应，否则自己将越来越辛苦，而团队成员的被动消极状态还将加剧。

在张总的推动下，公司组织全体中高层管理干部开展了一次"行动学习工作坊"，特邀行动学习和领导力专家王老师担纲引导。张总希望以这次工作坊为契机，拉开全公司管理文化转型的序幕，为后续的组织变革之路奠定基础。

这次行动学习工作坊让每位参与者耳目一新，大家在引导师的促动下，汇总了当前公司亟待解决的几大棘手难题，通过分组讨论的方式，一步步产出成果，最终形成了可落地的行动计划。整个过程没有职务尊卑，只有真诚的平等参与；没有消极抵触，只有积极的智慧碰撞；没有枯燥乏味，只有愉快且烧脑的集体共创。当最终成果产出时，大家都信心满满，成就感爆棚，能明显感受到部门间那堵隐形的高墙被破除，显著提升了团队的协同与信任。

诸葛明经理亲身参与后，深受震撼。他回想起以往那种自上而下的会议模式，深感其局限性。通过行动学习，他看到了让团队成员积极参与问题解决的可能性，也明白了行动学习不仅仅是一种会议形式，更是一种激发团队潜力、推动相互协作的实践方式，这种方式能有效激发创新能力和增强团队凝聚力。大家能够真正配合起来，参与到问题解决中，而不再仅仅是旁观者。

诸葛明决心向王老师深入学习，并将行动学习方法应用到自己的团队中，力争转型成为一名真正的引导式管理者。

诸葛明经理的行动学习初体验，给他留下了深刻的印象。事实上，已经有越来越多的企业引进了行动学习这种工作模式，来激发集体智慧，解决复杂问题，持续提升组织活力。行动学习为引导式管理者提供了一个展现能力和推动变革的平台，其实际成效值得每个组织借鉴和推广。

基础认知：行动学习的概念、原理和特点

行动学习的概念

行动学习最早由英国管理思想家雷格·瑞文斯于20世纪40年代提出，这一方法自诞生之初就确立了明确的目标：通过"真实的人，在真实的时间，解决真实的问题并取得真实的结果。"经过几十年的发展，行动学习已经成为一种被广泛认可的组织发展工具。

行动学习是一种将学习与实际行动紧密结合的组织发展方法，其核心理念是通过团队合作解决实际问题，在实践中实现学习与成长。通俗地说，行动学习是一小组人共同解决组织实际存在的问题的过程和方法，一般通过结构化的工作坊模式共同探索和分析问题，并推动解决方案的实施。

行动学习的过程不仅关注问题的解决，也关注小组成员的学习成长，更是一种组织发展的战略工具，它能够帮助组织在应对复杂挑战的同时，建立起持续学习和创新的能力，从而实现长远发展。

行动学习的原理

在行动学习的过程中，团队成员不再只是旁观者，而是解决问题和决策过程中的积极参与者，甚至成为主角，通过这种"边做边学"的方式，既促进了问题的解决，也增强了员工的掌控感和责任感，使他们在实践中体验到对工作和决策的主导权，从而提升团队凝聚力和整体绩效。这种"参与式"的管理模式，正是摆脱传统"以自我为中心"管理方式的一剂良药，也是一种激发组织活力的重要手段。

这种模式的理论基础可以回溯至20世纪30年代，美国心理学家梅奥在霍桑

实验后提出了"社会人"假设，强调人的工作动机源于社会需求和自我尊重的渴望，管理者们更注重团队成员的自主性与创造力。

基于这一发现，麦格雷戈等人进一步提出了"自动人"假设，并形成了Y理论，认为员工的潜能只有在合适的环境下才能充分释放。麦格雷戈将这种"参与型管理"总结为：通过让员工参与决策、提升其自主性和对工作生活的控制感，可以有效激发他们的积极性、增强对组织的忠诚度，并提高整体生产力和满意度。

此外，行动研究理论、体验式学习理论和建构主义学习理论等，都为行动学习提供了充分的理论依据。

行动学习的五大特点

1. 以问题为中心：行动学习聚焦于参与者在实际工作中面临的具体问题，这些问题具有较强的现实针对性，有助于团队直接应对并解决业务中的实际挑战。

2. 团队协作：参与者以小组形式开展工作，不同背景和专业的成员相互合作、相互支持，共同分析问题、制定方案和实施行动，通过团队的智慧和力量来解决问题。

3. 强调反思：在解决问题的过程中，行动学习注重引导参与者进行深度反思，包括对行动过程、决策依据、团队互动等方面的反思，以发现问题、总结经验教训，促进持续学习和改进。

4. 行动导向：行动学习不仅仅停留在理论探讨和分析上，而且强调将学习成果转化为实际行动，通过实践来检验和完善解决方案，推动问题的真正解决。

5. 促进知识共享：小组成员之间可以分享各自的经验、知识和技能，通过交流拓宽视野，形成知识的互补和传播，推动团队整体能力的提升。

整体来看，行动学习以其问题导向、团队协作、深度反思、实践验证和知识共享的特点，为组织应对复杂挑战、实现持续成长提供了一个务实而高效的解决路径。通过这种方式，管理者能迅速解决眼前的问题，也能为未来的团队创新和转型奠定坚实基础。

价值体现：行动学习在企业管理中的作用

攻克难关，化解团队难题

行动学习本质上是一场集结智慧、共克时艰的征程。它就像一把精准的利剑，直击企业管理中的各种顽疾，无论是宏观战略层面的布局与拆解，还是微观运营细节的雕琢与优化。从技术创新到市场开拓，从组织变革到厂区卫生，面对复杂多变的市场环境，行动学习都能将复杂问题逐一拆解，化整为零，细化为一系列可操作的子课题。针对长远挑战，企业可以制定年度行动学习项目，组建跨部门、跨领域的精英团队，以全局视角统筹推进；而对于那些紧迫且具体的难题，短期行动学习工作坊则是快速响应、精准施策的不二之选。行动学习，以其灵活多变的策略，助力企业解决现实问题的同时，实现业绩的飞跃式增长。

消融壁垒，构筑沟通桥梁

企业内部的沟通障碍常常比外部挑战更难克服。行动学习通过跨专业、跨岗位的协作模式，将不同背景的员工聚集在一起，共同围绕一个目标展开研讨。传统的层级壁垒在这种模式中得以暂时抛开，大家以问题和目标为导向展开讨论，形成一种无形的契约，约束着每位成员放下成见，以开放的心态、平等的姿态参与讨论，从而有效降低沟通成本，提升团队协作效率。更重要的是，这样的协同过程，不仅有助于形成共识，还培养了团队成员的换位思考能力，为营造和谐、开放的工作氛围奠定了坚实基础。

赋能成长，打造学习型组织

行动学习，其本质在于通过"行动"实现"学习"，在解决实际难题的过程中，个人与组织的能力得以同步提升。这一过程，既是对问题的精准打击，也是对学习成果的深度提炼。行动学习循环——从讨论到实践，再到总结反思与再实践，构成了一个不断迭代、持续优化的学习闭环。它不仅提升了个人解决问题的能力，也不断强化了组织的学习力，使企业在快速变化的市场环境中保持敏锐的洞察力和灵活的应变能力。正是这样的学习机制，让行动学习成为打造学习型组织典范的关键所在。

重塑思维，引领文化变革

行动学习的价值，远不止于解决实际问题或提升组织能力。它更是一种思维方式的革新，一种文化塑造的力量。在行动学习的过程中，组织成员通过积极参与和深入实践，逐渐形成趋同的思考模式和看待他人的视角，这种高度的默契是企业文化形成的基石。

思维方式作为文化心理的核心体现，其差异正是造成文化差异的重要原因。因此，行动学习在优化组织成员思维方式的过程中，也在无形中塑造和宣贯着企业文化。它如同一股清泉，悄然滋润着企业文化的土壤，使其更加开放、包容和充满活力。

当然，行动学习的魅力远不止于此。在业绩提升、组织氛围优化、组织能力增强、企业文化塑造等关键领域之外，它还有着更为广泛而灵活的应用场景。我们鼓励每一位企业管理者在实践中大胆尝试、勇于创新、积极交流，让行动学习成为推动企业持续进步的不竭动力。

成功实践：行动学习在知名企业中的推广

国际名企的行动学习实践，熠熠生辉

在全球范围内，行动学习已被众多知名组织广泛采用，涵盖跨国公司、政府机构和社会组织等。这些组织通过系统化地实施行动学习项目，取得了显著成效。

美国通用电气（GE）公司的行动学习实践堪称标杆。GE公司曾面临严峻挑战，在杰克·韦尔奇的领导下，通过实施"群策群力"（Work-Out）计划，成功实现了文化转型。该计划旨在营造一种小公司文化，鼓励全体员工积极参与并发表意见。韦尔奇坚信，通过赋权员工、消减不必要的工作流程，GE能够变得更加强大和富有竞争力。这种文化转型不仅提升了员工的工作效率和满意度，还帮助公司解决了诸多难题，例如：

- 在6个月内将营业费用减少1000万美元；
- 在4个月内将客户投诉率从18%降至2%；
- 在100天内，在不降低客户满意度的前提下，将维修成本平均每件降低10%；

- 在 3~4 个月内将系统产出提高 25%；
- 在 "群策群力" 计划实施的 12 周内增加了 50 万美元收入；
- 在 6 个月内将不必要的报告数量减少 50%。

杰克·韦尔奇曾表示，"行动学习"是 GE 转型为"全球思维、快速行动组织"的核心策略。这种方法强调团队协作和问题导向，与行动学习的核心理念——通过解决实际问题实现学习与成长——高度一致。基于此，GE 的"群策群力"促动技术成功塑造了一种文化：员工积极参与，每个人的想法都受到重视，领导者更多的是激励员工，而非单纯地控制。由于让一线员工直接参与决策，极大地激发了员工积极性和创造力，一位 GE 工厂的工人感慨："过去我们只是机器的延伸，现在公司开始重视我们的想法了！"

这种灵活的实践不仅证明了行动学习的普适性，还展示了其在不同文化和管理环境中能够因地制宜地融入企业文化的强大适应性，从而推动组织变革与创新发展。

20 世纪 90 年代末，除了 GE，西门子、花旗银行、壳牌石油、霍尼韦尔、强生、AT & T、IBM 等知名企业也在践行类似的团队文化，先后接受并运用行动学习并取得了惊人的效果，推动企业的创新与发展。

强生公司就通过行动学习推动管理创新。早在 1994 年，强生的教育部门便针对高级管理者开展了以企业当前挑战为核心的培训项目。该项目以解决实际问题为导向，通过跨部门合作和深入调研，帮助高管制定切实可行的行动计划。项目不仅促进了管理层对企业战略与市场环境的深入理解，还激发了团队成员的创新精神和协同合作能力。

经过短期集中学习和实地调研，强生成功收集并落实了针对业务改进的多个建议，极大地提升了组织反应速度和整体执行力。此后，公司连续开展多次类似项目，使行动学习成为内部最为高效的领导力培训模式之一，为企业发展注入了持续的变革动力。

1997 年，西门子公司摒弃传统讲授式培训模式，将"管理培训"转变为以行动学习为基础的"管理学习"计划。在最初的 18 个月内，西门子就通过这一方法实现了远超项目准备与执行成本的经济效益，证明了行动学习在提高领导力和推动企业变革中的巨大潜力。

这些国际企业案例，展示了优秀组织在打造群策群力的企业文化方面所做的努力和取得的成果。它们通过不同的方式鼓励员工参与、提出想法和进行合作，从而推动企业的创新和发展。这些成功的行动学习案例不胜枚举，所产生的价值显而易见。

国内企业的行动学习实践，势头迅猛

行动学习在中国的发展历程始于 20 世纪 90 年代，真正让行动学习在我国企业界声名鹊起的，是其在华润集团与中粮集团的深度实践。2003 年，在华润集团董事长陈新华的大力支持下，行动学习的种子被播撒在华润这片沃土上。华润从解决企业实际问题切入，使行动学习成为破解难题的"金钥匙"，又进一步演变为推动大型组织变革、实现战略落地和培育领导力的核心引擎，最终内化为华润人的思维基因与工作方式。

在行动学习推广的巅峰时期，华润每年组建的行动学习小组超百个，众多经理人将其融入日常管理与会议组织，使其成为不可或缺的管理利器。凭借行动学习的强大助力，华润实现人才与组织的双重跨越，五年内完成"两个再造"的宏伟目标，在国有企业发展史上书写下浓墨重彩的传奇篇章。尽管华润一贯秉持低调务实的作风，但耀眼的成就依然吸引无数企业探寻其成功密码。

2004 年，原华润集团总经理宁高宁执掌中粮，将基于行动学习的"团队学习法"引入中粮，开启了集团战略转型与快速发展的新征程。中粮的"团队学习"创新采用"结构化会议"模式，巧妙融合培训与企业战略研讨，分阶段稳步推进。团队围绕行业战略、地域战略、组织战略等核心议题展开深度研讨，逐步明晰战略方向。在行动学习的深度赋能下，中粮不仅显著提升团队协作效能，更培育出大批能应对复杂挑战的卓越管理者，为集团稳健转型注入强劲动力。

华润的"两个再造"与中粮的华丽转型，如巨石投入平静湖面，在本土企业界激起千层浪。这两大极具标杆意义的实践成果，让行动学习从幕后走向台前，成为众多企业关注的焦点。越来越多企业意识到，行动学习打破传统培训的桎梏，开创出独具特色的人才发展模式。它不仅能直击企业经营管理中的痛点，高效解决实际问题，更能深度推动组织变革，全面提升企业业绩与领导力，为企业在复杂多变的市场环境中指明发展方向、注入澎湃动能。

经过多年来的实践与推广，类似这样将行动学习当作企业文化重要组成部分，帮助组织迈向成功的先进企业，不胜枚举。仅以笔者为例，就曾经为中国移动、联通、电信、中国工商银行、建设银行、中信银行、中海油、国家电网、阿里巴巴、360 等上千家企业及其分支机构开展过行动学习工作坊或中长期行动学习项目，均取得了积极的成效。从大量的项目交付中可以明显感受到，行动学习在中国的发展势头迅猛，呈现出令人欣喜的勃勃生机。

行动学习在中国的兴起速度之快令人惊叹。这既得益于商业推广的助力，更在于行动学习本身所具有的独特特征，使其高度契合于这个充满挑战和机遇的时代。

开展形式：行动学习工作坊与中长期项目

基于时间跨度的差异，"行动学习工作坊"和"中长期行动学习项目"是两种常见的行动学习模式，它们在目标、组织形式和应用场景上各有侧重、差异显著。管理者可根据自身需求灵活选择与组合，既能迅速解决局部问题，也能推动团队转型和持续成长。

中长期行动学习项目：赋能组织变革与持续成长

中长期行动学习项目通常持续数月甚至跨年，旨在通过跨部门合作来解决组织中复杂且具有战略意义的问题。此类项目将理论学习与实际操作紧密结合，强调参与者在真实情境中学习、反思和行动，注重问题解决的最终成果。

中长期行动学习项目的特点：

1. 以组织面临的重要课题为导向

中长期行动学习项目围绕组织面临的重要课题展开。这些问题可能是战略转型、流程优化、团队协作、客户满意度提升等。通过聚焦真实问题并在实践中解决，此类项目能够为组织带来切实有效的价值。

2. 团队合作与跨部门协作

项目通常由跨职能团队组成，成员来自组织的不同部门和层级。这种多元化的团队结构有助于打破部门壁垒，促进知识共享和协同创新。成员在项目中相互学习、相互支持，共同为问题的解决贡献力量。

3. 反思与行动的循环

在项目过程中，团队成员需要定期反思行动的结果，调整策略，并继续行动。这种循环往复的过程有助于团队不断优化解决方案，提升团队的学习能力和问题解决能力。

4. 导师与专家支持

为了确保项目的顺利进行，中长期行动学习项目通常会配备经验丰富的导师和行业专家。他们为团队提供指导和建议，帮助团队克服困难，同时也为团队成员提供学习和成长的机会。

5. 融入多种学习活动

中长期行动学习项目要经过"前期调研与沟通"，针对性地设计出项目方案，方案中往往融合多种学习活动：从"开训仪式"入手，中间穿插不同阶段的行动学习工作坊、阶段辅导、专题培训、阶段成果汇报、追踪跟进、复盘迭代等内容，最后以整体"成果汇报"的形式，为项目画上句号。

中长期行动学习项目价值巨大。对组织而言，可以深入有效地解决真实难题，推动战略落地，促进组织变革，促进组织发展，带来实实在在的收益。对参与者个人而言，可以提升专业知识，锻炼沟通、协作、领导力等多方面的能力，获得宝贵的项目经验，为个人职业发展增添亮点。

由于中长期行动学习项目周期长，涉及面广，一般团队管理者往往是以参与者的身份投入其中，不太有机会以引导师的身份来推动项目开展。然而，如果要成为引导式管理者，仅仅参与其中是不够的，必须亲自带领团队开展行动学习，这种情况下，"行动学习工作坊"就成为管理者躬身入局的最佳入口。

行动学习工作坊：高效赋能，成果卓越

广义和狭义的"行动学习工作坊"

"行动学习工作坊"是一种高效、紧凑的集中式学习活动，通常持续1-2天，围绕特定主题，参与者在专业引导师的引领下，通过精心设计的流程，积极参与研讨与共创，达成共识并落实行动，从而推动工作目标的实现。

从广义上讲，凡是由参与者共同面对自身难题，开展群策群力并产出成果的工作坊，都可称作"行动学习工作坊"。

从狭义上讲，最常见和通用的行动学习工作坊，是用"问题分析与解决"的框架开展的群策群力活动，在经典的方法论指引下，可以面对工作中的各种问题，通过集思广益产出落地的成果。

提高执行效率的有效管理手段

行动学习工作坊已经在多年的实践中，形成了系统的方法论。在这里，参与者不再是被动接受信息的听众，而是积极贡献智慧与经验的共创者，大家放下身份和职位的束缚，以平等、开放的心态投入讨论和创造，共同为解决问题或达成

目标贡献力量。通过结构化的群体研讨，参与者在轻松愉悦的氛围中产出可落地的成果。

虽然集体研讨可能需要更多会议时间，但从"执行效率"的角度来看，这种调动群体智慧的管理方式往往能带来最佳的执行效果。由于团队成员参与了研讨和决策过程，对工作充满掌控感，他们必然会全力以赴地执行任务。如果在行动中遇到阻碍，他们也会本能地承担责任，进一步完善计划，而不是简单地推卸责任——毕竟，这是他们自己的思考成果，而非单纯的听命行事。

在追求高效协作与创新突破的今天，行动学习工作坊不仅是一种会议模式，更是一种精妙的管理手段。它汇聚了团队的智慧与力量，成为施展引导式管理的理想舞台。在这个舞台上，全员参与成为常态，团队成员被鼓励积极贡献见解与经验，思维火花在交流中不断碰撞，员工潜能得以激发，组织氛围焕然一新。

每一位管理者都应是引导师

行动学习工作坊通常涉及三类角色：积极参与研讨的成员被称为"参与者"；具备专业技能并为讨论提供支持的专家被称为"专业顾问"；而负责设计和引导流程、推动研讨顺利进行的人则被称为"引导师"或"主持人"。

工作坊的设计与引导是一项高度专业化的任务，许多组织会选择邀请外部职业引导师提供支持，尤其是在团队内部关系复杂、管理者身份敏感或问题解决难度较大的情况下，外部引导师的中立性和专业性往往是最佳选择。

然而，从引导式管理转型的角度来看，团队管理者完全可以主动承担起内部引导师的角色。管理者对团队成员和研讨话题更为熟悉，如果设计和操作得当，管理者担任的引导师极有可能取得比外部引导师更出色的效果。"每一位管理者都应是引导师"并非空话，而是新时代管理模式的必然趋势。

管理者还可以从团队中挑选合适的人选，将其培养为引导师，让引导成为团队工作的常态，这将从根本上改变团队的工作氛围，提升团队的整体效能。

如本章开篇所强调，由于"研讨会"比"工作坊"更容易望文生义，通俗易懂，为了减少团队内部开展行动学习的认知障碍，本书将由职业引导师操作的行动学习称为"工作坊"，开展工作坊流程设计与推进的角色称作"引导师"；而将团队内部引导师开展的行动学习称为"研讨会"，推进研讨会进程的角色称作"主持人"。

应用起点：行动学习研讨会的发起与选题模式

行动学习研讨会的发起者

在企业的行动学习实践中，不同角色的发起者往往基于自身的职责、视角和目标，推动着行动学习项目的开展。笔者在商业交付实践中发现，在企业外请引导师开展的行动学习项目中，约一半的发起者来自人力资源部门，此外，高管和业务部门负责人也是常见的发起者。这些不同的发起者，由于其关注点和目标的差异，使得行动学习成果呈现出各自独特的特点。

人力资源部门：通常注重构建团队共识，提升内部协作，推动跨部门沟通。

高层管理者：侧重于解决关键战略问题，追求快速获得具有落地性的解决方案。

业务部门负责人：更倾向于通过行动学习提升业务能力，确保课题与日常运营紧密结合。

在组织行动学习时，管理者可以根据期望的主要成果来选择合适的发起主体。如果目标是让员工对某些问题达成共识，那么由人力资源部门发起可能更为合适；若期望得到具体问题的解决方案，则可由高管推动；若目标是增强员工的业务能力，则由业务部门负责人发起将更为契合。

对于每一位有志于提升引导式管理能力的管理者而言，不论身处哪个部门和岗位，都可以在团队内部担任"行动学习研讨会"的发起人：

（1）对于企业高管和人力资源部门，可以针对企业面临的实际难题，组织高管团队或跨部门的中层管理干部、项目负责人开展行动学习研讨会，从战略层面推动共识和解决方案的形成。

（2）对于中层管理干部，可以聚焦于本部门的实际难题，组织部门内部的基层管理者、项目负责人和骨干员工开展行动学习研讨会，提升团队的协作能力和业务水平。

（3）对于基层管理者和项目经理，可以针对本团队（或项目组）的实际难题，组织员工（或项目成员）开展行动学习研讨会，激发团队的创造力和执行力。

行动学习研讨会的选题模式

在商业交付中，行动学习选题模式一般有两种："自上而下"选题模式和"自下而上"选题模式。

自上而下选题模式

这种模式的选题方向，通常是公司高层或业务部门负责人关注的课题，基于课题来确定导师，并组建起行动学习小组，常用于组织变革或解决公司重点业务问题。

优点：高层确定的课题往往是公司重视且急需解决的痛点，因此会获得较多资源支持，落地时也更有保障。高层对公司整体信息把握全面，课题与公司发展契合度高，避免了方向偏差。

挑战：有时行动学习小组成员是已经确定的，高层确定的课题方向，可能与员工日常工作关联度不高，导致学员不具备参与意见的能力，积极性受限的同时，产出质量可能不高。当然，如果对成果质量要求不高，从培养员工主动学习的角度出发，这样的安排也有其合理性。

自下而上选题模式

这种模式的选题，由参与者根据自身工作中的痛点来确定，通常涉及面比较窄。

优点：课题与学员自身利益密切相关，学员在解决问题时的专业度和投入度较高，对课题也更熟悉，能快速进入状态并取得进展。

挑战：受参与者自身条件的局限，提出的课题可能过于片面，与公司实际需求不匹配。若课题未能与上级所关注的痛点相契合，落地时可能面临资源支持和执行权限难以获批的困境。

管理者主导的行动学习研讨会：灵活务实的选题模式

管理者在团队内部开展的行动学习研讨会，选题模式更加灵活、务实，兼具了上述两种选题模式的优点，同时有效规避了其缺点。

在这一模式下，管理者作为团队的核心领导者，既了解公司高层的战略意图，又熟悉团队成员的实际工作情况。他们能够从战略高度出发，结合团队的具体需求，筛选出既有战略价值又能激发团队积极性的课题。通过与团队成员的深入沟通和协作，管理者也可以引导团队将个人痛点与组织目标相结合，确保课题既聚焦于公司发展的关键领域，又与团队成员的日常工作紧密相关。

例如，在制定选题时，管理者可以组织团队成员进行头脑风暴，收集他们在工作中遇到的实际问题，然后结合公司战略和部门目标，筛选出具有代表性和战略意义的课题。这种方式不仅让团队成员感受到自己的意见被重视，还能让他们清楚地看到个人工作与组织目标之间的联系，从而提高他们的参与度和积极性。

此外，管理者在引导过程中，可以注重学员能力的提升和反思环节。通过定期的复盘会议，引导团队成员总结经验教训，分享解决问题的心得，从而促进团队成员的成长和团队整体能力的提升。这种模式不仅解决了"自上而下"选题模式中员工积极性不足的问题，也避免了"自下而上"选题模式中课题与公司战略脱节的风险，从而实现团队与组织的协同发展。

通过这种灵活务实的选题模式，行动学习研讨会能够更好地服务于团队和组织的发展，为组织变革提供源源不断的内生动力。

第五章

善工利器：行动学习中的多元技术协同

> **案例导读**
>
> ### 掌握工具才能顺利开展行动学习
>
> 行动力超强的诸葛明经理亲身体验了行动学习工作坊后，对这种全新的团队研讨和问题解决方式深感认同，他决定在自己的部门中开展一次行动学习研讨会。
>
> 然而，当他开始着手设计研讨会流程时，却感到力不从心，不得要领。如何确保研讨会的高效开展？如何避免讨论陷入混乱或偏离主题？如何让团队成员真正参与到问题解决中，而不是仅仅停留在表面的讨论？这些都是盘桓在诸葛明头脑中的顾虑。
>
> 在向王老师请教后，他逐渐明白，行动学习的成功不仅依赖于理念的认同，还需要掌握一系列实用的技术和工具，首当其冲的就是"引导技术"。王老师向诸葛明推荐了几本引导技术书籍，如《建导技术丛书》《SPOT团队引导》《学问ORID》等，建议他一边看书，一边参加线下引导技术工作坊，每学一个工具，就立刻在团队中实操演练，只要勇于尝试，只需掌握几个关键的引导技术，就能把行动学习研讨会开出效果。
>
> 王老师建议诸葛明："如果想更高效地开好行动学习研讨会，除了引导技术以外，还可以学习更多类别工具，如：团队教练技术、绩效改进技术和咨询技术等。这些工具构成了一个多元化的工具箱，能让你越来越游刃有余。"

古人云："工欲善其事，必先利其器"，在行动学习的实践中，掌握多种技术，有利于全方位达成研讨目标。其中引导技术是行动学习中必不可少的工具，在掌握几个常用引导工具的基础上，逐步扩展学习一些其他领域的技术工具，将会让研讨会的主持如虎添翼。

引导技术、教练团队技术、绩效改进技术和咨询技术作为行动学习中可以运用的工具，各自具有独特的特点和应用场景。然而，它们并非孤立存在，而是相互补充、相互促进，共同构建了一个多元化的行动学习生态系统。

引导技术可以帮助引导师设计清晰的流程，确保讨论的高效和有序；团队教练技术可以激发成员的潜力，促进深度反思和协作；绩效改进技术可以确保行动学习的成果能够落地实施；咨询技术则可以引入外部视角进行问题诊断和方案设计，帮助团队突破思维局限。

当然，古人亦云："君子不器"，我们也不应被技术所局限，具备一定经验的主持人应基于实际情况，灵活拆解、改造或组合现有工具，实现多种技术的协同运用，这是实现高效团队协作和研讨目标的必经之路。

引导技术：促动团队思维协作的"魔法棒"

在团队协作和群体决策过程中，信息不对称、沟通障碍和思维定式往往会成为高效讨论的绊脚石。如何让团队成员真正投入讨论？如何确保会议不流于表面，最终产出实际可行的方案？这正是"引导技术"大显身手的地方。

引导技术的基础认知

"引导技术"是开展行动学习时需要用到的实操方法与工具。是行动学习研讨会应用最多的核心方法，其本质是通过结构化流程设计，促进群体高效互动，帮助团队聚焦问题本质并达成共识。

如果说行动学习是一座高效协作的"舞台"，那么引导技术就是点燃团队思维碰撞的"魔法棒"。它能帮助团队打开高效协作的大门，让复杂的集体研讨变得有序，真正实现集体智慧的挖掘和共创。无论是头脑风暴、战略规划，还是问题解决，引导技术都能帮助管理者推动团队朝着目标稳步前进。

引导技术有五大典型特点：

1. 中立与开放：引导者保持中立，不干预讨论结果，营造开放、尊重、包容的环境，激发团队成员畅所欲言。

2. 结构化与流程化：采用清晰的步骤和规则，确保研讨有条不紊地推进，避免议题发散或陷入低效争论。

3. 促进协作与共识：强调团队成员之间的沟通与协作，通过有效的引导减少冲突，帮助团队快速达成共识。

4. **以结果为导向**：引导技术注重实际效果，通过明确的目标设定和评估机制，确保讨论和活动能够产生具体成果。

5. **灵活性与多样性**：引导技术具有很强的灵活性，不同的团队、场景和目标，决定了不同的引导方式。引导师需要根据实际情况灵活调整方法，以适应团队需求。

很多经典的引导技术在各类引导现场发挥着价值，也有很多新创造的引导工具在实践中不断涌现。成熟的引导者，善于在运用经典引导技术的同时，根据引导主题和现场情况，创造出适用于当下场景的引导工具，让团队的讨论更加深入、协作更加顺畅、成果更加落地。

经典引导技术选录

下面介绍几种经典的引导技术，它们在行动学习研讨会中被广泛应用。管理者可以根据不同的目标和场景，选择最合适的方法。

1. 聚焦式会话法——让讨论更有层次

适用场景：复盘总结、经验萃取、共识达成

核心理念：聚焦式会话法又称焦点讨论法，简称ORID，是一种应用广泛的高效沟通方法。它通过四个层次循序渐进地提问，将行动学习研讨从"客观事实"推进至"共识行动"，形成完整的闭环。

聚焦式会话法遵循了人脑决策的自然流程，从接收外部刺激到内在反应，再到思考判断，最终作出决策。通过这种结构化的引导与对话流程，可以促进参与者的深度思考和团队共识的达成，成为工作坊中提升沟通效率和决策质量的有效工具，可以适用于任何行动学习工作坊中。

行动学习研讨会主持人可以借助聚焦式会话法的结构来设计引导提问：

数据层面（客观性问题Objective）：聚焦客观事实，为讨论奠定基础。例如："发生了什么事情？""收集到哪些信息？""当前已经完成的事项有哪些？"等。

体验层面（反应性问题Reflective）：挖掘参与者情绪和感受，激活团队共鸣。例如："现在是什么心情？""哪些数据让你感到有成就感？哪些有挫败感？"等。

理解层面（诠释性问题Interpretive）：分析问题根源与意义，征集研讨者的看法，推动认知升级。例如："从中得到了哪些经验与教训？""这个问题出现的原因有哪些？""你有什么想法和建议？"等。

决定层面（决定性问题 Decisional）：制定具体行动步骤，确保成果落地。例如："接下来先从哪里做起？""如何分工？""从什么时间开始？什么时间结束？"等。

2. 头脑风暴——激活团队创造力

适用场景：创意激发、方案制定、问题解决

核心理念：头脑风暴是一种经典的创意生成技术，旨在通过团队成员的自由联想和相互启发，产生大量创新想法。该引导技术几乎适用于所有行动学习工作坊，其操作步骤包括：

定题：明确讨论主题，确保团队成员理解目标；

畅言：鼓励成员自由发言，避免批评和否定；

记录：记录所有想法，并在最后进行整理与归类；

筛选：对可行的想法进行投票，选出最佳方案。

3. 团队共创法——群策群力，快速凝练达成共识

适用场景：团队协作、目标制定、策略共创

核心理念：团队共创法是一种通过结构化流程激发集体智慧、达成共识的方法，几乎适用于所有行动学习工作坊。其核心操作步骤可分为以下五步：

明确主题：明确研讨主题，澄清书写规则；

独立书写：参与者在便利贴上独立写下与焦点问题相关的观点；

组内筛选：组内分享观点，筛选出 3～5 个最佳想法，用关键词卡片记录；

分类合并：分类整合与逻辑梳理，将相似观点合并；

提炼列名：为每列卡片提炼中心词并命名，呈现共性结论。

4. 世界咖啡——跨部门交流的催化剂

适用场景：战略讨论、跨部门合作、文化共创

核心理念："世界咖啡"是一种通过结构化对话激发集体智慧，促进跨界交流和深度对话的引导技术，适用于大规模讨论。其操作流程可分为以下步骤：

①环境布置，前期准备

创设咖啡馆式舒适空间，使用圆桌（每桌 4～8 人）、大白纸、便利贴、彩笔等工具，并准备茶歇，提升参与感。

②明确话题，角色分工

确定研讨主题及关键问题，每组设置桌长（引导讨论）、记录员（整理观点）、

汇报员（总结呈现）等角色，提前说明基本规则。

③分组研讨，换桌交流

在桌长带领下展开首轮讨论，记录员将观点可视化；首轮研讨后，采用集体换桌的方式，为其他组课题贡献智慧，促进跨组观点碰撞。经过几轮换桌交流后，全体参与者有机会对各个话题都做深入了解，并补充新观点。

④发布结论，整合成果

各组通过视觉化呈现，当众发布核心结论，突出创新点与行动建议；全体参与者对观点进行分类、归纳，形成可落地的行动计划。

5. 力场分析——洞察问题背后的动力与阻力

适用场景： 变革管理、决策优化、冲突协调

核心理念： 力场分析是一种用于分析和解决复杂问题的引导技术，它通过识别推动和阻碍目标实现的力量，帮助团队或个人做出决策并制定行动计划。以下是简化的操作流程：

①明确目标或期望状态

清晰地描述希望达到的目标或未来状态。

②列出推动因素和阻碍因素

通过头脑风暴，列出所有可能帮助实现目标的"推动因素（驱动力）"，同时列出所有可能阻碍目标实现的"阻碍因素（制约力）"。

③评估力量强度

对每个推动因素和阻碍因素进行评分，通常使用 1~10 的等级，1 表示力量最弱，10 表示力量最强。

④可视化分析

将推动因素和阻碍因素分别列在图表的两侧，用箭头表示其方向和强度（箭头越长，力量越强）。

⑤讨论与决策

分析哪些推动因素最有效，哪些阻碍因素最关键，讨论如何加强推动因素或削弱阻碍因素。

⑥制定行动计划

根据分析结果，制定具体的行动计划，明确哪些行动可以优先实施。

6. 未来探索——构建长期愿景

适用场景： 企业战略、愿景共创、长期规划

核心理念：未来探索是一种通过结构化对话，统合多方利益相关者，以系统化流程引导参与者回顾过去、分析现状、共创未来愿景并制定行动计划的引导技术，适用于组织战略规划、企业（团队）文化共识等工作坊场景。其步骤包括：

①回顾过去，触动反思

参与者在时间线上标记过去10年内的关键事件（如重大成就或挑战），通过"高光时刻"与"至暗时刻"对比，提炼出驱动事件背后的核心价值观。组内分享代表性故事，并通过角色扮演还原事件场景，强化情感共鸣。

②分析现状，趋势洞察

从宏观（产业格局、技术发展）、客户（需求痛点、细分画像）、竞争（对手策略、标杆分析）三个维度分析现状，整理趋势变化。通过"透过现在看未来"环节，识别组织在趋势中的机遇与挑战，明确"我们在未来中的定位"。

③规划未来，愿景共创

用"魔法棒提问法"激发参与者想象未来图景，从"我们存在的意义"出发，设计使命，并分解为可落地的战略目标。

④共识准则，行动计划

对比过去行为与价值观的契合度，明确"倡导什么、反对什么"，为每个价值观制定积极与消极行为清单。将愿景拆解为短期与长期行动，评估策略可行性，确保逻辑自洽。

7. 鱼缸会议——打造高效反馈机制

适用场景：跨部门协作、组织学习、开放式对话

核心理念：鱼缸会议通过模拟"鱼"和"水"的互动模式，促进团队成员之间的深度反馈和建设性沟通，尤其适用于打破部门隔阂、提升团队协作和个人成长。以下是简化的操作流程：

①明确会议主题

确定会议的核心主题，主题应基于实际工作场景，确保讨论具有针对性。

②准备会议环境

选择安静舒适的场地，座位排成半圆或圆形，准备必要的物料，如反馈表、白板等。

③确定角色

"鱼"坐在中心位置，负责倾听反馈，不能反驳或对话。"水"围绕"鱼"坐下，

负责提供建设性反馈。主持人负责维持规则、记录反馈，并引导讨论。

④开始会议

每位参与者轮流担任"鱼"，其他人作为"水"提供反馈，"鱼"在反馈过程中只能倾听并表示感谢，不能争辩，反馈内容应基于事实，避免主观判断。

⑤记录与整理

主持人记录所有反馈内容，并在会议结束后进行整理，反馈内容可分类为流程问题和行为问题，以便后续跟进。

⑥制定行动计划

当事人根据反馈内容制定改进计划，并明确监督机制，可结合其他分析方法进一步完善改进方案。

⑦会议收尾

每位参与者对收到的反馈表示感谢，主持人总结会议成果，并鼓励参与者将反馈转化为实际行动。

以上选取了几个代表性的引导技术做简要介绍，管理者可以通过线下引导技术工作坊来学习体验和训练实操，将其转化为自身的技能。其实，学习引导技术不在于"多"，而在于"用"——"纸上读来终觉浅，绝知此事要躬行"，管理者要勇于在实践中应用，只需要掌握 1~2 个引导技术，就能够把行动学习研讨会开出与以往会议不同的效果。

团队教练技术：激活团队潜能的"助推器"

团队教练技术的基础认知

教练技术起源于 20 世纪中叶，最早应用于体育训练，后逐步发展为提升个人与团队表现的重要方法，并广泛应用于企业管理领域。国际教练联合会（ICF）对团队教练的定义是："团队教练是通过系统性干预与体验式互动，帮助团队整合成员能量、优化协作关系，以实现共同目标并提升集体领导力的专业过程。"这一定义强调团队作为独立系统的整体性，要求教练关注成员间的动态关系而非个体成长，通过系统性干预提升团队协作效能与集体领导力。

团队教练技术就像一台高性能的助推器，通过激发团队成员的内在潜力，为团队提供能量支持，就像引擎通过燃烧燃料推动车辆前进，为团队发展提供动力和方向。相较于单纯依赖会议和培训，团队教练能够深度激活团队的内驱力，使目标达成过程更加自主、高效。

在行动学习的实践中，传统的引导技术更多关注流程管理和任务推进，而团队教练技术则更侧重于团队动力的激发、思维模式的重塑以及深层次的情感联结。实践表明，将团队教练技术纳入行动学习工作坊设计时，通过系统性干预与体验式互动，能够显著提升团队整体的韧性和创新力，尤其在以下几种场景中能展现独特价值。

1. **激发团队动力**：通过教练式提问与反馈机制，激活成员内在驱动力，实现团队成员间的相互赋能与激励。

2. **重塑心智模式**：借助团队教练的自身体验活动，帮助参与者突破认知局限，打破旧有心智模式，建立起全局和发展的视角。

3. **增强感性体验**：通过团队教练的深度沟通与对话，唤起内在的感性体验，增进团队信任，提升决策的情感共鸣度。

4. **触动情感交融**：团队教练技术往往通过深入发掘参与者的内在体验，使团队成员释放真实情绪，彼此看见，相互理解，触动深层的情感交融。

下表 5-1 对引导技术和教练技术做了对比，从二者的差异中可以思考相互融合的方向。

表 5-1　引导技术与团队教练技术的对比

维度	引导技术	团队教练技术
定义	通过结构化流程与工具促进群体协作，实现特定目标产出	通过系统性干预与体验式互动，协调团队协作关系，提升集体领导力与长期绩效
核心目标	短期聚焦任务完成（如战略分解、流程优化）	长期关注团队效能提升与个体潜能释放，驱动组织战略落地
应用场景	问题解决、会议推进等短期任务场景	团队转型、并购整合、复杂决策等需系统性变革的场景
角色定位	中立流程设计者，不参与内容讨论	系统干预者，通过提问激发深层认知
关注焦点	任务逻辑与结构化产出 （偏重理性、逻辑、流程、结构、产出等与"事"有关的课题）	团队关系与心智模式，强调情感共鸣与文化重塑 （偏重感性、觉察、体验、共创、洞见等与"人"有关的课题）
底层理念	信任群体智慧，通过共创实现目标	重视系统动态，通过个体—团队—组织三维协同激发潜能

团队教练与引导技术各具特色，在行动学习工作坊实践中，如果将二者整合

起来，将有效优化传统行动学习中"重流程、轻关系"的短板，推动组织从纯理性的事务执行向感性与理性并存的价值创造转型，形成"流程＋关系"双轮驱动。

团队教练技术选录

以下介绍几种常见的团队教练技术，它们能够帮助团队提升意识、加强协作，并促进团队成员的自我觉察和成长。

1. 秘密盒子——释放压力，营造坦诚氛围

适用场景：团队情绪管理、跨部门沟通、企业文化建设

核心理念："秘密盒子"，是用匿名吐槽的方式，让团队中激烈的情绪在安全环境中充分暴露，在释放压力的过程中，有效处理团队中隐藏的情绪，让真实的心声得到表达和倾听，将个体声音汇聚成集体共同承担的责任，打造坦诚开放的团队文化。操作流程如下：

①便利贴书写，匿名吐槽

参与角色扮演的当事人，每人得到同样颜色的一支笔和一张便利贴，在便利贴有黏性的一面，写下自己要吐槽的对象和吐槽内容。

②投入盒中，随机抽取

将写好的便利贴，折叠粘好，投入"秘密盒子"中，摇散打乱；参与者随机抽取纸条，每人抽1张，将上面的内容大声念出来，让所有人知道。

③公开罗列，觉察反思

现场将念出来的内容罗列在白板上，公之于众，被吐槽的当事人可以借此产生觉察与反思。

2. 真相探秘——从吐槽到行动

适用场景：团队冲突化解、信任重建、行动计划制定

核心理念："真相探秘"可以承接在"秘密盒子"之后，通过结构化的教练式提问，帮助参与者回归理性，客观面对现实，澄清共识目标，探寻行动措施。操作流程如下：

①正向鼓励，转换情绪

教练对团队成员的坦诚状态表达肯定，强调"爱的反面不是吐槽，而是冷漠"，让刚刚批评与被批评的参与者走出负面情绪。

②问题归类，回顾内容

教练对吐槽内容逐一回顾，提炼出关键"槽点"，将其提炼出来，理性面对

问题。

③反思现实，推动改变

主教练借助尖锐的提问，帮助参与者直面现实，意识到改变现状的紧迫性。参与者开始认真面对当下的困境，改变的意愿勃然生发。

④澄清期待，共识目标

教练通过提问和总结，帮助当事双方找到了冲突背后的共同目标，并达成共识。

⑤基于共识，探寻方案

教练通过层层追问，让参与者找到化解难题的方案，逐渐聚焦细节，制定出清晰的行动计划。

3. 灵魂六问——目标导向的深度对话

适用场景：目标设定、战略共创、团队承诺达成

核心理念："灵魂六问"是一个团队教练常用的工具，通过六个问题，帮助被教练团队锁定目标，回顾初心，深入探寻，调动起心、脑、体的全面能量，创造出人人担责的文化，产生有效的行动方案，推动目标实现。操作步骤：

①共识最终目标：解决了这个挑战，我们要达成怎样的目标？

参与者在组内互相分享，对最终目标达成共识。把注意力放在想要的结果上，而非低头盯着困难，这是教练的基本主张。

②确定成果标准：如何知道目标已经被达成？关键里程碑是什么？

通过直接锁定最终目标，关注阶段里程碑，将被教练对象带出当下问题的泥沼，引向光明的彼岸。

③发掘深层价值：这个目标对我个人，为什么如此重要？

每位参与者借助自己所选的隐喻图片，表达该目标对自己的意义；教练通过对隐喻画面的升华，深挖提炼"重要性"，进一步激发参与者改变的动力。

④畅想愿景画面：想象一下，如果目标达成，我们会看见怎样的画面？

当一个人的目标清晰，而且发自内心地认为很重要时，他的眼前一定会浮现出生动的画面，这一问唤起了被教练团队的内在情绪，对愿景有了更加具象化的渴望。

⑤明确所需支持：达成目标后，会员、同事、家人会如何评价我们？为了达成目标，我需要谁的什么支持？

利益相关方的评价，是从外部视角来看待当下目标，唤醒责任与使命感；表达所需的支持，是发掘利益相关方中隐藏的资源，为取得胜利成果找到更多同

盟军。

⑥落实具体行动：为了获取这些支持，我当下会做哪些努力？

这一问导向了具体的行动措施，在强烈的愿景感召下，参与者自驱力被唤醒，大家感受到澎湃的行动热情，积极产出落地行动计划。

4. 逻辑层次——提升团队自我认知

适用场景：团队价值观共创、组织变革、文化塑造

核心理念："逻辑层次"是经典的教练工具，在本书第三章做过简要介绍，将其运用在团队教练中，可以帮助团队成员明确组织战略，认清自身角色，用共同的价值观来实现能力提升、行为改变和环境支持。操作流程如下：

①畅想愿景画面

通过身体雕塑、视觉卡片、意向手工等多种形式，团队成员畅想未来的理想画面，呈现生动"愿景"，产生共同的向往。

②探索身份定位

基于团队理想的未来画面，各组继续思考："面对这个理想未来，我们如何来定义我们自己？"让参与者探索理想状态下的身份定位，重新建构社会角色。用不同的身份去分析利益相关者、看待竞争对手时，视角和格局会完全不同。

③明确价值理念

团队成员基于对身份的理解，思考"我们要秉承的价值观是什么？"价值观共识，让参与者具备了统一的做事标准，树立起一致的信念，用新的团队文化准则来指导战略达成的路径，将会事半功倍。

④能力、行为和环境落地

随着逻辑层次上三层的清晰，参与者可以很自然地明确下三层的落地方式。

"我们需要具备哪些新的能力？"

"我们应当采取哪些行动？"

"我们需要哪些环境上的支持？"

这些问题的答案逐渐清晰，意味着组织和每位个体，在能力、行为、环境层面，明确了改变的方向。

5. 启程仪式——告别过去，迈向新阶段

适用场景：团队重组、文化变革、目标启动

核心理念：启程仪式，是通过仪式感来帮助团队告别过去，迎接未来。适用于开启新征程，做出行为改变的场景。团队中的仪式感可以帮助我们正式地告别

过去，更好地处理失去的痛苦，并建立起对未来的热切期待，制定出充满"高承诺"的行动计划。操作流程如下：

①个人书写，行动计划

每人面前放置三张不同颜色的卡纸，基于自身行为模式的反思，结合组织变革的方向，经过郑重思考，在不同颜色纸上分别写下自己的三类行动计划：

在红色纸上写下：我要停止的行为；

在绿色纸上写下：我要继续的行为；

在黄色纸上写下：我要开启的行为。

②停止行为，留在过去

每人拿出写有"我要停止的行为"的红色纸，参与者自行选择如何处理这张纸，如：将其撕掉、挖个洞埋葬、扔进象征"过去"的废纸箱，和过去的行为正式告别。

③继续行为，现在保持

每人拿出写有"我要继续的行为"的绿色纸，自己选择如何处理这张纸。有人将其夹在笔记本里、贴在办公桌左上角、作为手机屏保等，表示继续拥抱这类行为，会坚持做下去。

④开启行动，迎接未来

每个人面对写有"我要开启的行为"的黄色纸，在上面签上自己的名字，拍照留存。大家将这张象征未来行动的黄色纸叠成纸飞机，同一时间抛掷出去，象征着所有人怀着共同的梦想，放飞美好的未来。

⑤相互提醒，监督落实

每人就近拿一张纸飞机，成为书写者的"监督人"，负责每周监督提醒当事人落实行动，确保行动计划持续跟进。

6. 高峰低谷——回顾团队发展，寻找内在力量

适用场景：团队复盘、变革管理、组织文化建设

核心理念："高峰低谷"是一个可以用来回顾个人或团队发展的团队教练工具，通过引导团队成员共同回顾过往发展中遇到的高峰和低谷时刻，萃取团队成功要素，帮助团队获得面对当下及未来挑战的力量。操作流程如下：

①组内分享，过往关键事件

参与者在组内分享自己职业生涯近 5 年来，印象最深的一个"高峰"或一个"低谷"事件，并总结是什么力量让自己到达高峰或穿越低谷的。

②站位张贴，呈现坐标位置

教练在地上摆出"高峰低谷+时间轴"的提示牌，邀请大家站在自己的高峰或低谷事件的时间节点位置，并通过积极肯定的语言，为团队注入心理能量。

③三维对话，萃取内在力量

现场参与者互相采访，让大家看到团队成员各自精彩的人生故事，借助过往经历的分享，去探寻背后共性的内在力量。教练适时介入对话与采访，深挖过往经历之间的关联点，探究故事背后的力量，不断生发出新的觉察。

④映射组织，提炼价值准则

基于个人的高峰低谷采访，关联到组织发展不同阶段的历程，参与者分组提炼与组织变革相关联的价值准则，找到共同认可的底层价值观和行为准则。

7. 空椅子——角色转换，激发深度共鸣

适用场景：冲突解决、角色理解、跨部门协作

核心理念："空椅子"技术是一种源自格式塔疗法的体验式干预工具，旨在通过角色模拟和系统对话，解决个体或团队的内在冲突。在团队教练中，该技术被扩展为系统性干预手段，通过物理或心理的"空椅子"载体，让团队成员站在不同角色的视角，体验利益相关方的需求和期望，促进共情与深度对话，帮助成员表达未言明观点。操作流程如下：

①摆放椅子，请出角色

现场摆出两把椅子，分别代表案主的"客户"与"合作伙伴"，这是她最重要的两个利益相关方。主教练请案主坐在代表"客户"的椅子上，另一位参与者坐在"合作伙伴"的椅子上，分别进行角色模拟。教练请双方代入角色，并向大家介绍自己角色的具体情况。

②针对客户，采访诉求

教练首先针对第一个角色展开采访，了解"客户"对我方的诉求。这时，角色扮演者会自然地换位思考，以客户的立场表达心声。

③暂停悬置，点评讲解

针对一个角色的采访结束后，主教练会按下"暂停键"，跳出对话，站在第三方视角进行点评、讲解与反思。这是"空椅子"技术常用的手法，可以让现场参与者随时抽离思考并转化。

④转换角色，继续采访

主教练转身针对第二个角色进行访谈，了解"合作伙伴"的内在声音，当事

人有机会听到另一个视角的反馈，产生新的洞察。

⑤跳出身份，提炼收获

教练请两位角色扮演者回到真实的自己，归座后进行当众采访，帮助参与者提炼自身的收获点。

⑥分组讨论，产出成果

针对观摩中所发现的关键点，参与者提炼出关键话题，开展分组讨论，找到解决方案，从感性的体验中获取理性的问题解决成果，实现价值落地。

以上仅选取部分团队教练技术做了简要的介绍，从中可以感受到团队教练的特色。管理者要想深入学习掌握团队教练技术，成为真正的价值创造者，最好参加专业教练机构举办的团队教练工作坊，切身体验并实操训练，是实现能力提升的最佳路径。

绩效改进技术：指引绩效提升的"导航仪"

绩效改进技术的基础认知

绩效改进是指通过一系列的分析、评估和行动，识别和解决员工或组织在绩效方面存在的问题，从而提高工作效率、提升工作质量、优化工作流程，并最终实现组织目标的过程。它不仅关注结果，更强调通过科学的流程优化、行为调整和资源配置，确保绩效的可持续提升，以实现组织目标。

绩效改进技术的核心在于识别绩效差距、设计改进方案，并通过评估和反馈确保改进措施的有效性。它广泛应用于企业管理、组织发展和个人绩效提升等领域，被视为一种结合了分析、设计、实施和评估的系统方法。

绩效改进技术就像一台精准的导航仪，为组织的发展提供清晰的方向和路径。它通过系统性的分析和干预，帮助组织识别绩效差距，设计出最优的改进方案。就像导航仪通过实时反馈和路径规划，引导车辆避开拥堵、抵达目的地，绩效改进技术通过持续的评估和调整，确保组织高效地实现目标。

绩效改进技术的应用范围广泛，涵盖了从个人绩效提升到组织战略落地的多个层面。以下是一些常见的应用场景：

个人绩效提升：通过绩效评估识别员工的绩效差距，制定个性化的改进计划，帮助员工提升技能和工作表现。

团队与组织绩效优化：绩效改进技术可以帮助团队和组织识别流程中的瓶

颈，优化资源配置，提升整体效率。

战略落地与组织变革：绩效改进技术可以作为战略落地的重要工具，通过优化流程和提升能力，推动组织变革。

业务流程优化：绩效改进技术可以用于分析和优化业务流程，减少浪费，提升效率。

绩效改进技术选录

绩效改进技术强调通过系统化的方法识别绩效差距、分析原因并实施干预措施，而行动学习则注重在实践中学习和解决问题。两者的结合能够实现价值倍增。以下选录几个可以应用于行动学习中的绩效改进技术：

1. 三层级目标模型——确保目标对齐，推动执行落地

适用场景：目标设定、绩效管理、战略解码

核心理念：三层级目标模型是绩效改进中常用的一种工具，旨在通过明确组织目标、流程目标和工作目标之间的关系，确保各层级目标的对齐和一致性。应用流程如下：

①明确组织目标

组织目标是三层级目标模型的顶层，反映了企业或团队的总体战略方向和期望达成的成果。通过回顾组织的使命、愿景和战略目标，确保所有成员对组织的整体方向有清晰的认识，将组织的长期目标分解为短期和中期目标，确保目标的可衡量性和可操作性。

示例：

组织目标：提升市场份额至20%，提升客户满意度至90%。

②设定流程目标

流程目标是组织目标在各个业务单元或部门的具体体现，反映了各业务单元为实现组织目标需要达成的关键成果。将流程目标与组织目标对齐，并设定可衡量的关键绩效指标（KPI），确保目标的量化和跟踪。

示例：

组织目标：提升客户满意度至90%。

流程目标：优化客户服务手段，减少客户投诉率至5%。

③制定工作目标

工作目标是流程目标在员工岗位层面的具体落实，反映了员工为实现业务目

标需要达成的具体任务和成果。将流程目标进一步分解为工作目标，确保每个员工明确自己的工作重点，实现目标的清晰性和可操作性。要通过上下级沟通，确保三层级目标的一致性。

示例：

流程目标：优化客户服务流程，减少客户投诉率至5%。

工作目标：每月处理客户投诉不超过3起，客户满意度评分达到4.5以上（满分5分）。

④监控与反馈

监控和反馈是确保三层级目标模型有效运行的关键环节。通过绩效管理系统或定期检查，监控各层级目标的完成情况，根据监控结果，及时调整目标或改进措施，确保目标的持续优化。

示例：

每月进行一次目标完成情况的评估，根据实际情况调整工作目标或流程目标。

⑤持续优化

绩效改进是一个持续的过程，通过定期复盘和优化，确保各层级目标的动态调整和持续改进。

2. 关键价值链分析——识别关键环节，识别改进机会

适用场景：流程优化、业务分析、战略执行

核心理念：关键价值链是一种用于揭示和展现工作中目标与各关联事项直接联系的工具。它通过识别影响目标达成的关键因素，帮助组织或团队明确方向，找到业绩提升的机会点。关键价值链可以分为两类：

业务结果类价值链：以业绩结果为导向，如销售额、利润、成本等。

流程效率类价值链：反映完成一件事的步骤和顺序，强调流程的效率和协同。

关键价值链的操作流程可以简化为以下几个步骤：

①明确目标

确定关键价值链的起点和终点，即目标和预期结果。

②识别关键活动

确定与目标直接相关的活动或环节。这些活动可以是生产、销售、服务等主要活动，也可以是技术开发、人力资源管理等支持活动。

③分解绘制价值链

团队基于过往业务结果或流程效率，用线性化的方式绘制价值链的各要素，分解至最底层。将每个要素的历史数据填入其中，找到关键痛点要素。

④识别改进机会

通过分析价值链数据和关键痛点，找出可以优化的环节或活动。

⑤制定干预措施

根据分析结果，制定具体的干预措施和行动计划。

⑥实施与监控

执行计划，并通过数据监控和反馈机制，评估改进效果。根据监控结果，持续调整和优化价值链，确保目标的持续达成。

关键价值链是一种强大的工具，能够帮助企业或团队通过系统化的分析，识别关键活动，优化流程，提升业绩。通过明确目标、识别关键活动、评估历史数据、寻找关键痛点、制定改进计划并持续优化，组织可以高效实现绩效改进成果，拥有更强的竞争力。

3. 寻找"先导性指标"——找到影响目标达成的关键变量

适用场景：KPI优化、早期预警、数据驱动决策

核心理念：先导性指标是指那些能够预测未来绩效表现的指标。它们通常在最终结果出现之前发生变化，因此可以作为早期预警信号，帮助企业或团队提前采取行动以优化绩效。

在目标达成与绩效提升类主题的行动学习中，找到先导性指标，对缓解业绩压力，降低达标难度，高效达成最终绩效目标发挥着重要作用。以下是其大致的操作方式：

①明确核心目标

确定组织核心目标和关键绩效领域。例如，对于一家电商公司，核心目标之一可能是"客户留存率达到XX%"。

②分析因果关系

识别哪些行为或因素能够直接影响核心目标。例如，客户满意度、新用户注册量或员工培训时长等指标可能会影响客户留存率。

③选择可衡量的指标

确保所选指标具有可衡量性，并且能够反映行为或流程的变化。例如，客户投诉率下降可能是客户满意度提高的先导性指标。

④利用数据验证

通过历史数据或相关研究验证所选指标是否与最终目标存在显著的相关性。例如，分析客户投诉率与客户流失率之间的关系。

⑤关注行为指标

先导性指标通常与行为相关，例如，员工的工作效率、客户的购买频率等。这些行为指标能够反映团队或客户的行为模式，从而预测未来的绩效表现。

⑥持续追踪落实

由于实现先导性指标的难度较低，又能够预见到关键目标的达成，所以它可以成为团队日常追踪的关键指标，帮助员工大幅降低压力，让达成目标的过程愉悦而高效。

在行动学习实践中，合理运用这些技术，能够让团队的学习与实践形成有机闭环，真正推动组织从"学习"走向"高绩效发展"。

绩效改进技术与行动学习之间，有着紧密的相关性，其理论基础"BEM模型"倡导"先技控，再人控"的核心理念，为研讨会指明了共创的方向，对高效产出成果、切实解决难题具有强大的指导作用。

咨询技术：高效推进组织诊断的"盾构机"

在面对复杂的商业环境和组织挑战时，企业需要的不仅是灵感和创意，还有深度分析、科学决策和可执行的解决方案。咨询技术能够深入分析组织面临的复杂问题，并将其拆解为可操作的解决方案，通过精准的诊断和专业的建议，帮助组织解锁难题，实现突破。咨询师凭借专业知识和经验，快速定位问题的根源，就像盾构机能够快速推进隧道的挖掘与建设，为组织发展打通"堵点"，搭建起牢固的模型。

在行动学习研讨中，咨询技术不仅可以作为分析框架，帮助团队理清思路、抓住本质，还可以指导团队成员基于数据和逻辑，制定更具落地性的方案，推动成果的高质量产出。以下选取了几种经典的咨询工具，并结合行动学习的应用场景，介绍如何高效运用这些方法。

咨询工具选录

1. SWOT 分析——精准识别内外部环境

适用场景：企业战略规划、团队发展评估、市场定位

核心理念：SWOT 分析是一种经典的战略规划工具，广泛应用于组织管理、项目评估和团队建设等领域。它通过系统地分析内部优势（Strengths）、劣势（Weaknesses）以及外部机会（Opportunities）和威胁（Threats），帮助团队全面了解自身状况，制定科学合理的行动策略。

SWOT 分析由四个部分组成：

1. **优势（S）**：指团队内部的积极因素，如成员的专业技能、团队协作能力、资源丰富等，这些因素有助于团队实现目标。

2. **劣势（W）**：指团队内部的消极因素，如沟通不畅、资源不足、技能短板等，这些因素可能阻碍团队发展。

3. **机会（O）**：指外部环境中对团队有利的因素，如市场趋势、政策支持、竞争对手失误等。

4. **威胁（T）**：指外部环境中对团队不利的因素，如新的竞争对手、技术变革、政策调整等。

在团队开展的行动学习研讨会中，SWOT 分析可以作为一种研讨框架，引导团队成员共同参与，促进思维碰撞和共识达成。操作步骤如下：

①明确主题：确定工作坊的分析主题，如团队项目、业务方向或组织发展。

②分组讨论：将团队成员分成小组，分别从优势、劣势、机会和威胁四个维度收集信息，进行讨论，并记录关键点。

③构建矩阵：将客观信息和讨论结果整理到 SWOT 矩阵中，形成系统化的框架。

④制定策略：结合矩阵分析结果，制定行动计划，明确如何发挥优势、克服劣势、抓住机会、应对威胁。

⑤反馈与调整：定期回顾 SWOT 分析结果，根据实际情况进行调整，确保策略的有效性。

2. PEST 分析——把握宏观趋势，制定前瞻策略

适用场景：市场分析、行业研究、外部环境评估

核心理念：PEST 分析是一种用于评估组织或企业所处宏观环境的工具，通

过四个维度的外部因素分析，帮助组织识别潜在的机会和威胁，从而为战略决策提供依据。四个维度分别是：政治（Political）、经济（Economic）、社会（Social）和技术（Technological）。

在行动学习研讨中，PEST分析可以作为团队研讨框架，帮助团队全面了解外部环境，制定更具前瞻性和适应性的行动计划。简要操作流程如下：

①确定分析目标

明确PEST分析的范围和目标，例如团队项目、业务方向或组织战略。简要介绍分析背景，确保团队成员清楚分析目的。

②分组头脑风暴

团队成员分成小组，每组负责一个维度，快速识别政治（P）、经济（E）、社会（S）和技术（T）四个维度的关键因素，限时（如15分钟）进行头脑风暴，记录每个维度的关键因素，每组选出3～5个最重要的因素进行分享。

③因素评估与筛选

汇总各组讨论结果，剔除与团队目标关联不大的因素，对剩余因素按影响程度（高、中、低）进行分类，重点筛选出对团队目标影响最大的因素。

④制定行动策略

针对每个高影响因素，讨论并确定应对策略（如利用机会、规避威胁），根据PEST分析结果，制定针对性的行动策略。

⑤总结与反馈

将PEST分析结果和行动计划进行简要总结，收集团队成员的反馈和建议，确保参与者对分析结果和行动计划达成共识。

⑥定期回顾

设定定期回顾时间（如每季度），根据外部环境变化，及时更新分析结果和行动计划，重新评估PEST因素并调整策略。

3. 波特五力分析——洞察行业竞争格局

适用场景：行业竞争分析、企业战略定位

核心理念：波特五力分析模型是由迈克尔·波特（Michael Porter）于20世纪80年代初提出的一种竞争战略分析工具，用于评估一个行业的竞争环境和利润潜力。该模型通过分析以下五个关键力量，揭示行业的竞争格局：

①供应商的议价能力：供应商对行业企业的成本和产品质量的影响；

②购买者的议价能力：购买者对价格和产品质量的要求对行业企业的影响；

③潜在进入者的威胁：新进入者可能带来的竞争压力；

④替代品的威胁：替代产品或服务对现有产品或服务的威胁；

⑤行业内竞争者的竞争程度：现有企业之间的竞争强度。

在行动学习研讨中，波特五力分析可以帮助团队快速了解行业竞争环境，制定有效的战略。以下是简化后的应用流程：

①确定分析目标

简要介绍该工具及分析背景，明确分析的具体行业或业务领域，确保团队成员清晰共同的目标。

②分组讨论五力因素

将团队成员分成五组，每组负责分析一种力量（供应商、购买者、潜在进入者、替代品、现有竞争者），限时（如15分钟）讨论并记录关键因素，每组选出2~3个最重要的因素进行分享。

③评估与排序

汇总各组讨论结果，评估每种力量对行业竞争和利润潜力的影响程度（高、中、低）。

④制定应对策略

针对每种高影响力量，讨论并确定应对策略（如降低成本、差异化、进入壁垒等），根据五力分析结果，制定针对性的行动策略，形成初步行动计划。

⑤总结与反馈

将五力分析结果和行动计划进行简要总结，收集团队成员的反馈和建议，确保参与者对分析结果和行动计划达成共识。

⑥定期回顾

设定定期回顾时间（如每季度），根据行业变化及时更新分析结果，调整策略和行动计划。

4. 利益相关者分析——平衡多方诉求，聚焦关键角色

适用场景：项目管理、组织变革、政策制定

核心理念：利益相关者分析用于识别、分类和管理那些可能影响或受项目、决策或组织活动影响的个人、群体或组织。它旨在通过深入了解利益相关者的需求、期望和影响力，制定有效的沟通和参与策略，从而提高项目或组织的成功概率。

在行动学习研讨中，利益相关者分析可以帮助团队快速识别关键利益相关

者，明确其需求和期望，并制定针对性的策略。以下是简化的应用流程：

①识别利益相关者

组织团队头脑风暴，列出所有潜在利益相关者（内部如团队成员、管理层，外部如客户、供应商、政府机构等），通过查阅项目文档、组织结构图，或通过访谈和专家咨询补充信息。

②分类与优先级排序

使用"权力／利益矩阵"或"影响／兴趣矩阵"，将利益相关者分为四类，确定管理重点。

高权力／高兴趣：重点管理，定期沟通；

高权力／低兴趣：保持满意，定期更新；

低权力／高兴趣：及时通知，提供信息；

低权力／低兴趣：适度监控。

③收集需求与期望

通过访谈、问卷调查、焦点小组或工作坊等方式，收集利益相关者的需求和期望。记录并整理这些信息，分析其对项目目标的影响。

④制定沟通与参与策略

根据利益相关者的分类和需求，制定针对性的沟通和参与策略。

为高权力／高兴趣的利益相关者制定详细的沟通计划，如定期会议、面对面交流；

对低权力／低兴趣的利益相关者，通过简报或邮件更新。

鼓励利益相关者参与项目决策和执行过程，增强其对项目的认同感。

⑤处理冲突与平衡利益

分析利益相关者之间的利益冲突点，寻找共同点或妥协方案，通过数据支持或协商，确保各方需求得到合理满足，平衡各方利益。

⑥持续监测与更新

定期收集利益相关者的反馈，调整沟通和参与策略，使用项目管理工具实时更新利益相关者信息，随着项目进展或外部环境变化，动态调整利益相关者管理策略。

团队可以在行动学习研讨中高效地完成利益相关者分析，快速识别关键利益相关者的需求和期望，并制定针对性的策略，从而提升项目成功率和团队执行力。

5. 竞争对手分析——知己知彼，精准定位

适用场景：市场竞争分析、产品定位、品牌策略制定

核心理念：竞争对手分析用于识别和评估市场中其他竞争者的战略、优势和弱点。通过收集和分析竞争对手的信息，企业能够洞察行业趋势、识别潜在威胁和机会，优化自身产品和服务，制订有效的市场策略。

在行动学习研讨中，竞争对手分析可以帮助团队快速了解竞争环境，明确自身优势和改进方向。以下是简化的应用流程：

①明确分析目标

简要介绍分析背景，确定分析的具体目标，例如，了解市场份额、优化产品策略或进入新市场。

②识别竞争对手

通过搜索引擎、行业报告和市场调研，列出所有可能的竞争对手，包括直接、间接和潜在竞争者。

③选择分析维度

确定分析的关键维度，确保分析全面且有针对性。常见分析维度包括产品特性、价格策略、市场份额、营销活动、客户反馈等，可以结合 4P 模型（产品、价格、渠道、促销）进行分析。

④收集信息

通过官网、财报、社交媒体、用户访谈等渠道，全面收集竞争对手的相关信息，整理后形成初步的分析框架。

⑤分析与对比

使用 SWOT 分析、竞品分析矩阵等工具，对每个竞争对手进行评估，重点关注竞争对手的差异化优势和潜在弱点。

⑥制定策略

确定自身的优势和差异化点，制订产品、市场或营销策略；针对竞争对手的弱点，寻找市场机会，形成针对性的竞争策略。

⑦持续监控与调整

定期更新竞争对手信息，关注市场变化，并根据市场反馈，调整自身策略。

6. 核心竞争力分析——打造不可复制的优势

适用场景：企业战略制定、品牌定位、组织能力优化

核心理念：核心竞争力是指企业在长期发展过程中形成的、难以被模仿的独

特能力或优势。它通常体现在企业的技术、管理、品牌、文化等方面，是企业获得竞争优势的关键因素。核心竞争力不仅能够帮助企业在市场中脱颖而出，还能为企业带来持续的利润增长和客户忠诚度。

在行动学习研讨中，识别和分析核心竞争力可以帮助团队明确自身优势，优化资源配置，并制定差异化战略。以下是简化的应用流程：

①明确分析目标

简要介绍分析背景，确定分析的具体目标，例如，识别企业的核心竞争力，或优化现有竞争力。

②头脑风暴，识别潜在优势

团队成员进行头脑风暴，列出企业或团队在技术、管理、品牌、文化、客户关系等方面的优势。记录所有可能的优势点，避免过早筛选。

③评估与分类

使用"核心竞争力三要素"对优势进行筛选和分类，确定哪些是核心竞争力，哪些是一般优势。三要素包括：

独特性：该能力是否难以被竞争对手模仿？

价值性：该能力是否为客户创造显著价值？

延展性：该能力是否能支持企业进入新市场或开发新产品？

④确定核心竞争力

从筛选后的优势中，确定3～5项最符合核心竞争力标准的能力。例如：技术领先、品牌影响力、高效的供应链管理等。

⑤制定提升策略

针对每项核心竞争力，讨论如何进一步强化其优势。制定具体的行动计划，例如，技术研发投入、品牌推广活动或管理优化措施。

⑥制定差异化战略

结合核心竞争力，讨论如何在产品、服务或市场定位上实现差异化。制定具体的市场策略，例如，差异化的产品特性、独特的客户体验等。

⑦总结与反馈

将分析结果和行动计划进行简要总结，通过开放讨论，收集团队成员的反馈和建议，确保团队成员对核心竞争力和行动计划达成共识。

⑧持续监控与优化

定期评估核心竞争力的发展情况，关注竞争对手动态和市场变化，及时优化核心竞争力，确保其持续领先。

行动学习中可以应用的工具丰富多彩，在实际应用过程中，我们需要根据具体情况灵活变通，不断调整和优化策略。每一种工具都有其独特的价值和局限性，关键在于我们如何结合实际情况，将其创造性地运用到行动学习中，让组织的学习与实践真正转化为可落地的商业成果。

管理觉醒

第六章

充分准备：为研讨落地保驾护航

> **案例导读**

未经准备的研讨会

诸葛明经理学了几个经典引导技术后,信心满满,决定在团队中正式开展一次行动学习研讨会。他希望通过群体智慧的碰撞,找到解决团队棘手问题的新思路。然而,现实并没有按照他的预期发展,因准备不足而引发的混乱,让这次研讨会陷入了尴尬境地。

1. 会议空间不当,破坏研讨氛围

会议当天,诸葛明经理早早来到会议室,发现桌椅仍然保持着公司例行会议的布局——一张长长的会议桌占据了房间中央,将团队成员生硬地分隔开来。他原本打算将桌子围成一个圆形,希望营造一个开放交流的氛围,但由于没有提前安排场地调整,这个想法只能作罢。不得已,他坐在会议桌的首席位置,各位主管按层级依次落座,而其他团队成员则坐在远离决策层的位置。这种秩序感十足的座位安排无形中强化了组织等级,团队成员在发言时也变得谨小慎微。

2. 关键物料缺失,影响研讨节奏

随着会议开始,问题接踵而至。白板是有的,但白板笔却不知去向;原计划用于记录讨论要点的纸张也数量不足,导致团队成员只能挤在一起共用,影响了记录的效率。一些成员本想在纸上绘制思维导图来辅助表达,却因为资源受限只能作罢。整个研讨会的节奏因物料准备不充分而被频繁打断,影响了讨论的连贯性。

3. 目标不够清晰,讨论方向混乱

虽然诸葛明经理在会议通知中提出了研讨主题,但却没有对会议流程、参与规则和预期产出做详细说明。许多团队成员并不清楚会议的具体目标,有些人误以为这只是一次普通的常规会议,而另一些人则认为

是管理层对团队工作表现的"考察"。这种信息不对称，让团队成员在讨论时无法聚焦重点，导致话题分散、缺乏深度。

4. 忽视场域营造，现场氛围尴尬

由于缺乏有效的场域营造，会议刚开始就抛出研讨课题让大家讨论，导致团队成员很难进入状态，在表达观点时瞻前顾后，有所保留。有些人沉默寡言，怕自己的观点不够成熟，遭到否定或批评；另一些人的发言过于随意，偏离主题。到最后，只有个别人在滔滔不绝地发表观点，其他人根本没有投入其中，现场氛围一度令人尴尬。

诸葛明经理感到很沮丧，原本期待通过行动学习研讨会解决问题，却没想到出师不利。他意识到，这次研讨会的失败，是由于会场准备、物料准备、会前沟通、规则建立以及场域营造等多方面的不到位所导致的。看来，要想成功举办行动学习研讨会，必须重视会前准备，否则很难达成预期目标。

诸葛明经理的遭遇，是初涉行动学习研讨的管理者们常见的处境。在团队尝试从职务等级分明、沟通受限的会议模式向行动学习研讨会模式转变的过程中，会前准备的充分性成了决定会议成效的重要因素。每一个环节的缺失，都会影响研讨的效果，甚至让研讨会沦为一次低效、徒劳的会议。

只有在会场、物料、会前沟通以及场域营造等方面都做好充分准备，才能为研讨会的成功创造有利条件，使其成为激发团队智慧、推动问题解决的道场。

场地布局：打造舒适开放的研讨空间

很多团队会议中，对场地的选择和布局往往并不重视，常常沿用现有会议室的固定布置，有个空间能开会就行。然而，在行动学习研讨会中，则需要对会议室的选择花些心思，尤其是对于刚开始尝试会议引导的管理者而言，选择一处利于激发讨论的场地，并提前进行周到的布局设计，是一项不可或缺的准备工作。

理想的研讨空间：兼顾舒适性与开放性

一个理想的研讨空间，应当兼顾舒适性与开放性。在挑选场地时，需考虑其大小、形状、光线，以及通风等因素，提供足够的空间供参会者自由移动，促进面对面的交流与互动。通过合理安排桌椅摆放，便于参会者之间的视线交流，又能保证足够的书写与记录空间，营造出一种鼓励开放思维、促进创意碰撞的氛围。

选择场地时，应重点考虑以下因素：

1.光线与通风：良好的自然采光能提升参与者的专注度，避免昏昏欲睡的情况。如果是封闭会议室，则需确保灯光柔和且足够明亮，同时保持空气流通，以避免长时间会议带来的疲劳感。

2.空间大小：会议室不能过于拥挤，也不能过于空旷。适度的空间能让团队保持紧密互动，同时留有足够的自由移动区域，便于分组讨论或站立式活动。如果空间过大，可通过移动隔板或安排围挡物，让团队氛围更加凝聚。

3.灵活的座位安排：研讨会通常需要进行分组讨论，因此宜采用可移动桌椅，方便灵活调整队形。小组规模建议控制在3～8人之间，一般6人是最佳配置，既能确保足够的讨论深度，又不会让沟通变得混乱。

4.可视化展示区域：主持人需要一面平整的引导墙，作为记录关键内容和展示讨论成果的"主阵地"。此外，周边墙面应允许张贴海报纸，以便团队成员随时查看、回顾并补充讨论内容。

常见的研讨会场地布局方式

在不同的场地条件下，可以采取不同的桌椅摆放方式，以满足团队互动需求。以下是两种常见的研讨会布局：

1."岛屿式"桌椅布局——适用于团队合作与分组讨论

图6-1的场地安排和"岛屿式"桌椅布局，就是一种常见的研讨会布置方式。

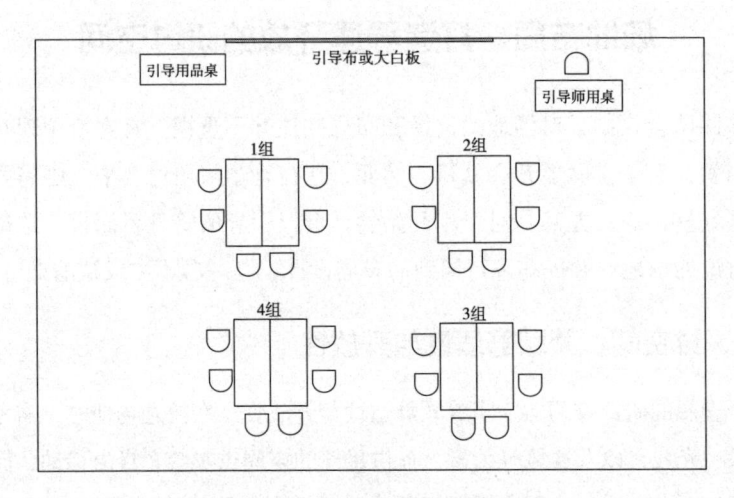

图6-1 "岛屿式"桌椅布局

"岛屿式"布局是行动学习研讨会中最常见的座位安排方式。将桌椅划分成多个小组，每个小组围坐在一起，形成独立的讨论单元，同时保持各组之间的可视性和互动性。这种布局能有效促进团队协作，激发群体智慧。

适用场景：团队协作、问题解决、方案共创

优点：

便于小组讨论，提高互动性；

保持整体团队的凝聚力；

便于主持人轮流关注不同小组。

2."半圆形"座位布局——适用于对话式研讨与头脑风暴

在空间受限或会议主题侧重讨论交流时，可以采用"半圆形"座位布局。图6-2是无桌式场地的"半圆形"。

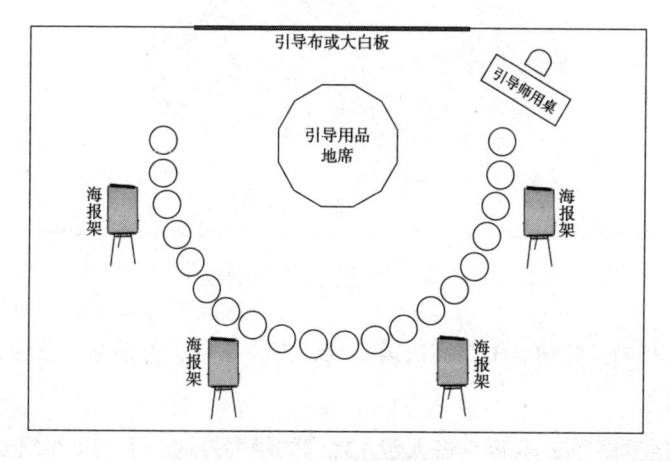

图6-2 半圆形布局

取消桌子，使团队成员围成半圆或完整的圆圈，营造开放的讨论场域。这种方式能够削弱层级感，营造更自由的交流氛围，特别适用于深度对话、价值观共创或团队融合等研讨会。

适用场景：团队共创、经验分享、价值观研讨

优点：

促使所有成员直面交流，减少沟通障碍；

便于主持人观察团队动态，灵活调整引导节奏；

强化团队归属感，让每个人都能平等表达。

不适合召开研讨会的场地布局

并非所有会议室都适用于行动学习研讨会,尤其是以下两种会议室布局,往往会影响团队的互动与思维开放度。

1."大会议桌"式布局——不利于团队互动

很多企业的高管会议室采用固定的大会议桌,团队成员围坐四周(详见图6-3)。殊不知,厚重的会议桌固定在房间中央,配上宽大笨重又柔软舒适的沙发椅,身处其中很容易沉闷压抑,昏昏欲睡,无助研讨会氛围的营造;更不利的是,由于难以分组讨论,很多引导活动无法开展,直接影响到研讨会效果。

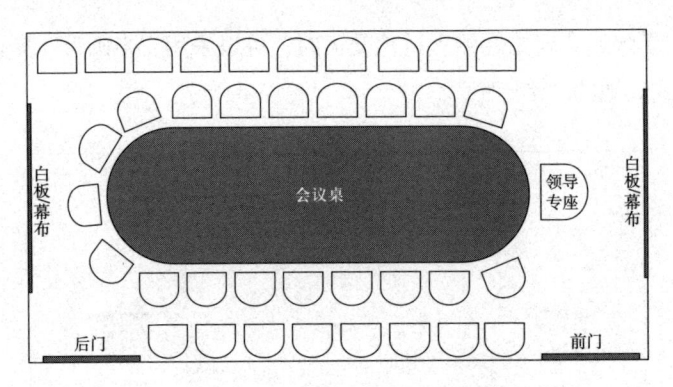

图6-3 "大会议桌"式会议室

这样的布局虽然适合汇报和决策会议,但并不利于行动学习研讨,主要存在以下几个问题:

成员被空间割裂:会议桌将人与人之间的距离拉远,不利于小组互动;

层级感明显:管理者往往坐在首席位置,容易让团队成员产生压力,不敢自由表达;

讨论模式单一:难以进行站立式讨论、互动游戏等促进创新的研讨方式。

2."固定课桌"式布局——让交流变得单向化

所有人面向前方排排坐,桌子(甚至包括椅子)固定在地面上,能够将所有人目光聚焦在主席台上,形成认真听讲并记录的状态,避免互相交流(详见图6-4)。这种课桌式布局,在学校和政府中很常见,但并不适合召开行动学习研讨会。

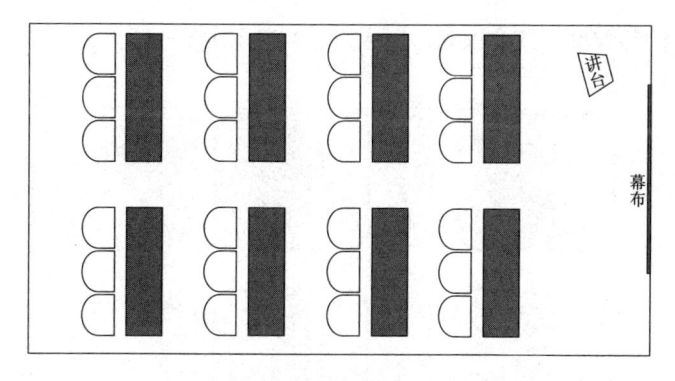

图 6-4 "固定课桌"式会议室

这种布局的主要问题有以下几点：

强化单向沟通：成员习惯性"听讲"，互动减少，思维不够开放；

缺乏灵活性：桌椅固定，无法自由调整座位，限制了团队协作的可能性；

难以进行引导活动：很多研讨环节，如小组共创、站立讨论等，难以实施。

因地制宜，创造有利的研讨环境

理想的场地固然会助力研讨会召开，但在企业中，往往不得不使用糟糕的场地，每次都去外面租借场地并不现实，所以要学会利用现有条件，因地制宜地改造场地，让研讨会顺利召开。

以上文中两个不适合的会场为例，桌子无法移动，但可以通过调整椅子，将临近的参会者分成小组，也可以开展交流和讨论。

1. 在"大会议桌"式会议室，分组方法参考下图 6-5。

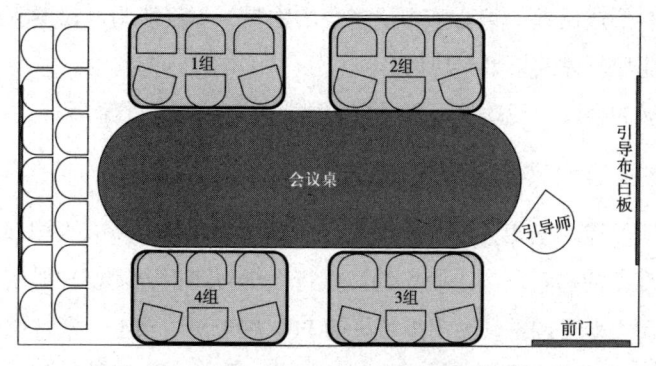

图 6-5 "大会议桌"式会议室的分组方法

2. 在"固定课桌"式会议室，分组方法参考下图6-6。

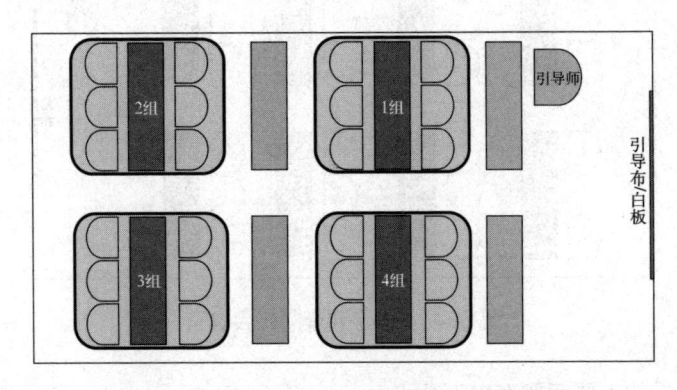

图6-6 "固定课桌"式会议室的分组方法

一次成功的研讨会，不仅依赖主持人的引导能力，也取决于场地环境的合理布局。科学的空间规划能够优化团队互动模式，提高讨论质量，使研讨成果更加聚焦和高效。除了基本的桌椅摆放，管理者还可以通过灯光、绿植、艺术装饰等细节优化会议氛围，提升团队的舒适度与思维活力，让研讨空间真正成为一个激发创造力的"头脑风暴场"。

物料准备：为高效研讨提供枪支弹药

工欲善其事，必先利其器，这一古训在筹备研讨会时同样适用。由于行动学习研讨会强调促进平等交流，激发群体智慧，所需的物料就会别具一格，或为营造场域，或为观点记录，或为促进沟通，或为激发创意，各种工具新颖别致，与常规会议物料形成反差。精心准备研讨会的物料，不仅能为会议顺利进行提供必要支持，还能使研讨效果事半功倍。

相比一般的会议，行动学习研讨会的物料具有以下三个显著特点：

1. 独特性：让会议跳脱"PPT模式"

很多人所习惯的正式会议，往往以PPT播放为载体，所有人按部就班地记录或发言，要准备的物料基本是固定的。但行动学习研讨会需要即时呈现、即时讨论、即时反馈、即时调整，会前准备好的PPT用于研讨会上，常常成了"鸡肋"，甚至对研讨造成了干扰和阻碍。不妨抛开PPT，借助"引导墙"等工具进行即时板书，你会对这种充满参与感的高效会议方式赞不绝口。

2. 趣味性：借助游戏化道具提升参与乐趣

与正式会议的严肃刻板不同，多数研讨会需要营造轻松愉悦的氛围，来促进坦诚交流，激发创新想法，提升现场能量，借助丰富多彩的道具，可以事半功倍地达成这些效果。充满童趣的玩偶、五花八门的图片、五颜六色的桌布、悦耳动听的乐器，都可以成为研讨会的辅助工具，让研讨现场生动活泼，妙趣横生。

3. 灵活性：根据会议目标和现场条件灵活调整

研讨会的物料清单并不是一成不变的，除了一些基本的必需品外，很多都可以灵活把握。一些辅助物料，有准备则会添彩，没有准备也无妨，可以根据现有条件找到替代品。当然，还是建议大家多储备一些辅助用品，能为会议效果和现场氛围发挥意想不到的作用。

研讨会物料准备清单

以下为读者提供的物料准备清单，包括三大类，其中的"引导墙"是引导书写和张贴的载体，要根据实际会场条件来把握；"必备用品"是最基本的会议工具，建议准备齐全；"辅助用品"属于锦上添花的物料，可酌情准备。

1. 引导墙——主持人张贴和书写的载体

很多会议，要靠播放 PPT 来推进议程，所以投影仪和幕布成为标准配置。然而，过于依赖 PPT 会有一些弊端，譬如：让会议过程变得僵化，缺乏灵活性；容易忽略参与者状态，变成以宣讲者为中心；过多的信息展示导致注意力分散，能量降低；很多引导活动难以充分开展等。

相比之下，引导墙能够有效支持信息可视化，并促进团队互动。在研讨会中，引导墙可以用来展示讨论结果、汇总观点、记录决策过程，使会议内容更加直观易懂。

按照引导效果和便捷程度区分，"引导墙"分为三个档次：基础版、进阶版和专业版（详见表6-1），可以根据现实条件和需求来选择。

表 6-1　根据需求选择物料

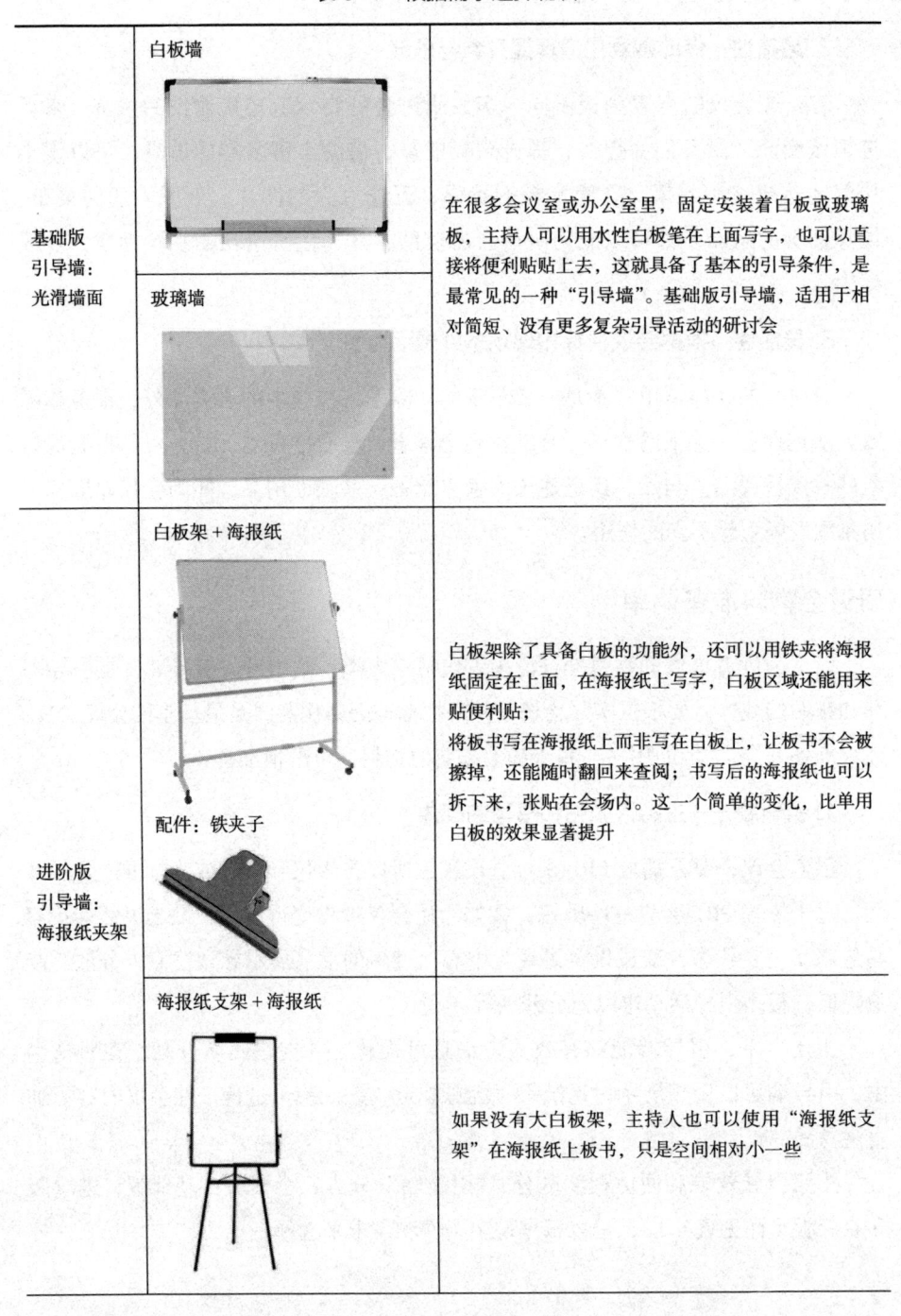

基础版 引导墙： 光滑墙面	白板墙 玻璃墙	在很多会议室或办公室里，固定安装着白板或玻璃板，主持人可以用水性白板笔在上面写字，也可以直接将便利贴上去，这就具备了基本的引导条件，是最常见的一种"引导墙"。基础版引导墙，适用于相对简短、没有更多复杂引导活动的研讨会
进阶版 引导墙： 海报纸夹架	白板架+海报纸 配件：铁夹子	白板架除了具备白板的功能外，还可以用铁夹将海报纸固定在上面，在海报纸上写字，白板区域还能用来贴便利贴； 将板书写在海报纸上而非写在白板上，让板书不会被擦掉，还能随时翻回来查阅；书写后的海报纸也可以拆下来，张贴在会场内。这一个简单的变化，比单用白板的效果显著提升
	海报纸支架+海报纸	如果没有大白板架，主持人也可以使用"海报纸支架"在海报纸上板书，只是空间相对小一些

续表

类别		说明
专业版引导墙：引导布	引导布	引导布本身是一块防水布，将其用美纹纸张贴在平整的墙面上，表面喷涂"3M75号喷胶"后，就能够粘贴各种纸张； 借助引导布，可以轻松设计并开展各种引导活动，带来丰富的体验感。引导师可以将各种规格的白纸贴在引导布上板书，也可以随时摘下来腾转挪移。参与者也可以随时通过引导布张贴想法，互动交流
	引导布配件：3M牌75号喷胶+宽美纹纸	

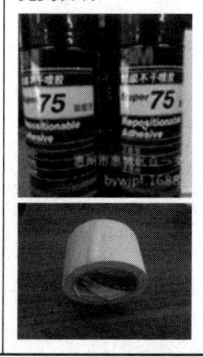

2. 必备用品——最基本的会议工具

研讨会必备用品，是确保研讨会开展的工具，有的用于参与者书写或张贴，有的用于主持人开展引导活动（详见表6-2）。很多优秀的团队把集思广益当作一种工作习惯，往往在办公室常备这些物品，以便随时开展研讨共创。

表6-2　确保研讨会开展的工具

类别	物料名称	说明
笔类	12色油性粗头彩色笔	每组1盒，引导师用1盒； 用于在海报纸上绘画、记录等，丰富的色彩可以激发创意，清晰标注书写内容，用途广泛； 油性彩笔比水性彩笔更鲜艳醒目，但却容易洇过纸背留下难以清除的印痕，可通过垫大纸或铺桌布来避免污染桌面

续表

类别	物料名称	说明
纸类	黑蓝红三色白板笔	黑色和蓝色笔各1盒，红色笔2支。用于主持人和参会者在白板上书写或标记； 红笔一般只用来标记、强调或批阅，所以使用量不大
	签字笔	参会者每人1支； 用于在纸本或便利贴上书写记录
	A1白海报纸	又称"大白纸"，一整卷备用； 用于主持人板书、小组记录研讨成果、绘制图画、张贴便利贴等，使用量与主题、人数、引导方式等有关
	A4白纸	1包备用； 用于主持人和参会者书写、记录或绘制内容
	便利贴	便利贴又称"即时贴""报事贴"，每组2~3本备用。研讨会常用的是方形和细条形便利贴，用于记录张贴想法，或进行标记、评价，堪称"头脑风暴必备利器"

续表

类别	物料名称	说明
粘胶类	窄美纹纸	每组一卷；用于在墙面上张贴大小白纸，展示研讨成果、板书内容等。相对其他粘贴用品，美纹纸不易破坏和污染墙面

3. 辅助用品——锦上添花的研讨会物料

在研讨会必备用品的基础上，还可发挥创意，补充更多有趣的辅助用品。这些物品让研讨会锦上添花：一类是提升研讨会能量，营造场域的工具；一类是提升引导效率，辅助引导活动的工具。如表6-3所示：

表6-3　锦上添花的研讨会物料准备

	锦上添花的研讨会物料准备
用于营造场域的物品	花桌布：给各组的桌子铺上五颜六色的花桌布，立刻给参与者以积极的心理暗示，使会场热情洋溢、活力四射
	圆地垫：在围圈而坐的会场中央，放一个直径1~2米的圆形地垫，上面放置各种引导或装饰物品，能够给参与者提供视觉焦点，增加现场凝聚力
	玩偶：借助各种充满童趣的玩偶，可增加现场的亲和力，让参与者逐步放松下来；有些团队活动也可以将玩偶作为辅助道具
	彩色纸：如果引导现场都用白纸，难免枯燥，如果替换成各种规格的彩色纸，就能让引导现场绚丽多彩
用于引导活动的物品	隐喻图卡：五花八门的图片可以有各种理解，在暖场交流、激发创意、发掘内心、展望愿景等多场合均可运用，提升引导效果
	谈话棒：给任意物品赋予"谈话棒"的功能，就可以要求"只有拿到谈话棒的人才可发言"，让现场井然有序
	投票贴：在需要集体选择的时候，借助投票贴，可以直观高效地看到选择结果。当然，投票也可以用彩笔划线的方式进行
	计分券：给研讨会设置激励机制，通过给小组发计分券的方式促进参与，将会快速点燃参与者热情。扑克牌、点钞券或自制卡牌，都能够成为计分券
	计时器：虽然手表和手机都能够计时，但如果准备一个专门的计时器，会增加现场的仪式感，强化参与者的时间观念
	响器：通过听觉来提醒参与者注意的道具，可选范围很广，例如，引磬、碰铃、木鱼、风笛、空灵鼓等，只要声音悦耳，都可用于研讨会，增加氛围感

物料准备对研讨质量发挥着举足轻重的作用，不可忽视。

从以上物料清单中，可以明显感受到行动学习研讨会与以往习惯的正式会议的差别，这些丰富多彩的物品，映射出研讨会所倡导的轻松氛围与平等理念。随着实践经验的积累，引导师还可以发挥创意，结合会议目标、团队文化和场地条件，运用更多新颖的物料和道具品类，让每一次研讨会都开得精彩，富有成效。

会前沟通：确保信息畅通和有备而来

没有会前沟通的研讨会，就像没有指引的登山团队——方向不清、节奏混乱、目标模糊，最终难以登顶。在行动学习研讨会的全流程中，会前沟通绝不是可有可无的环节，而是确保研讨会高效、有序开展的前置保障。它决定了参与者的投入度，影响讨论的深度，甚至直接决定研讨会的产出质量。

如果会前沟通不到位，团队成员可能在研讨会上不清楚目标、不理解流程、无法有效互动，导致研讨会沦为低效，甚至混乱的讨论。而充分的会前沟通，则能让每位参与者带着清晰的目标、充分的准备进入研讨会，确保高效协作、精准输出。

如果说行动学习研讨会是一场高效的群策群力之旅，那么会前沟通，就是确保团队不走弯路的"导航系统"。有效的会前沟通不仅仅是发送一封会议通知，而是确保目标明确、角色清晰、信息精准、反馈及时，让每位参与者有备而来，充分投入，从而确保研讨会真正发挥价值。

明确沟通目标，确保参与者充分准备

1. 传递清晰目标，提前深入思考

会前沟通的首要任务是让参与者对研讨会形成清晰、全面的认知。组织者需精准传达研讨会的核心目标、研讨主题、预期成果，以及其与组织战略的紧密关联。例如，研讨会目标为"找到提升产品市场占有率的有效方法"时，要详细阐述该目标对组织的重要性及期待产出的成果，如制订切实可行的市场推广策略。只有让参与者带着清晰的目标感参会，才能让讨论更聚焦、更高效。参与者才能在会前有针对性地思考，为深入讨论做好准备，从而在会议中贡献有价值的观点。

2. 介绍基本知识，提前进入状态

对于初次组织行动学习研讨会的情况，还应向参与者介绍行动学习的基本理念和方法，强调其与传统会议或培训的区别，即行动学习注重团队协作、反思实践以及问题解决，参与者需积极参与讨论、贡献智慧经验并尊重他人意见，以此帮助参与者摒弃过往会议的被动倾听模式，建立正确认知，激发参与热情，为后续沟通和准备打下良好基础。

精准沟通不同对象：确保精准传达

会前沟通的对象不仅包括直接参与研讨会的团队成员，还可能涉及上级领导、外部专家等。针对不同对象，组织者需采取不同沟通策略。

1. 团队成员：确保高效参与

了解他们的背景、经验，提前分配合适的研讨任务或角色；
解答他们的疑问，降低不安感，提高参与意愿；
让他们带着思考和准备参会，而不是临场"被动应对"。

2. 上级领导：争取支持和资源

定期向领导汇报研讨会筹备进展，确保研讨方向符合组织战略；
提前规划哪些环节需要领导参与，例如决策评审环节，确保时间安排合理；
让领导清楚研讨会的价值，从而愿意提供资源支持。

3. 外部专家：明确角色与贡献

说明专家的发言或参与方式，例如引导讨论、提供案例、点评建议；
事先沟通研讨议题，让专家提前准备符合主题的内容，避免临场发挥导致的偏题或空泛；
确保专家的角色与会议目标精准匹配，避免变成单向的"演讲"。

不同沟通对象有不同的关注点，精准传达信息，才能确保所有关键人都能有效支持研讨会，提升整体效能。

必要时可通过"预研讨会议"进行沟通准备

在某些情况下，管理者需要在正式研讨会之前先安排召开"预研讨会议"，以确保研讨会产出高效务实的成果。面对以下情况，用预研讨会议这种会前沟通形式是必要和有益的。

1. 研讨会主题复杂或专业性强

背景复杂：如果研讨会的主题涉及复杂的背景信息、专业知识或技术细节，预研讨会会议可以帮助团队成员提前了解和熟悉这些内容，确保他们在正式研讨会上能够更好地参与讨论和解决问题。

专业领域：对于涉及特定专业领域的研讨会，如技术创新、市场分析、战略规划等，预研讨会会议可以让团队成员提前学习相关专业知识，提高他们的理解和应用能力。

2. 研讨会时间安排紧张

时间有限：如果正式研讨会的时间安排较为紧张，预研讨会议可以提前解决一些基础问题和疑惑，节省正式研讨会上的时间，使讨论更加深入和高效。

高效利用：通过预研讨会议，团队成员可以提前准备和思考，确保在正式研讨会上能够直接进入主题，提高研讨会的效率和效果。

3. 需要统一团队成员的认知和目标

目标明确：如果研讨会的目标较为复杂或需要团队成员有共同的理解，预研讨会议可以帮助明确目标和预期成果，确保大家在正式研讨会上朝着同一个方向努力。

认知一致：通过预研讨会议，团队成员可以讨论和交流，达成对主题的共识，避免在正式研讨会上因认知差异而产生分歧。

4. 需要提前解答疑问和澄清概念

疑问解答：如果团队成员在阅读背景资料或自主学习过程中产生了疑问，预研讨会议可以提供一个集中解答的机会，确保他们在正式研讨会上有清晰的理解。

概念澄清：对于一些关键概念和术语，预研讨会议可以进行详细的解释和讨论，避免在正式研讨会上因理解不一致而导致的沟通障碍。

5. 需要激发团队成员的参与热情

兴趣激发：预研讨会议可以通过介绍研讨会的主题和目标，激发团队成员的兴趣和参与热情，提高他们的积极性和主动性。

动力提升：通过预研讨会议，团队成员可以感受到研讨会的重要性和价值，提升他们的参与动力和责任感。

准备充分：预研讨会议可以确保团队成员在正式研讨会上有充分的准备，避免因准备不足而导致的混乱和低效。通过熟悉研讨会的流程和规则，确保在正式研讨会上能够顺利进行，提高研讨会的成功率。

通过合理安排预研讨会议的沟通方式，可以为正式研讨会的成功开展奠定坚实的基础。

规则建立：全员遵守共同的行为准则

行动学习研讨会强调团队共创，参与规则是确保团队高效协作、激发集体智慧的保障。规则不仅规范了流程执行方式，更塑造了开放、平等的研讨氛围。在研讨会正式开始之前，就需要让全体参与者对规则达成共识，确保会议中遵守。

行动学习研讨参与规则

规则 1：全员平等，打破层级壁垒

行动学习强调打破层级壁垒，要求所有参与者以"平等贡献者"身份投入讨论。所有参与者不论职位、经验、背景如何，都享有平等的发言权和参与权，都能自由地表达观点、想法和经验，确保各种不同的视角和意见都能被听到。

规则 2：积极倾听，构建深度对话

参与者在他人发言时，要停下手中其他事务，专注于发言者，用眼神、点头等方式给予回应，并且不随意打断他人发言，确保发言者能够完整地表达自己的想法。

为了确保研讨会上发言的秩序，可以借助"谈话棒"工具：只有手持谈话棒的人拥有发言权，其他成员需保持沉默并专注倾听；连续两轮未发言的沉默者，主持人需主动递送谈话棒并鼓励表达；出现争论时收回谈话棒，引导双方以书面形式整理观点后再发言。

规则 3：聚焦问题，防止话题失焦

所有的讨论和行动都要紧密围绕既定的问题或目标展开，避免讨论过程中出现跑题、闲聊等情况，确保行动学习的效率和效果。比如在讨论如何提高产品销量的问题时，就不能把话题扯到公司的团建活动等无关内容上。

规则 4：承担责任，确保成果落地

参与者要对自己在行动学习中的角色、任务和承诺负责，积极投入时间和精力，认真完成自己承担的工作，按时、高质量地交付成果，同时也要对团队的整体目标负责，相互支持和协作。

规则 5：尊重隐私，保护涉密信息

对于在行动学习过程中涉及公司机密、个人隐私、未公开的信息等，参与者有义务严格保密，不向无关人员透露，确保信息安全，维护团队和组织的利益。比如在讨论公司新产品研发计划时，相关的技术细节、市场策略等信息都属于保密内容，不能泄露给竞争对手或公司外部人员。

规则 6：反思与反馈，持续优化提高

鼓励参与者定期进行自我反思，总结自己在行动学习中的收获、不足和改进方向，同时也要求成员之间相互给予诚实、客观、建设性的反馈，帮助他人成长。例如，在每个研讨阶段结束后，成员可以分享自己在这个阶段的体会和反思，同时对其他成员在这个阶段的表现提出反馈和建议。

罗伯特议事规则

罗伯特议事规则由美国陆军工程师亨利·马丁·罗伯特于 1876 年首次提出，旨在解决会议中因程序混乱导致的低效问题。历经百年修订，涵盖动议分类、辩论程序、纪律审查等精细化条款，成为全球应用最广泛的议事规范。

罗伯特议事规则共有 12 条原则，现将其归纳为三大核心体系（程序公正、辩论表决、权力制衡）：

1. 程序公正原则

- 动议中心：会议需围绕具体动议展开，动议须包含行动主体、时间等要素，遵循"先动议后讨论，无动议不讨论"；
- 主持中立：主持人仅负责程序裁决，不得表达个人倾向，发言前需移交主持权；
- 机会均等：优先保障未发言者权利，平衡正反双方发言次数，反对者优先回应。

2. 辩论与表决规则

- 限时与聚焦：单次发言限时（如 2 分钟），同一议题限次发言；讨论须聚焦当前动议，禁止跑题；
- 文明协商：禁止人身攻击、质疑动机，仅就议题本身辩论；
- 多数裁决：表决需赞成票严格多于反对票，平票视为未通过，确保决策合法性。

3. 权力制衡机制

- 通过拆分议题、修正案等程序平衡多数与少数权益；
- 已决议案非特殊情况下不得重复讨论，保障决策稳定性。

罗伯特议事规则通过程序而非道德来约束讨论，确保多元观点有序表达。既可严格实施（如联合国会议），亦可简化适配（如团队内部讨论），可成为行动学习研讨会中可以借鉴的讨论规则。

研讨工具的使用规则

1. 便利贴使用规则

在研讨会中，便利贴是必不可少的辅助研讨工具，这一背面带有黏性的贴纸，可以方便地捕捉灵感、记录想法，并随时贴在白板上，进行归类和筛选。即便是不善言辞的参与者也能通过便利贴表达自己的观点，每一位成员在看到便利贴上的文字后，也会受到启发，产生更多新的想法。因此，便利贴堪称激发团队讨论的催化神器。

为了达成应有的效果，便利贴的使用需要遵守几个规则：

（1）撕下便利贴时，要顺着胶面横向撕下，这样可以让便利贴纸面平整，避免上卷。

（2）每张便利贴上只书写一条内容，否则会妨碍后续对信息的整理和加工。

（3）每张便利贴上书写的内容，要尽量表达完整，不要轻易简化，任何时候看到时都能理解其真实意思。

（4）字体端正，保证所有人都能看懂，避免阅读时出现障碍。

（5）有时可以约定用便利贴的不同颜色来区分不同类型的想法，让信息传递一目了然。

2. 粗头笔书写规则

粗头笔分为油性和水性两种类型，可以有各种颜色，在研讨时遵循笔的使用规则，可以让研讨会更高效美观。

（1）在白板或玻璃墙面上书写，一定要用水性笔，不要用油性笔。

（2）在白纸上书写时两种笔都可以用，但要注意不要让油性笔洇透纸张，污染桌面。

（3）在便利贴上书写时，一般用签字笔，以保证能写下足够的字数。

（4）红色粗头笔，一般用于点评、批阅、强调，所以在书写内容时尽量不要使用。

（5）浅色（如黄色、浅绿、浅蓝等）笔在纸上写的字看不清，仅限在绘图时使用。

3. 大白纸书写规则

A1大白纸也是在研讨中必备的工具，需要注意以下几点：

（1）大白纸拆开时通常是用卷筒方式保存的，打开时要凸面向上作为书写面，铺揉平整后再写，避免出现张贴呈现时上卷的情况。

（2）小组内指定一位字体端正、书写迅速的参与者担任"书写员"，研讨时由书写员快速绘制表格、书写内容，其他成员持续投入讨论，不受影响。

（3）书写员要养成习惯，每张大白纸上都应有标题、组号，以方便后续快速整理、收集、拍照和汇总成果。

上述工具使用规则，虽然看似细枝末节，实则对研讨效率有直接的影响。如果管理者希望团队养成良好的研讨习惯，就需要从细节入手，在实践中总结出约定俗成的研讨规则，让集体智慧得到充分的激发。

制定研讨规则是为了创造自由讨论的边界，确保每位成员都能在安全、尊重、高效的环境中贡献价值。没有规则约束的群策群力，就像没有轨道的列车，即便动力再强也难以抵达终点。高效的团队会借助规则激发更大的创造力和执行力，当参与者从规则遵守者转变为规则共建者时，行动学习就能释放其深层的能量。

场域营造：构建坦诚开放的研讨氛围

场域的三种空间

在行动学习研讨会中，营造良好的"场域"是主持人不可忽视的重要任务。"场域"是为行动学习提供支持的氛围和情境，它虽无形无质，却能被所有人真实地感知。这种切身感受在潜移默化中影响着现场的每个人。一个消极封闭的场域如同枷锁，束缚着研讨的进程；相反，积极开放的场域则如同催化剂，激发着每个人的思维火花。

行动学习中的场域与下列三种空间密切相关。

物理空间：适合学习和讨论的会场条件，例如精心选择和布置场地、有利于交流的桌椅摆放方式、各种生动多样的物料道具等。

心理空间：参与者在场域中感受到的安全感、信任感和开放性。这种心理空间能够促进参与者之间的坦诚交流和深度合作。

社会空间：参与者之间的关系和互动模式。良好的社会空间能够促进团队成员之间的协作和知识共享。

如果这三种空间没有被有效打造，团队可能出现不敢表达、不愿倾听、缺乏互动、成果落地难等问题。反之，一个充满信任、尊重和开放氛围的场域，能让团队成员真实表达、相互启发，共同创造真正有价值的解决方案。

场域的重要性

构建一个坦诚开放的研讨场域，对行动学习研讨会的成功至关重要，主要体现在以下几个方面。

心理环境维度：构建安全开放的心理环境，消除参与者的表达顾虑，赋予其自由分享与质疑的空间，激发积极性与创造力，驱动深度交流；同时凭借开放特质包容多元观点，引导多角度思考，拓宽视野，助力团队挖掘创新方案，丰富研讨成果。

信息知识维度：打造高效的信息知识流动场域，作为信息交互平台，助力成员快速获取多元见解，深化问题理解，提升团队问题解决能力；浓厚学习氛围下，促进专业知识与经验共享，充实团队知识储备，提供多样解题思路；场域的开放多元特质，更激发创新思维，催生新颖观点，为问题解决注入创新动能。

团队协作维度：通过场域强化团队协作与成员归属感，在共同应对问题、思维碰撞过程中，增进成员间理解信任，增强团队凝聚力；良好场域还让成员产生强烈归属感，明确自身团队价值，激发责任感与积极性，凝聚团队发展合力。

每一次研讨会都要从场域营造开始

研讨场域与组织文化之间存在着紧密的联系。在长期奉行命令式管理的组织中，服从与被动成为团队文化的显著标签。成员们早已习惯单向接收指令，主动表达与深度参与的意识逐渐弱化。当此类团队突然面临开放式研讨，要求自由抒发观点时，往往会陷入参与意愿低迷、现场气氛凝滞的僵局。就如同被束缚的鸟儿，一时难以适应广阔天空的自由。

即便团队成员平日里关系融洽、彼此熟稔，初入研讨现场时，他们的思绪也常被工作琐事、生活烦恼所牵绊，难以迅速切换到专注、坦诚的研讨状态。此时，若强行直奔主题，不仅难以激发成员的表达欲，反而可能加剧其心理负担，导致研讨效果适得其反。

在这样的情境下，主持人的角色至关重要。敏锐感知当下场域氛围与参与者状态，是主持人必备的能力。通过巧妙设计暖场环节，如趣味互动游戏、轻松话题分享，或是用幽默诙谐的语言打破沉默，逐步引导成员卸下防备，营造出轻松愉悦、主动分享的研讨氛围，才能为研讨会的顺利开展奠定坚实基础。

因此，无论是怎样的参与者群体，主持人都需要在研讨会伊始，通过精心设计的暖场交流活动来带动场域转变。

遵循"4C 法则"，快速营造高效的研讨场域

场域营造背后的底层原理是 4C 法则。

C1：Connect（连接）——相互接触，软化现场气氛

在研讨会的初始阶段，参与者往往因彼此不熟悉或未进入状态而保持一种防御姿态。此时，创造机会促进参与者之间的"连接"显得尤为重要。主持人应巧妙设计开场环节，鼓励参与者通过目光交流、简单的肢体接触或友好的问候，逐步消除紧张感，建立起初步的安全感。这一步骤虽看似细微，却是打破隔阂、为后续深入交流奠定基础的关键所在。

C2：Communication（交流）——深入了解，产生信任关系

随着初步联系的建立，下一步便是深化交流。主持人可以精心设计一系列由浅入深的话题讨论，为参与者提供一定的时间和空间，让他们在轻松愉快的氛围

中分享个人信息，披露内在状态。这一过程不仅增进了成员间的了解，还逐步建立起深厚的信任感，使得人们更愿意敞开心扉，表达真实想法，从而激发团队的整体活力，使现场能量迅速提升。

C3：Cooperation（合作）——分工协作，建立团队状态

当团队成员间的交流变得无障碍时，便进入了"合作"阶段。基于前两个阶段的铺垫，此时的合作变得自然而然。参与者能够在共识的规则下，相互倾听，集思广益，共同面对研讨议题。主持人可借此机会推动分组团队建设，明确各自角色，如组长、记录员、计时员等，让每位成员都能在小组中找到自己的位置，体验到团队归属感，使临时小组也能迅速找到"团队"的感觉。

C4：Co-creation（共创）——携手前行，共同创造成果

"共创"作为研讨会的终极目标，是前三步努力的自然结果。在这一阶段，现场已营造出轻松热烈、坦诚开放的氛围，为后续的引导讨论和创意激发提供了理想的土壤。参与者在此基础上携手合作，共同创造出具有实际价值的成果。

4C法则揭示了人际交互的底层逻辑：人们在协作中追求的终极目标是"共创"价值，而"共创"的实现，依赖于稳固的"合作"关系；"合作"的基础，则是畅通无阻的"交流"；而"交流"的起点，是建立人与人之间的深度"连接"。从职场协作到日常社交，4C法则以其普适性，成为提升团队协同效率、驱动组织持续发展的通用实践路径。

场域的营造已超越了单纯开好一场研讨会的范畴，它是塑造健康团队文化的基石，更是管理者的职责所在。优秀的管理者不仅要关注业务目标的达成，更要重视场域的建设，借助积极的组织氛围推动团队朝着高效、创新、可持续的方向发展。

管理觉醒

第三部分

创新实践 1
——解题:"问题解决研讨会"实操指南

────────────────────>>>

在带团队的过程中，常常遇到超出个体经验边界的复杂问题，借助集体智慧的碰撞，共同面对团队难题，不仅可以突破思维困局，找到解决方案并采取行动，更能够激活团队沟通氛围，促进组织融合与协作。

然而，受固有习惯的局限，人们面对问题时常常依赖本能的思维模式，陷入自以为是、自说自话、自我优先的泥潭中，导致团队研讨效率低下，集思广益成了美好的愿望，并不容易实现。

本部分以系统思维模型为框架，在四步解题流程中，嵌套各种经典管理模型、高效研讨模板、创新思维技术等实用工具，将真实案例贯穿始终，为大家展示从问题界定到决策行动的全过程。实践证明，只要掌握了这些科学的方法、流程和工具，每个组织都能激发出无穷的创造性，用集体智慧化解团队难题，将零散的个体灵感汇聚成行之有效的解决方案。

这种跨越传统经验、打破思维局限、高效共创成果的研讨会实践，为集体解决共同难题提供了操作指引，是团队带头人向"引导式管理"转型的有力抓手。

接下来，让我们从"思维框架"启程，揭开"问题分析与解决"的密码，迈向激活组织动力、激发团队智慧的践行之路。

第七章

思维框架:"问题分析与解决"矩阵模型

案例导读 | **讨论问题时常见的混乱局面**

　　部门经理诸葛明经过充分的会前准备，尝试再开展一次行动学习研讨会，旨在借助集体智慧解决团队中的难题。他提前预订了适合分组的会场，将桌椅等物品摆放到位，研讨物料一应俱全，还通过暖场交流，营造出畅所欲言的氛围。有了这些准备，诸葛明对本次研讨充满信心。

　　研讨会上，诸葛明鼓励大家把工作中遇到的困扰提出来，选出有共性的话题，大家一起出谋划策。

　　主管小吴正在面对一个棘手的困扰，她满怀期待地说："我有个问题特别需要大家帮忙，关于提高团队成员的执行力，不知哪位主管有这方面的经验，希望能分享一下！"

　　小吴提出的问题引发了大家的兴趣，小郑迫不及待地回答道："提高执行力最好的办法，就是强化团队内部的奖惩制度，上次我把执行力和绩效奖金挂钩，执行力真的有明显改善呢！"

　　小冯紧接着说道："我觉得执行力问题还得靠员工的自觉，制度约束治标不治本，还得靠多做思想工作，多和员工沟通。"

　　小陈说道："执行力问题，根源在于招聘环节没有把好关，把那些执行力有问题的员工在面试环节就挡在门外，带团队就容易多了。"

　　小褚听后立刻发表不同意见："员工有没有执行力，面试的时候是看不出来的，这个想法不靠谱。我以前用过一个办法，就是让执行力不高的员工每天写日志，每周写周报，我来监督他们的进度，一年下来，执行力真的有改善，你也可以试试。"

　　尽管场讨论热烈，各抒己见，但问题的提出者小吴却在一旁默默摇头。她感到有些失望，大家虽然积极发言，但各自依赖直觉和个人经验，根本没有触及问题的核心，完全解决不了她正在面临的问题。小吴心里对这种集体讨论产生了质疑：一群人在一起讨论的效率太低了，还不如自己去想办法来得高效。

曾经参加过行动学习研讨会的诸葛明经理，想起老师曾经强调过的一句话："行动学习中，最重要的是让现场参与者的思维同频共振，而不是各自为战。所以遵循科学的流程和思维方式，是实现高效研讨的关键。"

研讨会出现的这一幕，显然是参与者思维没有聚焦，缺乏流程指引的表现，需要先从流程和思维方式入手做出纠正。

人的语言是思维的外在体现，研讨会上的这些发言，暴露了大多数人本能的思维模式：当听到有人提出一个问题时，人们往往会基于自己的认知，迅速对问题进行自我理解和加工，然后迫不及待地表达头脑中第一时间冒出的想法。于是，有人在分享自己的成功经验，有人分享头脑中临时迸发的新点子，还有人开始谋划下一步的举措，甚至也有人被情绪驱动，发表一些非理性的言论……表面上大家似乎在积极出谋划策，但实际上却是自说自话，陷入"鸡同鸭讲"的境地，研讨效率必然很低。

要想让研讨会高效推进，主持人必须了解群体研讨的思维规律，运用系统的思维模型和方法论，遵循科学的思考流程，才能有效把握整体节奏，确保讨论的方向正确，避免陷入混乱——让所有参与者聚焦在同一个"频道"中交流，才能实现"同频共振"。

研讨会主持人可以用经典的"问题分析与解决"四步流程，结合不同的思考维度，搭建起思维框架，以指引团队研讨的进程。

解题顺序：经典的"问题分析解决"流程对比

"问题分析与解决"有一些经典的方法论，可以成为问题解决研讨会的推进步骤，最常见且通用的是"四步解题法"，只要按照四个步骤展开研讨，就可以让研讨会务实高效，有章可循。

1. **界定问题**：对问题的边界进行澄清，确保所有人对问题有统一的认知。
2. **诊断分析**：对问题发生的原因或阻碍因素进行分析，诊断其根源。
3. **寻找方案**：基于分析结论，集思广益，找到所有可能的解决方案。

4.决策行动：筛选解决方案，确定要采取的行动计划，落实执行并检验成果。

与四步解题法相并列，还有一些广为流传的问题解决方法论，都可以作为研讨会中可以运用的引导流程。例如，麦肯锡的"问题解决七步成诗"，丰田公司的"问题解决八个步骤"等，都已形成完整的体系，享有盛誉。

将这三个问题分析解决的流程放在一起，就会发现，这些方法论的底层逻辑几乎一致，只因应用场景、侧重方向的不同，在表述上有些差异，但本质是相通的（详见图7-1）。

"四步解题法"的第一步"界定问题"，在麦肯锡"七步成诗"中，被分解为四个步骤：定义问题，分解问题，划分优先级，制定工作计划；而在丰田八步中，则分解为三个步骤：明确问题，把握现状和设定目标。

"四步解题法"的第二步"诊断分析"，在麦肯锡"七步成诗"中，被分解为两个步骤：分析问题，综合分析；在丰田八步中，被称作"找寻真因"，几乎完全对应。

麦肯锡"七步成诗"中的最后一步是"阐明观点"，对应着"四步解题法"的第三步"寻找方案"和第四步"决策行动"。这可以理解为：麦肯锡作为一家咨询公司，通过"阐明观点"为甲方提供了解决方案和决策行动的建议，就可以成为一个初步闭环。

"四步解题法"的第三步"寻找方案"，在丰田八步中，被称作"制定对策"，也实现了完全重合。

"四步解题法"的第四步"决策行动"，在丰田八步中分成了三个步骤："实施对策、确认效果、巩固成果"。

由于各个方法论处于不同的体系中，其适用场景和目标群体也有差别，所以这些对应关系未必严谨，仅供参考（详见图7-1）。

从这个对比中可见，"四步解题法"化繁为简，具有很强的兼容性，可成为"问题解决研讨会"的通用流程。一般情况下，只要按照流程推进，就能够让问题分析与解决见到成效。

然而，单靠流程本身难以保障研讨的高效性：如果主持人和参与者未能充分理解每一步骤背后所蕴含的思维逻辑，讨论便容易流于表面，难以触及问题核心。为此，在传统流程的基础上，我们建立起"空间"与"时间"两个维度的思维框架，来指引每个研讨阶段的思考模式。

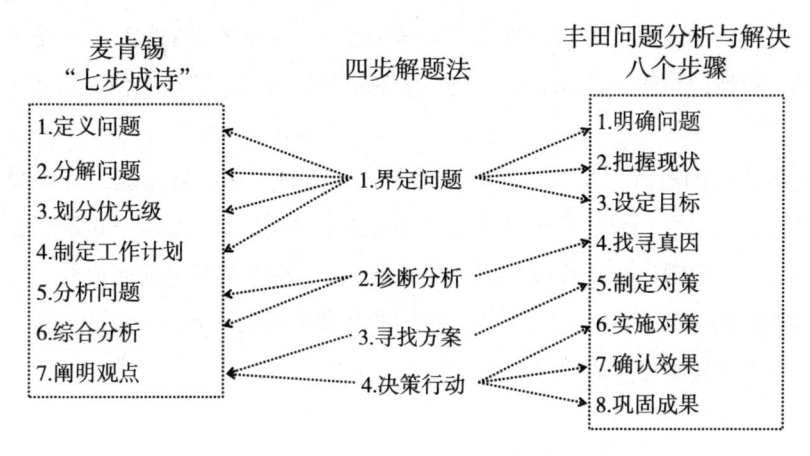

```
麦肯锡                          丰田问题分析与解决
"七步成诗"        四步解题法         八个步骤

1.定义问题                          1.明确问题
2.分解问题                          2.把握现状
3.划分优先级      1.界定问题         3.设定目标
4.制定工作计划                       4.找寻真因
5.分析问题        2.诊断分析         5.制定对策
6.综合分析        3.寻找方案         6.实施对策
7.阐明观点                          7.确认效果
                 4.决策行动         8.巩固成果
```

图 7-1　三个经典的"问题分析解决"流程对比

空间维度：基于"发散"与"收敛"的思考方向

"发散"与"收敛"是团队研讨时必然面对的思维循环过程，可以将其想象为大脑思考"空间"的开放与闭合。通俗地说，即大脑在探索广阔可能性与聚焦核心见解间的动态转换。行动学习中用到的各种引导工具，本质上都是不同形式的发散或收敛工具，有的专门用于发散式思考，有的专门用于收敛式思考，也有的是将二者融为一体。理解了"发散"与"收敛"，就理解了引导的基本规律，有助于促进团队的创造力和决策效率。

主持人要引导参与者的思考方向，分阶段开展思维的"发散"或"收敛"：当引导流程处于"发散式思考"方向时，团队成员被鼓励自由思考，所有人遵循开放接纳的原则，放宽思维界限，打破束缚，拓宽视野，充分表达观点，探索更多可能性，不必急于评判，力求罗列出尽可能多的观点与可能性，避免提早预判和评价。

当引导流程处于"收敛式思考"方向时，重点则转向团队成员对想法进行归纳总结、分门别类、评价判断、审视提炼、筛选整合、聚焦结果。这样才能保证研讨张弛有序，推进成果产出。

然而，在实际研讨中常常出现这样的情况：当大家用"发散思维"涌现出各种想法时，有人会本能地用"收敛思维"进行总结，甚至批判，导致许多创意未能充分展开；甚至自己"发散"出的想法还未及说出口，就进行了内在的"收敛"判断，禁锢了大脑的创造力。还有一种情况是，在本应充分发散的环节没有做到位，于是进入收敛评判环节时，突然又冒出一大堆发散的想法，打断了思维的流动，致使讨论难以达成共识。这种张弛不当的状态，往往会使研讨效率大打折扣。

高效研讨的过程，是以"问题"为起点，适时运用引导工具，开展思维的"发散"与"收敛"，最终形成"结论"的过程。事实上，一场成功的研讨会往往会经历多轮"发散"与"收敛"的思维循环，每一轮收敛思考所产出的"结论"，都有可能转化为新的"问题"，为下一轮讨论提供新的切入点，最终逐步逼近问题的核心并形成切实可行的解决方案（详见图7-2）。

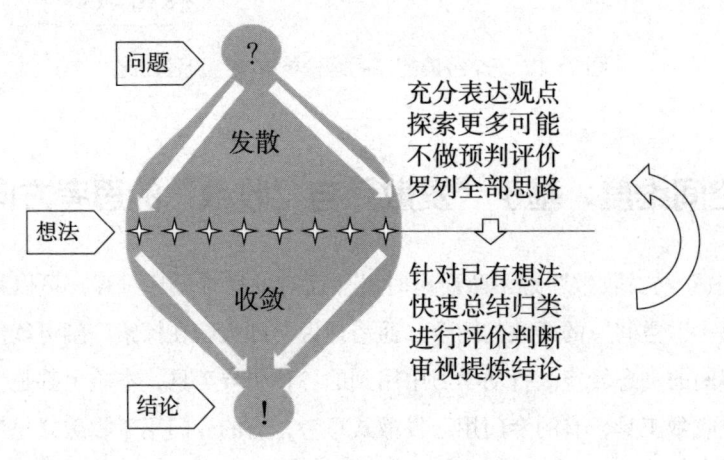

图 7-2 "发散—收敛"思考方向

通过有意识地设计这一空间维度，团队能更有条不紊地展开讨论，同时在不断循环中激发出更高层次的创新思维和决策能力，为研讨会的成功奠定坚实的理论与实践基础。

时间维度：面向"过去"与"未来"的思考方向

在研讨过程中，参与者要"立足当下，回顾过去，展望未来"，通过"时间轴"的位置不断转换视角，有序调整思考方向。

"过去"指向已经发生的客观存在的事实，不会因人的意志而改变。行动学习中，当参与者"基于过去思考"时，必须以理性态度还原事实真相，杜绝主观臆断或情绪渲染，只有准确掌握既往的情况，才能为问题的根源提供可靠依据。

"未来"指向尚未到来的需要创造的成果和目标，一切皆有可能。当人们"基于未来思考"时，就会涌现出有创造力的想法，提出具有前瞻性的解决方案。

问题解决研讨会的目标，就是要立足于"当下"现实情况，直面"过去"发生的问题并从中吸取教训，找到适当的解决方案，进而构建面向"未来"的改进措施（如图 7-3 所示）。

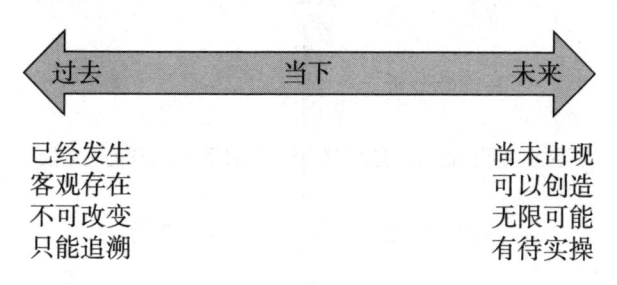

<-- 过去　　　　当下　　　　未来 -->

已经发生　　　　　　　尚未出现
客观存在　　　　　　　可以创造
不可改变　　　　　　　无限可能
只能追溯　　　　　　　有待实操

图 7-3 "过去—未来"思考方向

上图展示了"过去—未来"思考模式的基本框架。有效把控这一时间维度，能够避免以下几种常见的低效现象：

1. **观点分散**：面对一个话题，有人在讨论过去发生的事情，有人在发表对未来的行动建议；有人在畅想今后的美好期待，有人在表达过去的局限，导致讨论各自为政，难以形成共识。

2. **事实偏离**：参与讨论者在面对问题时，忽略"过去"发生的事实，用主观认知和情绪化的解读，无中生有地想象和创造问题的背景信息，导致对问题的理解从开始就偏离了轨道。

3. **创新受限**：在构想未来方案时，过度依赖过去经验，受限于已有认知，反而限制了真正具有创造力的方案涌现。

为了避免这些误区，主持人要把握好时间维度的两个思考方向，根据研讨进程适时提醒参与者聚焦的方向，避免研讨偏离轨道。在回顾"过去"时，强调数据和客观事实；在展望"未来"时，则鼓励大胆设想并探讨可能性。如此，团队才能在稳固原有成果基础上，突破常规思维局限，形成既符合现实又具前瞻性的解决方案，确保研讨过程有序高效地推进。

四步解题矩阵模型：用"思维"引领"流程"

为了让问题解决研讨会的通用四步流程高效推进，就需要时刻把握每一步流程所聚焦的思维方式。基于研讨会"空间"与"时间"思维的内在逻辑，搭建一个思维框架,形成以"发散—收敛"作为纵坐标,以"过去—未来"为横坐标的矩阵,这两个维度的思考方向组成的四个象限,恰好对应"四步解题法"的四个环节,这就是"四步解题矩阵模型"。

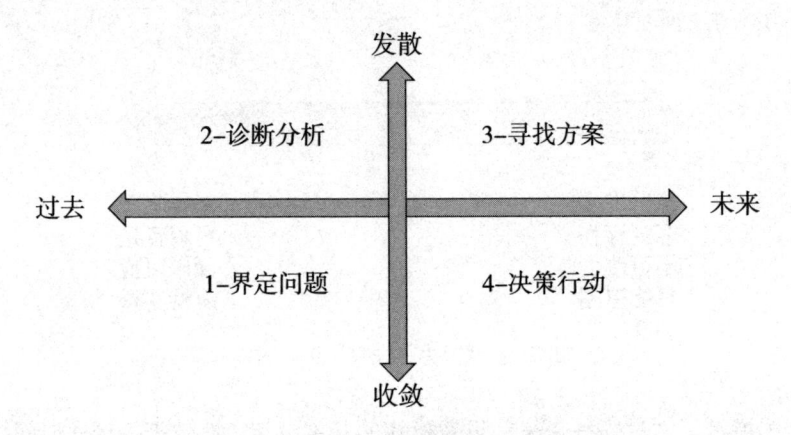

```
                    发散
                     ↑
        2-诊断分析    |    3-寻找方案
                     |
过去 ←────────────────┼────────────────→ 未来
                     |
        1-界定问题    |    4-决策行动
                     ↓
                    收敛
```

图 7-4 "四步解题矩阵模型"示意图

四步流程所在的象限,强调了该环节应该秉持的思考方向:

① "界定问题":基于"过去"的"收敛"思考

"界定问题"阶段,一定要以"过去"发生的事实为依据,了解真相,服务于问题提出者,避免无端臆测问题的背景信息;同时,要不断"收敛"聚焦点,聚焦核心目标,将问题拆解为更小颗粒度,明确关键课题,为后续突破打下坚实基础。

② "诊断分析":基于"过去"的"发散"思考

"诊断分析"阶段,同样要立足于"过去"的事实,探究问题背后的根本原因或阻碍因素,让分析过程有理有据;同时,还要运用"发散"思维,找到所有可能的因素,不遗漏任何关键原因,确保分析结论全面完整,才能诊断到位,为下一步方案设计提供方向性支持。

③ "寻找方案":基于"未来"的"发散"思考

"寻找方案"阶段,需要参与者摆脱当下的局限,着眼于"未来",寻找解决问题的方案,以便创造出期待的结果;"发散"思维在此刻大显身手,参与者可以放飞思绪,充分脑力激荡,借助创新思维工具,激发出打破常规的解决方案。

④ "决策行动":基于"未来"的"收敛"思考

"决策行动"阶段,同样是从"未来"的成果出发,筛选出那些有价值的解决方案,付诸行动;通过"收敛"思维,对众多备选解决方案进行遴选甄别,最终形成系统解决方案，制定出解决问题的行动计划，确保最终方案既具前瞻性又能落地执行。

明确了各个阶段的思维方式，研讨会的四步流程就更加清晰，主持人只要理解了思维四象限与四步流程的关系，用正确的"思维"指引"流程"推进，就能够引导参与者沿着高效的轨道展开研讨，避免讨论方向走偏。

"四步解题矩阵模型"既适用于"问题解决研讨会"，也适用于"管理改善研讨会"，建立起这个思维框架，是成功召开这两种研讨会的基础。

第八章

界定问题：澄清目标与现状之间的差距

案例导读

同一个问题，不同的人有不同的理解

在问题解决研讨会上，围绕小吴提出的"团队成员的执行力问题"，虽然大家踊跃发言献计献策，但小吴却认为，这些发言和她想解决的问题之间，有巨大的鸿沟。

主持人诸葛明经理提醒大家，问题分析与解决的四步流程，最重要的是第一步"界定问题"，只有搞清楚真正要解决的问题是什么，大家的讨论才会更加有的放矢。为此，主持人要求每位参与者分享自己对"团队成员执行力"的理解。

小郑说："我每次提完工作要求后，有几位员工总是磨磨蹭蹭，行动很慢，我认为这就是执行力不足的表现。"

小冯说："执行力更多地体现在结果上，结果不达标，就是执行力出了问题。"

小陈说："我认为，执行力就是坚决贯彻上级的工作要求，员工不要自作主张，想法太多会影响执行！"

最初提出问题的小吴却说："我关注的是，团队成员只会机械执行命令，缺乏自主创新，这才是我认为的执行力不够。"

尽管大家都在讨论"执行力"，但对问题的理解却大相径庭。大家不禁感慨：原来同一个问题有这么多不同解读，难怪大家出的主意根本不对症！

在群策群力解决问题时，人们常常不由自主地"想当然"，自认为理解了问题，于是仅凭借自己的主观臆断，直接跳到"寻找方案"甚至"决策行动"环节，却忽略了"界定问题"和"诊断分析"的过程，这种"基础信息"的错位，是导致研讨会低效的罪魁祸首。

正如爱因斯坦所言："假如我可以拿一小时来解决一个攸关性命的问题，我会把前面的五十五分钟用来决定应该怎么问问题，因为一旦我知道什么是正确的问题，就可以在五分钟之内解决问题。"这段话强调了"界定问题"的重要性，也提醒我们：在研讨过程中，若未能准确界定问题，后续的方案设计和决策行动都将难以奏效。

"界定问题"是四步解题法中最关键的步骤。世界上没有两片相同的树叶，当然也不可能有完全一样的问题，还没界定清楚当事人提出的问题，就按自己的理解去贸然出主意、给答案，无异于拿自己的鞋子套在别人脚上。越是经验丰富的人，越容易犯这样的错误。

"找准问题，一针挑起千钧坠；问题不准，万里迷途百转回"，工作中最大的浪费是"推倒重来"，在"界定问题"环节多花些时间，准确找到真正需要解决的问题，是分析与解决问题的必经之路；如果忽略了这一步，后面所有的努力，终将陷入迷途。

从上文所对比的麦肯锡"七步成诗"和"丰田八步"中也可以看出，"界定问题"环节所占的比重最大，是各种问题分析与解决方法论所共同关注的重点，不可轻视。

完整表述：用"标准句式"清晰地提出初始问题

在问题解决研讨会现场，主持人常采用"自下而上"的方式征集现场参与者对待解决问题的看法。例如，主持人可能会提出："带团队过程中，你最想解决的一个问题是什么？"

这个问句抛出后，得到的回答往往各种各样，常见的"问题"表述方式有以下几种：

- 表达当前的困扰与不足：团队缺乏凝聚力、沟通不顺畅、执行力欠缺……
- 描述未实现的愿望与期待：提高工作效率、缓解压力、完成工作任务……
- 模棱两可的概括性表达：管理问题、态度问题、资源问题……
- 抱怨现实的纠结与无奈：市场竞争太激烈、收入太低、工作量太大……

上面这些表述"问题"的句式，很容易让参与者陷入困惑，参与者难以把握究竟要解决的是哪个具体问题。为此，主持人需要向参与者提出明确的要求：要用"如何"开头，"问号"结尾的问句来清晰地说明要解决的具体问题是什么，也就是"如何……？"这样的表达方式。

例如，上面的那些"问题"经过调整后，可以重新表述为：
- 如何提升团队凝聚力？如何让沟通顺畅？如何提升执行力……
- 如何提高工作效率？如何缓解压力？如何完成工作任务……
- 如何做好新生代员工管理？如何端正员工的工作态度？如何获取资源……
- 如何应对激烈的市场竞争？如何提高收入？如何应对大量的工作……

调整后的表述方式，明显比之前的表达更清晰，便于展开研讨。而且，对于问题的提出者而言，重新调整问题表达方式，可以让思维变得积极主动：

当我们把"市场竞争太激烈"调整为"如何应对激烈的市场竞争？"把"收入太低"调整为"如何提高收入？"把"工作量太大"调整为"如何应对大量的工作？"时，相当于把现实的无奈、纠结和抱怨，转变成了基于未来的改善希望。

这种思维方式的转变，让问题的提出者从消极被动的无力感中摆脱出来，用积极主动的状态重新面对自己的"问题"，无形中为问题解决研讨会定下了积极主动的思考基调，也在潜移默化中塑造着正向的团队文化。

如表 8-1 所示，对比了常见的"问题"表达方式，从不同的句式中，可以体味到明显的思维差异。

表 8-1 "问题"表达方式对比

习惯性的"问题"表达方式			调整后的"问题"表达方式
现状与不足	员工能力差	→	如何提升员工的能力？
	部门协作不顺畅	→	如何改善部门协作？
	成本太高	→	如何降低成本？
愿望与期待	搞定上级	→	如何促进与上级沟通？
	让客户满意	→	如何提高客户满意度？
	安全生产达标	→	如何实现安全生产达标？
模棱两可	沟通问题	→	如何与资深老员工沟通？
	合作问题	→	如何推进与业务部门的合作？
	市场问题	→	如何开拓市场？
纠结与无奈	客户太刁蛮	→	如何应对刁蛮的客户？
	制度不合理	→	如何改善制度，使之合理？
	预算太少	→	如何提高预算水平？

用"如何……"的句式提出待解决的问题，是表述问题的第一步。本章案例导读中小吴所提出的问题，正确的表述方式应当是"如何提高团队成员的执行力？"这种在研讨会刚开始提出的问题，称之为"初始问题"。

初始问题的表述往往比较简单笼统，不同的人会有不同的理解。要想消解这种偏差，让参与讨论的成员对当事人的问题有统一的认知，就必须收集"初始问题"背后更多的背景信息，否则就无法针对性地展开研讨。这就是"界定问题"环节要澄清的内容。

问题界定表：借助便利贴收集目标与现状信息

在问题分析与解决方法论中，对"问题"有个普遍的定义：**问题就是目标与现状之间的差距**。这个简单明了的定义揭示了"问题"的本质——只有在当前的情况与期待的目标产生差距时，人们才会想要解决"问题"。基于这一定义，解决问题的方法可以归结为两类：要么是将"现状"改变，使之与"目标"持平，要么是"现状"不变，降低"目标"，两种方法都可以让"差距"消失。

因此，"界定问题"的本质，就是通过探究这个问题背后真实的"目标"与"现状"，用更准确的词汇将"问题"的边界做表述，透过对初始问题的澄清，找到真正要研讨解决的课题。

同一个初始问题，界定后截然不同

以初始问题"如何成功减肥？"为例，要想界定这个问题，就需要针对问题提出者展开询问，收集到三大类信息：

1. **目标**：期待怎样的"减肥"成果？达到怎样的状态就算成功了？

答：对我而言，让体重降低到70公斤，争取一年之后能实现，就算是成功减肥了。

2. **现状**：目前的体重是怎样的？身体状态如何？

答：我现在的体重是80公斤，身体健康。

3. **问题**：用"如何……？"的句式重新表述待解决的问题

答：如何用一年时间，让体重从80公斤减到70公斤？

如图8-1所示，对比初始问题，显然界定后的问题更清晰且有针对性。

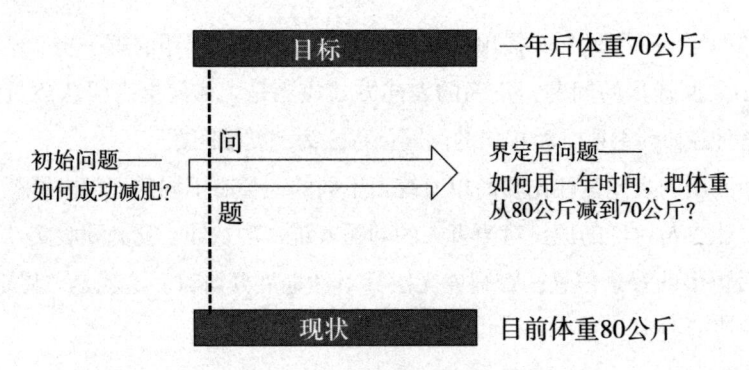

```
       目标         一年后体重70公斤
        ‖
初始问题——  问       界定后问题——
如何成功减肥？ 题 ⟹    如何用一年时间，把体重
        ‖        从80公斤减到70公斤？
       现状         目前体重80公斤
```

图 8-1　初始问题与界定后问题

同样是"如何减肥？"这个初始问题，如果"目标"与"现状"是另一种情况，那么"问题"就会不同（如图 8-2 所示）：

1. **目标**：让体重降低到 80 公斤，争取半年之后能实现。
2. **现状**：现在的体重 120 公斤，患高血压等慢性病，膝盖有伤。
3. **问题**：如何用半年时间，让体重从 120 公斤减到 80 公斤？

```
       目标         半年后体重80公斤
        ‖
初始问题——  问       界定后问题——
如何成功减肥？ 题 ⟹    如何用半年时间，把体重
        ‖        从120公斤减到80公斤？
       现状         目前体重120公斤
```

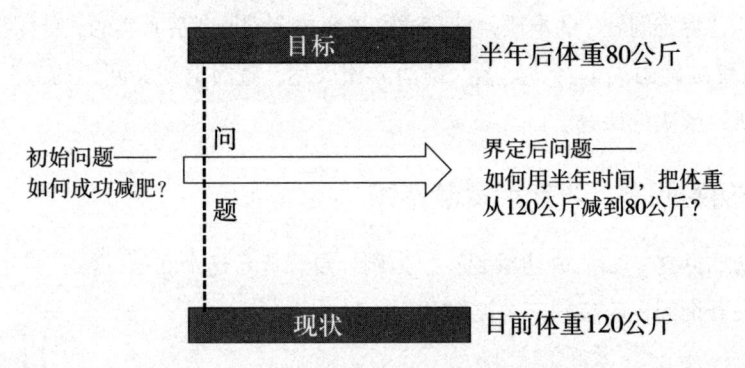

图 8-2　同一个初始问题，界定后截然不同

对比两个界定后的问题，虽然是基于同一个初始问题产生的，但由于其"目标"和"现状"的差异，问题的性质已截然不同，两个问题的解决方案，必然会有明显差别。

对问题 1"如何用一年时间，让体重从 80 公斤减到 70 公斤？"而言，用"管住嘴，迈开腿"之类解决方案，应该是可以奏效的。

但对问题 2"如何用半年时间，让体重从 120 公斤减到 80 公斤？"再加上"患高血压等慢性病，膝盖有伤"这样的背景信息，单靠运动与节食是不够的，也许

还需要动用医学手段，或者调整目标，才能有效消除"现状"与"目标"的差距。

在研讨会上，面对初始问题"如何成功减肥？"我们脑海中可能浮现的是类似"问题1"的背景信息，于是凭经验提出很多卓有成效的解决方案；但是，万一遇到的是"问题2"，这些主意就成了无效方案。

如果对问题的理解陷入了主观，后面的分析与解决自然就失之毫厘，谬以千里，出再多的主意也无济于事。就算有可能凑巧出的主意能够对当下问题产生价值，但这种靠撞大运来解决问题的方式，显然是靠不住的。

还未厘清"目标"与"现状"，便匆忙抛出问题解决方案，这是人们习以为常的思维误区。究其根源，是凭借主观想象"脑补"问题背景，用自以为是的猜测替代事实研判。正如"一千个读者心中有一千个哈姆雷特"，每位倾听者基于初始问题勾勒的认知图景各不相同，却往往忽视了，自己臆想的"问题"与提问者真正的"现状"和"目标"，早已存在巨大偏差。尤为值得警惕的是，越是经验丰富或专业能力强的人，越容易陷入这种思维陷阱——过往处理过的相似案例，反而让他们失去探询问题特殊性的耐心，不再深究当下问题与既往经验的本质差异。

因此，在问题尚未清晰界定之前，切不可贸然给出解决方案。我们常常可以看到：团队管理中，下属抛出疑问，管理者毫不犹豫给答案；课堂上，学员提出一个问题，老师不假思索给出答案；研讨会上，某人提出一个问题，其他人脱口而出给答案，这些看似高效的回应，实则暴露了思维的轻率与专业度的缺失。

真正负责任的回应者，一定会在作答前主动探寻问题背后的"目标"与"现状"。唯有投入时间与精力，精准定位核心问题，方能确保后续行动有的放矢。界定问题的过程，恰似搭建大厦的根基，是分析与解决问题的关键前提。若跳过这一环节，后续所有努力都将如在迷雾中航行，即便耗费心力，也终将迷失方向，徒劳无功。

高效界定问题的工具——《问题界定表》

在问题解决研讨会上，为了让参与者在界定问题时更高效，主持人可以借助表8-2这个简单实用的工具，快速汇集"目标"与"现状"信息，对初始问题进行澄清。

表 8-2 《问题界定表》

初始问题：如何……？	问题提出者：
问题界定步骤	"目标 – 现状 – 问题"梳理过程
①厘清目标 （要实现什么具体目标？期待的结果是什么？评判标准是什么？）	
②梳理现状 （对应以上目标，梳理现状，要事实而非评价，关注"发生了什么？"）	
③澄清课题 （基于目标与现状的差距，整理出本次研讨会真正需要解决的问题）	

《问题界定表》中的"问题界定步骤"分三步，先"厘清目标"还是先"梳理现状"，取决于问题的实际情况，顺序可以灵活调整，但"澄清课题"环节，一定是在对目标和现状梳理后才开展的。

问题解决研讨会上，参与者可以将这个表格画在大白纸上，通过便利贴来收集"目标"和"现状"的信息，不断补充完善，让"初始问题"背后的真实"课题"浮出水面。

如果问题解决研讨会上要解决的是团队共同的课题，在收集"目标"与"现状"时就要充分发挥团队的力量，用便利贴将相关信息尽可能收集全面，有利于建立统一认知。例如，团队讨论的初始问题是"如何提升市场份额？"那么围绕市场份额相关的"现状"信息就要靠集体力量汇总完善，用便利贴张贴在《问题界定表》的现状栏中；对应的"目标"信息，也要基于团队的实际情况，张贴在目标栏中；通过目标与现状的对比，来找到初始问题背后需要解决的真正课题。

如果问题解决研讨会上研讨的是某个人提出的问题，那么在收集"目标"与"现状"信息时，就应当以问题提出者的实际情况为准，而不能用其他人的理解来越俎代庖。例如，本章案例导读中，提出初始问题"如何提升团队成员执行力？"的是小吴主管，团队研讨的目的是帮助小吴解决这个问题，所以其他人对"执行力"的理解以及其他人的团队执行力现状，就都不重要了，而是要收集小吴团队的实际信息，用便利贴张贴在目标与现状栏中，帮助小吴找到初始问题背后的真课题。

厘清目标：三类目标表述，以终为始定方向

厘清目标，是为了对让初始问题解决后所期待的结果有明确的呈现。由于问题本身的差异，"目标"的表达方式也会有所差异。

目标的三种表达方式

只有在准确界定目标后，才能为后续的分析和方案制定提供明确方向。以下是目标表达的三种常见方式：

第一种目标表达方式——遵循 SMART 原则的量化目标

SMART 原则，是管理专家彼得·德鲁克提出的目标描述五大原则：

- S 代表具体 (Specific)，指目标要落到具体的指标上，不能笼统宽泛；
- M 代表可度量 (Measurable)，指目标要能够量化或者行为化，可以衡量验证；
- A 代表可实现 (Attainable)，指目标在付出努力后可以实现，避免设立过高或过低的目标；
- R 代表相关性 (Relevant)，指目标相互之间、与本职工作之间是相关联的；
- T 代表有时限 (Time-bound)，目标要有明确的达成期限。

符合 SMART 原则的目标表述，一般是按照"ABC"句式来表述，即："在 A 期限内，将 B 事项做到 C 程度。"例如：

对可量化的目标可以表达为："用三个月时间，将客户满意度提高到 99%""截至 6 月 30 日，实现销售额 6000 万元"，这种表达方式，显然比"提高客户满意度"和"超额完成任务指标"更符合 SMART 原则。

对无法量化的目标，可以从行为层面来衡量结果。例如："用一年时间，取得人力资源管理师证书""到一季度末，编写出一套可正常运行的程序"等。

第二种目标表达方式——描述理想状态或期待的结果

有些问题，难以用 SMART 原则来表达目标，那就明确地说明期待的最终结果。研讨会主持人可以引导问题提出者："如果这个问题得到了解决，你会看到怎样的画面？"将理想的状态表达出来，这便是想要实现的"目标"。

例如，针对"如何提高团队凝聚力？"这个问题，问题的提出者很难用一句

话概括"目标",转而描述"团队凝聚力提高后,会出现怎样的画面?"就会容易很多。当事人可能会说:"这个问题解决后,我会看到团队成员之间和谐相处,遇到困难共同协作,相互加油打气,所有人拧成一股绳,去面对团队中的各种挑战!"

用理想状态来表达"目标",可以明确表达出"想要的是什么",发掘出对方期待的正向结果。有的人只会表达"不想要的是什么",主持人可以进行引导:"如果'不想要'的这些都已经没有了,将会是怎样的一种状态?"借助愿景的力量,激发当事人的激情与动力,有助于问题的解决。

如果用语言表达说不清楚理想状态,不妨让研讨会参与者想象未来画面,并将其用彩笔描绘出来。理性与感性的结合,有助于营造轻松的氛围,进一步推动讨论深入开展。

第三种目标表达方式——明确问题关键词的"评判标准"

在问题解决研讨会中,很多初始问题的关键词是一些概括性词汇,譬如"凝聚力""工作效率""敬业度"等,这些词汇很容易让参与者出现不同理解,直接导致对该问题的认知偏差。

例如,"如何提高工作效率?"这个问题中的"工作效率"就可能有不同的理解。有人认为工作快速完成就是高效率,有人认为差错率低才是高效率,还有人认为效率与投入产出比有关。

再如:"如何推动员工快速成长?"这个问题中,"快速成长"的标准就很关键,怎样才是"快速"?在哪方面"成长"?对这类容易引发歧义的问题,在厘清目标时,就必须让所有参与者清楚地知道,这些关键词该如何定义?评判标准是什么?确保大家理解一致。

在本章案例导读中,提出初始问题"如何提升团队成员执行力?"的小吴对"执行力"的评判标准是:"员工遇到突发性工作后,能够积极出主意想办法,发挥主观能动性,创新解决问题。"这是问题提出者的目标,其他研讨者都应以此为目标来展开思考。

如果问题不是某个人的,而是研讨者所共有的,就需要站在全局的角度,客观看待关键词的评判标准,找到共同目标,而不是以某个人的理解为准。

厘清目标，让问题讨论"以终为始"

在问题解决的旅程中，厘清目标是界定问题环节的核心所在。只有当我们对目标有着精准且明确的认知，问题才能从模糊的困境中凸显出来，变得清晰可解。

目标犹如灯塔，为问题解决指引方向。若缺乏明确的目标，我们就会像在茫茫大海中漂泊的船只，不知驶向何方，自然也无法判断途中遭遇的是风平浪静还是惊涛骇浪。

例如，一家企业若仅笼统地提出"提升业绩"的目标，那么在面对销售不佳、客户流失等问题时，就难以确定到底要解决的是什么问题。而当目标细化为"在本季度将某产品的市场份额提高 10%"时，讨论的焦点便能迅速聚拢，进而提升研讨效率。

厘清目标有助于明确问题的边界。目标的设定实际上是在划定问题的解决范围，将与目标无关的因素剔除在外，使问题的本质得以凸显。以产品研发为例，如果目标是开发一款面向年轻群体的时尚智能手表，那么问题就会集中在如何满足年轻人对外观设计、功能特性、社交互动等方面的需求，而无须考虑老年用户群体可能关注的简洁操作、健康监测等功能，从而避免问题的泛化和复杂化。

此外，明确目标还可促进团队共识。团队成员对问题有不同看法时，统一目标能协调资源、明确分工，避免因目标不一致导致内耗或混乱。只有大家对最终目标达成一致，才能形成合力，共同朝着预期方向努力。

通过上述三种目标表述方式，我们不仅能确保问题的目标得以清晰界定，也为后续的诊断、方案设计和决策行动提供坚实依据。

梳理现状：三种现状表述，还原事实不评判

《问题界定表》的"目标"栏内张贴的每一个目标，背后都对应着一个或多个待改善的现状，将这些现状分别写在便利贴上，张贴进"现状"栏中，就能直观地看到"目标与现状的差距"。无论是先收集"现状"再对应"目标"，还是反之，均有助于快速识别问题的实质。

"现状"的三种表达方式

第一种现状表达方式——准确的统计数据

数据是表达现状最客观的方式，任何华丽的语言，都不如一个真实的数据有

说服力。因此，在收集"现状"信息时，要尽可能地提供与课题相关的数据信息，特别是与 SMART 目标相对应时，更需要用"现状数据"来对比"目标数据"，其"问题差距"便能一目了然。

例如：

"目标"栏里的便利贴写着"用三个月时间，将客户满意度提高到 99%。"对应"现状"栏里，就可以写便利贴"当前客户满意度是 85%""现有存量客户 XXX 人""表达不满意的客户群体中，25 岁以下人员占 XX%，26～40 岁人员占 XX%"等。

"目标"栏里的一张便利贴写着"截至 6 月 30 日，实现销售额 6000 万元。"对应着"现状"栏里就可以写便利贴"截至 2 月 28 日，已实现销售额 1024 万元。"

第二种现状表达方式——客观的实际情况

有的现状无法用量化数据来呈现，就可以描述客观情况，让参会者对当前的状态有直观的了解，这种现状表述方式，往往和"描述理想状态或期待的结果"这种目标表达方式相呼应。

例如：

目标栏里的便利贴写着"期待客户在享受服务后，表达对服务人员的认可，在《服务反馈表》中打'非常满意'。"对应现状栏里，就可以写便利贴"目前客户从未主动表达过对服务人员的认可，多数客户拒绝在《服务反馈表》中签字。"

"目标"栏里的一张便利贴写着"客户愿意转介绍新客户给我们"，对应着"现状"栏里就可以写便利贴"现有客户从未转介绍新客户给我们""在工作人员提出转介绍请求时，被客户拒绝。"

第三种现状表达方式——具体的事件始末

有时候，初始问题背后的现状是实际发生的某个负面事件，将这个事件的来龙去脉记录下来，也是现状表述的方式之一。

例如："一次工作失误导致的机器故障事件""客户向媒体投诉造成的舆论事件""跨部门协作时出现的一次不愉快事件"等，这些事件可以详细地整理出来，张贴在《问题界定表》的"现状"栏内，供参与者了解事件的来龙去脉。

从"评价"中还原出"事实"真相

在"梳理现状"时要特别强调：必须还原实际发生的状况，避免用"评判"来概括"事实"。事实越多，问题越准；评价越多，问题越偏！

事实与评价的区别在于："事实"不以人的意志为转移，是客观发生的事情；而"评价"则是带有主观色彩的结论，因人而异。

由于评价标准的差异，面对同一个事实，常常会有不同的评价结论。举个例子：

小张入职刚满一年，人力资源部想考察他的工作情况，于是分别向他的两位直接领导进行询问："小张入职这一年，工作情况怎么样啊？"

A领导听到这个问话，无奈地回答："小张这个年轻人有问题，工作不够敬业！"

B领导听到同样的问话，欣慰地回答："小张这个年轻人没问题，工作很敬业！"

人力资源部犯了难，小张到底是敬业，还是不敬业呢？于是继续追问A领导："具体发生了什么，让您认为他有问题？"A领导说："小张入职这一年，每天都是准点来，准点走，真是不敬业！"

同样的问题，人力资源部再问B领导："具体发生了什么，让您认为他很敬业？"B领导说："小张入职这一年，每天都是准点来，准点走，真是很敬业！"

敬业或不敬业，都是带有主观色彩的评判词汇，只有了解"事实"，才能够真正得知真相。在案例中，"小张入职这一年，每天都是准点来，准点走"，是没有分歧的"事实"，有考勤记录佐证。但对同样的事实，两位领导给予了截然相反的"评价"，本质上是对"敬业"这个词的理解出现了分歧。

显然，A领导心目中，对"敬业"的评判标准是"早来晚走，天天加班"，小张的表现与该标准出现了"差距"，所以被认为"有问题"；B领导对"敬业"的评判标准是"准时上下班，不迟到不早退"，小张的表现与该标准没有"差距"，所以就"没问题"。

用"评价"替代"事实"是人们本能的思维习惯，这种习惯虽然能让表达言简意赅，但却很容易掩盖真相，一旦我们将其视为真实的现状，思路就会被带偏，问题的界定必然会失之毫厘，谬以千里。因此，在"厘清目标"环节定义关键词的评判标准，并在"梳理现状"环节真实地还原出与该标准不符的事实，就显得尤为重要。

在问题解决研讨会中，如果《问题界定表》中"梳理现状"一栏里的便利贴上，写了很多评价类的词汇，团队成员就需要互相提醒，要将这些评价内容还原成事实。可以借助"5W3H"的提问，来深入探究真相。

"5W3H"，是五个以 W 开头的英语单词，和三个以 H 开头的英语单词，可作为提问句的前缀：

- WHAT——是什么？发生了什么？做了什么？
- WHY——为什么？
- WHO——谁？有哪些人？
- WHEN——什么时间？
- WHERE——什么地点？
- HOW——怎么做？如何实现？有什么方法？
- HOW MANY——有多少数量？
- HOW MUCH——花多少成本？

这八个问题前缀中，除了 WHY 和 HOW 以外，其他六个关键词，都是针对已经发生的事情所开展的提问，因此很适合运用在"梳理现状"中，帮助大家完整呈现事实。下图罗列了几个针对人的"评价"词汇，对比还原"事实"的问句，从中可以感受到"探究真相"的力量（详见图8-3）。

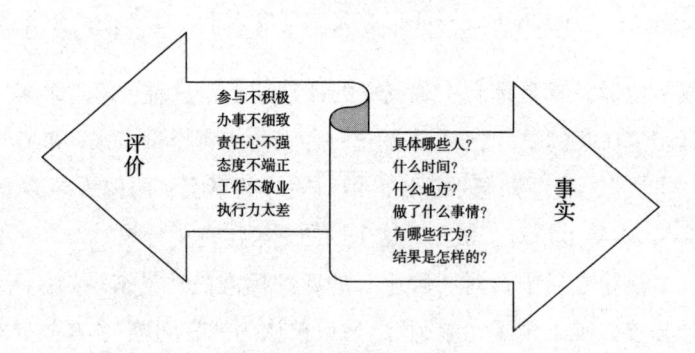

评价：参与不积极、办事不细致、责任心不强、态度不端正、工作不敬业、执行力太差

事实：具体哪些人？什么时间？什么地点？做了什么事情？有哪些行为？结果是怎样的？

图 8-3 评价 VS 事实

既然还原事实是为了让工作坊参与者清晰地理解"现状"，以便对"目标与现状之间的差距"有准确的理解。那么在工作坊中，除了用便利贴来梳理现状外，还可以有多种方式来呈现事实。譬如，访谈相关人员，用数据、录音、视频等作为佐证，用情景剧表演当时的场景等，这些多元化的表现方式，让问题解决研讨会"界定问题"到位的同时，还能增加现场的生动性。

莫让情绪干扰对"事实"的判断

在一次研讨会上,某中层管理者提出初始问题"如何与总部沟通顺畅?"其中一个"现状"是:"总部官僚主义作风严重!"显然,这是一个"评价",万不可轻易就当作"事实"。通过询问"具体发生了什么?"了解到以下事件:

1. 有一次给总部某部门打电话,连着打了三次都是响铃半分钟无人接听,直到打第四次电话,才有人匆忙接听;

2. 有一次因突发事项,向总部某部门申请特批处理,结果对方根本不考虑基层的难处,要求一切按规定办,导致工作难以推进;

3. 有一次给总部某部门发邮件请示工作,结果一周之后才接到回复。

基于上述三个事件,推导出"总部官僚主义严重",可以觉察到这个结论的背后,隐藏着当事人对总部强烈的负面情绪,是一种非理性的表达。研讨者带着对总部作风的怨愤与批判,又怎能研讨出"与总部沟通顺畅"的有效方法呢?

后来经过核实查证,上面三个事件皆事出有因,有的是机构改革过渡期,工作流程调整和系统改造出现的偏差,恰好被这位基层干部遇到,由于这个误会而给总部扣上"官僚主义严重"的帽子,明显不恰当。

可见,问题的提出者身处问题当中时,很容易受情绪的干扰,失去对真相的客观探究。这个例子提醒研讨会参与者,即便有多个亲历的事例,也不要轻易用一句简单的负面评价来形成结论,概括现状,要站在理性客观的立场上,让现状梳理到位。

现状梳理到位,本身就是一种成果

在问题解决研讨会中,应对"战略目标制定""市场份额提升"等复杂议题时,扎实做好"现状梳理"尤为重要。在庞大的课题面前,"现状"的呈现无法通过简单的信息收集实现,而必须依托系统且全面的调研,最终形成完整的结论。在这一过程中,我们可借助多种咨询工具搭建分析框架,以此深入剖析问题本质。

比如,SWOT 分析框架,能助我们精准把握组织当前的优势、劣势、机会和威胁;PAST 分析框架,可让我们收集政治、经济、社会和技术方面的信息,了解宏观环境对问题的影响;波特五力框架,则能帮助我们调研评估一个行业的竞争环境和利润潜力,明确在市场中的位置。

在瞬息万变的商业浪潮中,组织往往深陷"信息孤岛"的困局,恰如"不识庐山真面目，只缘身在此山中"。企业内部成员受制于固有思维与立场局限，难以客观审视全局，致使对现状的认知存在偏差与盲区。而系统化的现状梳理，恰似穿透迷雾的利刃，借助专业工具搭建的分析框架，能够打破认知桎梏，还原企业经营的真实图景。

事实上，将现状信息精准调研、深度梳理的过程，本身就是极具价值的成果。它不仅为后续决策筑牢根基，更成为战略制定的核心依据。唯有清晰洞察自身优劣势、精准把握外部机遇，企业方能锚定切实可行的战略目标，探寻提升市场份额的破局之道，从而在激烈的市场竞争中抢占先机，实现可持续发展。

现状梳理的过程也是统一团队认知的过程。当所有成员都基于同一套准确、全面的现状信息进行讨论和决策时，能够有效避免因信息不对称导致的内耗和分歧。大家心往一处想、劲往一处使，形成强大的合力，推动问题的高效解决。

此外，梳理到位的现状还能为组织积累宝贵的知识财富。这些经过系统整理的信息和分析成果，可以存储在企业的知识库中，成为未来决策和应对类似问题的重要参考。它们见证了组织在不同阶段的发展状况和市场环境变化，为长期战略规划提供连续性的支撑。

因此，在问题解决研讨会上，切不可轻视现状梳理这一环节。要投入足够的时间和精力，运用科学的工具和方法，深入、细致地调研和分析，确保对现状的把握准确无误。为后续诊断与方案制定提供坚实支撑。

澄清课题：修正和聚焦真正要解决的问题

通过"厘清目标"和"梳理现状"，参与者往往会发现，"初始问题"也许并不是真正需要解决的问题，必须重新表述。"澄清课题"这一步，就是通过对比"目标"与"现状"之间的差距，找到并精准描述真正要研讨的"课题"。

对比"目标"与"现状"，找出真正的"问题"

澄清课题的第一种情况——背景信息较为聚焦，可以直接澄清课题

以本章案例导读为例，诸葛明经理的团队召开问题解决研讨会时，小吴提出的初始问题为："如何提升员工执行力？"通过《问题界定表》收集了小吴本人所述的"目标"与"现状"后发现，她的问题相对清晰，课题可以直接呈现（详见表8-3）。

表 8-3　小吴填写的《问题界定表》

初始问题：如何提高员工执行力？	
问题界定步骤	"目标—现状—问题"梳理过程
①厘清目标 （小吴对"执行力"的评价标准和理想状态）	（评价标准）"执行力"是员工遇到突发性工作后，能够积极出主意想办法，发挥主观能动性，创新解决问题 （理想状态）部门员工珍惜团队荣誉，为团队共同利益而战，相互拧成一股绳。在遇到需要为团队付出的时候，每个人都义不容辞承担起来，主动添砖加瓦
②梳理现状 （小吴团队的客观情况和具体事件）	（客观情况）我的团队里共有6位员工，他们具备基本的岗位能力，日常事务性工作能够按部就班地开展。但在遇到难题时，只会向我汇报情况，等得到明确指令后，才按照要求开展工作，自己不去想办法 （具体事件）上周发生过这样的事情……
③澄清课题 （小吴真正想解决的问题）	如何让员工遇到难题时主动思考、提出解决方案？

从初始问题"如何提高员工执行力？"修正为界定后的问题"如何让员工遇到难题时主动想办法？"后者才是问题提出者真正想解决的课题，对比初始问题，这个界定后的问题明显更清晰、更有针对性和可操作性。

澄清课题的第二种情况——信息量较大的初始问题，可拆解出多个子课题

有的初始问题涵盖的信息量较大，涉及多个层面，就要通过《问题界定表》，对应列出所有的"目标"与"现状"，提炼出多个待解决的"子课题"。

特别强调，当有多个人提出了同一个初始问题时，更需要让他们分别澄清目标与现状，看看是否表达的是同一个问题。

在一次问题解决研讨会上，主持人现场征集各位参与者期待解决的问题，多位主管都提出了"如何提高工作效率？"这个共同的初始问题，大家填写完《问题界定表》后发现，同一个初始问题的背后，竟然是四个相互独立的子课题。

表 8-4　填写完《问题界定表》后的新发现

初始问题：如何提高工作效率？				
问题界定步骤	"目标—现状—问题"梳理过程			
①厘清目标 （要实现什么具体目标？期待的结果是什么？评判标准是什么？）	目标① 三个月内，让重复工作的现象不再发生； 当某项工作已被做过时，其他同事不会再去做同样的工作	目标② 用两个月时间，建立起团队协作配合的工作氛围； 当同事提出协作请求时，能够积极响应，紧密配合	目标③ 两个月内，确保所有员工熟练掌握岗位操作技能； 在面对各项工序操作时，都能够按照标准开展工作	目标④ 用半年时间，确保XX工作衔接顺畅。该工作衔接过程中，能够不出纰漏，顺畅进行

续表

	初始问题：如何提高工作效率？			
②梳理现状（对应以上目标，梳理现状，要事实而非评价，关注"发生了什么？"）	现状①目前的工作中，出现重复工作的现象，A员工已经做过的事项，B员工并不知情，又在反复做同样的事（可举真实案例说明）	现状②三分之一的员工存在只顾自己工作，不协调其他岗位的情况。在需要团队配合的时候，由于没有协调到位，导致所有人的工作被耽搁，影响了工作进度（可举真实案例说明）	现状③一半员工的技能不熟练，在面对XX序的操作时，出现了因不了解正确方法，而导致误操作的情况（可举真实案例说明）	现状④在与同事沟通xx工作进程的时候，一个月内出现了3次，因表达不准确，对方理解偏差，导致工作衔接不顺畅的情况（可举真实案例说明）
③澄清课题（基于目标与现状的差距，整理出一系列需要解决的问题）	课题①如何在三个月时间内，避免重复性的工作出现？	课题②如何用两个月时间，建立起团队协作配合的工作氛围？	课题③如何在两个月内，确保所有员工熟练掌握岗位操作技能？	课题④如何用半年时间，确保XX工作衔接顺畅？

  从表8-4可以看出，初始问题和拆解后的问题涵盖的信息广度有明显差异，这就是问题"颗粒度"的差别。

  粗颗粒度的初始问题"如何提高工作效率？"经过目标与现状的澄清后，变成了四个备选子课题："如何在三个月时间内，避免重复性的工作出现？""如何用两个月时间，建立起团队协作配合的工作氛围？""如何在两个月内，确保所有员工熟练掌握岗位操作技能？""如何用半年时间，确保XX工作衔接顺畅？"

  从课题拆解后的变化可以看出，背景信息涵盖得越宽泛和笼统，问题的颗粒度就越粗；反之，背景信息越聚焦和具体，问题的颗粒度就越细。"如何带好队伍？"是一个看起来颗粒度很粗的问题；而"如何激励员工？"的颗粒度相对细一点；"如何用非薪酬的方式激励员工？"的颗粒度又细了很多；"如何通过竞赛来激励老员工？"的颗粒度就相当细了。

  一般情况下，颗粒度大的问题，在"深入分析"和"寻找方案"时得到的结论会"内容全面，但太过笼统"；颗粒度小的问题，分析结论和解决方案就会"细致落地，但覆盖面窄"。要根据我们的成果期待，结合研讨会的时间、人力、精力、经验等资源，让问题处于适当的颗粒度。

  如果研讨会的资源充足，可以将大颗粒度的问题拆解成若干子课题后，分配给不同的小组分别讨论，实现几个子课题同时产出研讨成果。

  如果研讨会人数少，或者时间、精力等资源有限，不足以同时解决多个子课题，那就要做优先级排序，找到那个可以"四两拨千斤"的"关键子课题"，作为研讨的课题。

通过这一过程，问题解决的路径将更加清晰，研讨成果也将更加落地。

选题评估表：运用"多维矩阵"筛选关键课题

在实际研讨中，常常会面临多个备选子课题，如何从中筛选出最关键、最紧迫的课题，成为研讨成功的关键一步。为此，引入了"选题评估表"这一工具，通过多维度的评估，协助团队做出明智的决策（详见表8-5）。

《选题评估表》是一个筛选决策工具，旨在通过设定多个评估标准，对备选课题进行系统性评分和比较，最终确定最值得优先解决的关键课题。由于该方法涉及多个评估维度，因此也被称为"多维矩阵"。

表8-5 选题评估表

序号	备选课题 评估标准	①如何xxxxx?	②如何xxxxx?	③如何xxxxx?	④如何xxxxx?
1	标准A				
2	标准B				
3	标准C				
4	标准D				
	汇总得分				

以下是《选题评估表》的操作顺序：

第一步：罗列备选课题

在大白纸或白板上绘制上述表格，把"备选课题"分别写在便利贴上，张贴在最上行的横标题栏里。建议备选课题数量控制在5个以内，以避免评估过程过于复杂。如果备选课题太多，可以考虑合并相似课题或通过初步讨论筛选出最重要的课题。

第二步：确定筛选标准

根据团队的实际情况和课题的性质，选择3～5个评估标准，纵向填写在表格的左侧栏中。可选的评估标准参考如下：

- 参与性：现场研讨者有参与话题讨论的可能性，能够对此课题贡献出想法。
- 重要性：属于团队面临的重要难题，或者关系到组织的重要目标实现。
- 紧迫性：该问题的解决不宜拖延，否则会带来极大风险或损失。
- 趋势性：该问题有进一步恶化或升级的趋势，需要及时采取干预措施。
- 创造性：没有现成的解决方案，无法直接通过培训获取答案。
- 可控性：此课题至少小组长的直接上级资源可控，或者项目发起者对结果可控。
- 成效性：成果、效率可衡量，如果课题产出了成果，能够带来显著的改善。
- 挑战性：无法用简单手段轻松解决，需全力以赴才可克服困难。
- 推广性：该课题对组织具有代表性，创造的成果是可复制、可推广的。

《选题评估表》的筛选标准不宜超过5个，否则会让选择过程太过繁琐。研讨会主持人可与参与者一起讨论，根据需要来决定最终筛选标准。一般情况下，团队开展的问题解决研讨会，可以重点关注"参与性""重要性""可控性"等指标。

第三步：分别逐项打分

针对每个备选课题，用不同的筛选标准进行打分，打分区间为1~10的整数，1分代表最低程度，10分代表最高程度。打分过程中，参与者可以集体研讨，将达成共识的分数填入相应的空格里；也可以分别独立打分，再汇总出每个空格的平均分，填入大表中。

第四步：一票否决淘汰

审视得分情况，如果备选课题的单项得分低于6分，或者该课题各个评估标准的平均得分低于8分，就可以判断为这个课题并不适合，可以直接筛选掉。

第五步：选取最终课题

剩下的备选课题如果不止一个，就可以分别计算每列的总分，填在最下方的汇总栏里，得分最高的备选项，就是本次研讨会要优先解决的课题。

通过运用选题评估表，团队可以在面对多个备选课题时，进行系统且客观地评估，确保将有限的资源和精力聚焦于最关键、最具影响力的问题上，以上五个步骤，可以有效地筛选出研讨会上要聚焦的关键课题。

第九章

诊断分析：探询根本原因与达标阻碍因素

案例导读

未经诊断，难以对症下药

在一次问题解决研讨会上，主管小吴对初始问题"如何提高员工执行力？"的目标与现状梳理界定后，确定了最终的研讨课题"如何让员工在遇到难题时主动想办法？"然而，此时有些成员迫不及待地开始提出解决方案。

主持人诸葛明经理及时提醒道："请大家少安毋躁，解决问题就像寻医问药，医生在提供救治方案前，会先做什么呢？"

小郑回答："医生会先诊断病因！比如我上次肚子疼，医生详细询问了：具体哪个部位疼痛？疼痛程度如何？何时开始的？之前采取了哪些措施？效果如何？等问题。"这些都属于梳理问题的"现状"信息，最终界定的问题为"如何治疗突发的胃部疼痛？"之后，医生会通过化验、拍片等方式，进一步诊断分析。通过比对化验和拍片结果，医生找到了胃病原因，是由于"胃溃疡"导致的。

小冯说："确实，负责的医生在诊断时，还会了解更多信息，比如生活方式、饮食习惯、既往病史等，分析导致胃溃疡的深层原因，提供更全面的建议，确保治疗不仅止于止痛，而是解决根本问题。"

小吴笑道："假如医生不做诊断而是直接做开腹手术，那可太荒唐了！"

"没错！"诸葛明补充道，"遗憾的是，我们在解决问题时，却总是不分析病因，就草率给出治疗建议，这与不经诊断就手术同样不妥。"

诊断分析到位，解决方案轻松可得

解决问题与治病相似，"界定问题"之后要做"诊断分析"才能"对症下药"。问题解决研讨会上，主持人和参与者要学习医生的专业精神与负责态度，尊重问题背后的实际情况，找到问题发生的根源，再制定针对性的解决方案。

如果缺乏诊断分析，直接跳到"寻找方案"环节，可能导致以下两种情况：一是参与者只从自己的主观经验入手来出主意，沦为"以自我为中心"的个人经验分享，忽视真正要解决的问题；二是讨论过程缺乏系统性，都是"想到哪说到哪"的碎片化思路，导致解决方案出现遗漏偏颇。

如果对问题诊断分析得足够透彻，进入寻找方案环节时，只需将分析结论稍加转换，就可以直接产出问题解决的措施。比起天马行空地随机寻找解决方案，这种从原因分析转化而来的解决方案，往往逻辑更清晰，思考更全面，而且适用性也更强。

诊断分析时可进一步收集信息

在问题解决研讨会上，如果在"界定问题"环节能够将信息收集得足够充分，那么在"诊断分析"时就会事半功倍；但有时在"界定问题"时未能充分罗列出所有的事实，此时可在"诊断分析"阶段，进一步信息收集，以全面探究真相。

在一次研讨会上，要解决的问题是"如何加快工作进度？"大家分析出"为什么会出现进度过慢？"的一个原因是"员工对该项工作技能不熟练"，又进一步推导出背后的原因是"培训不到位"。如果没有对客观信息的充分了解，研讨者很容易想当然地认为"培训不到位"就是"培训力度不足""培训时间不够""培训不重视"等原因。然而事实恰恰相反，公司对培训很重视，投入了大量资源，形成了培训体系，所有员工的培训时间和频率也足够充分，上述分析结论是站不住脚的。

既然如此，为什么员工的工作技能还是不熟练呢？经过学员访谈、内训师考察、课件审阅、课堂观摩等一系列实地调研，最终发现，虽然培训很多，但"培训效果没达标"才是关键，具体原因在于："内训师在培训时，花大量时间讲授知识，缺少现场练习""培训之后没有进一步跟进训练""工作中缺少专业辅导"，这些真正的原因，与之前的主观判断大相径庭。

可见，基于客观事实的"诊断分析"，可以帮助问题提出者发现那些被忽视的事实真相，从而对问题有更深刻的觉察。在问题解决研讨会上，如果参与者对问题背后的信息了解不充分，宁可暂停讨论，先行调研，收集事实，并约定下一次研讨，也不要为推动进度而做主观猜测，以确保分析的准确性和有效性。

根据问题类型，确定诊断分析的方向

诊断分析时，"寻找问题发生的原因"是一种常见的分析方向，但并不是唯一的方向。

根据"目标"与"现状"所处的位置，问题解决研讨会上提出的"问题"，一般可归入三大类，不同类型的问题，分析的方向就会有差别。

第一类："出坑型问题"，分析方向是"导致问题的原因"

当"现状"低于正常状态，"目标"是恢复到正常状态时，这种"差距"就属于"出坑型问题"，就像一个人掉进坑底，希望摆脱困境回到地面。例如："如何实现满意度达标？""如何处理客户投诉？""如何摆脱落后局面？"等。

对于"出坑型问题"，需要分析"掉进坑里的原因"。所以上面三个例句分别要分析的是："为什么客户满意度未能达标？""为什么会出现安全漏洞？""为什么会陷入落后局面？"

第二类："登顶型问题"，分析方向是"实现目标的阻碍"

当"现状"属于正常状态，"目标"是要达到更高水平时，这种"差距"，就属于"登顶型问题"，就像一个人站在地面上，希望勇攀高峰到达山顶。例如："如何实现团队年度评优？""如何打造高绩效团队？""如何产出创新成果？"等。

对"登顶型问题"，需要分析"登上山顶所面临的阻碍因素"。上面三个例句，分别要分析的是"实现团队年度评优面临哪些阻碍因素？""成果打造高绩效团队面临哪些阻碍因素？""产出创新成果面临哪些阻碍因素？"

第三类："兼容型问题"，要根据情况进行区分

还有一些问题难以从字面表述上直接归类，看起来既像登顶型，又像出坑型的问题，称作"兼容型问题"。从字面看，此类问题的"目标"既可以理解成"地面"，又可以理解为"山顶"；"现状"既可以理解为"坑底"，又可以理解为"地面"。兼容型问题需要根据具体情况来区分类型（详见图9-1）。

例如：

"如何实现员工能力快速提升？"——如果目前的员工能力是正常水平，希望达到更高水平，就属于"登顶型问题"；如果目前员工能力偏低，希望达到正常水平，就属于"出坑型问题"。

"如何促进跨部门协作？"——如果目前的跨部门协作是正常状态，希望达到更好的协作状态，就属于"登顶型问题"；如果目前跨部门协作不顺畅，希望恢复到正常水平，就属于"出坑型问题"。

"如何提高团队凝聚力？"——如果目前团队凝聚力是正常状态，希望达到更好的状态，就属于"登顶型问题"；如果目前团队凝聚力不足，希望恢复到正常水平，就属于"出坑型问题"。

分清了问题类别，就能确定诊断分析的方向，是从"阻碍因素"入手，还是从"原因分析"入手；如果实在难以区分问题类型，就从两个分析方向中任选一个即可。例如：

"如何实现员工能力快速提升？"既可以分析"为什么员工能力没有快速提升？"又可以分析"快速提升员工能力面临哪些阻碍因素？"

"如何促进跨部门协作？"既可以分析"为什么跨部门协作不顺畅？"又可以分析"跨部门协作面临哪些阻碍因素？"

"如何提高团队凝聚力？"既可以分析"为什么团队缺乏凝聚力？"又可以分析"提高团队凝聚力面临哪些阻碍因素？"

只有分清了问题的类别，才能进一步用结构化框架分析问题。

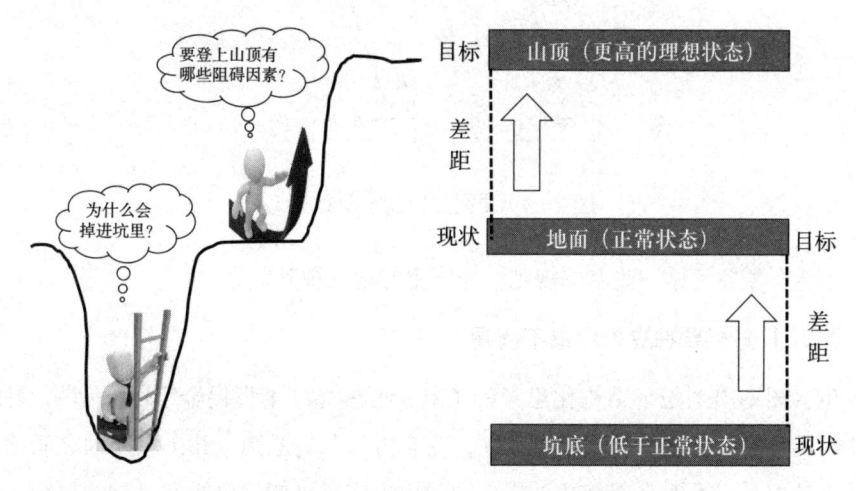

图 9-1　出坑型问题和登顶型问题

要因分析图：用结构化工具分析问题

"要因分析图"形似鱼骨，因此俗称为"鱼骨图"，这是一种简洁实用的分析工具，最早由日本管理大师石川馨于1953年提出，故又名"石川图"。

经典的分析工具——要因分析图

鱼骨图可分为不同类型，既可以用来分析原因（或阻碍因素），又可以用来澄清问题，还可以用来整理解决方案。通过鱼头的方向，就能区分鱼骨图的不同用途，用于诊断分析时，鱼骨图的"鱼头"一般要朝向右方。

集体研讨时，在鱼头处要完整地写下要分析的内容是什么。分析出的原因或阻碍因素，都统称为"要因"：连接鱼头的一根大骨横贯左右，几根主刺是"主要因"，每个"主要因"下面是"分要因"，分要因下面会有"支要因"，层层拆解，形成逻辑缜密，思路完整的结构化图形。绘图时，应保证大骨与主刺成60度夹角，分要因的小鱼刺与大骨平行（详见图9-2）。

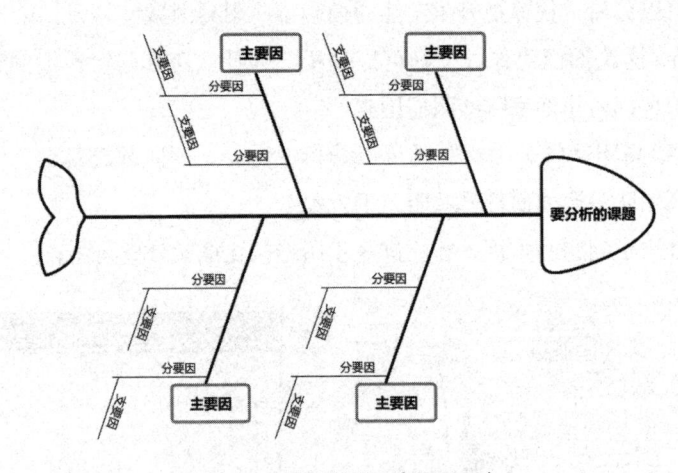

图9-2 要因分析图（鱼骨图）

鱼骨图需要遵循一些基本规则，才能更好地发挥其效用。

原则1. 分类要独立，尽量不遗漏

鱼骨图本质上是个结构化思考的工具，要遵循"麦肯锡金字塔原理"，各层级要因的分类，必须符合"相互独立，完全穷尽"的原则：几个主要因之间是相互独立的关系，不要出现交叉重叠；同时，也应尽可能找出所有可能的要因，不要有遗漏缺失。每个主要因下面的分要因之间，也要遵守同样的规则。

原则 2. 数量要适中，三到七为宜

一般而言，主要因的数量最好控制在 3～7 个。如果不足 3 个主要因，会显得结构单薄，不够充分；如果超过 7 个主要因，就显得烦琐臃肿，难以兼顾。在分类时，有一些较次要的因素可以合并成为"其他"类别，这样就能更好地把握主要因数量；如果某个要因可同时归属于两种或两种以上的更高级要因，则以关联性最强者为准。

原则 3. 归因要务实，不可想当然

分析原因绝不能"拍脑袋"，如果有条件，尽量遵循"现时、到现场、看现物"的原则，通过相对条件的比较，找出相关性最强的要因归类。如果在"界定问题"环节，能够将真实发生的情况还原到位，就更容易进行务实准确的诊断分析。

原则 4. 表述要规范，用词有差别

主要因必须用中性词表述，不要说明好坏，如："资源""人员"等；而分、支要因则必须使用价值判断，明确表达出了怎样的欠缺，如："制度不完善""人手不足"等。

原则 5. 分析"人"因素，莫作"诛心"论

很多问题，不可避免会分析到与"人"有关的要因，这时要格外谨慎。可以从"行为"方面去找不足，但不应在其"态度""素质""动机"等方面"贴标签、扣帽子"。这样才能确保诊断结果客观公正，避免"诛心之论"。

某些问题的"主要因"会有"约定俗成"的分类，可以直接套用在鱼骨图分析过程中，简化思考过程。这时，我们可以按照"先分类主要因，后补充细分要因"的方式来进行鱼骨图分析。

例如，一些工业生产问题要因，可从"人（人员）、机（机器）、料（材料）、法（方法）、环（环境）"这五个方向进行逐一分析；一些项目管理的问题要因，可按"人（人员）、事（事件）、时（时间）、地（地点）、物（物资）"五大类别分类。

研讨会上，参与者可以将鱼骨图绘制在大白纸上，在"主刺"上直接标注出"主要因"内容，再通过脑力激荡，不断深挖每个主要因下面的分要因、支要因乃至更深层要因，就可以快捷地完成诊断分析。

下图展示了一个使用软件制作的鱼骨图案例，用来分析"为什么安装工期延误？"可作参考（详见图 9-3）。

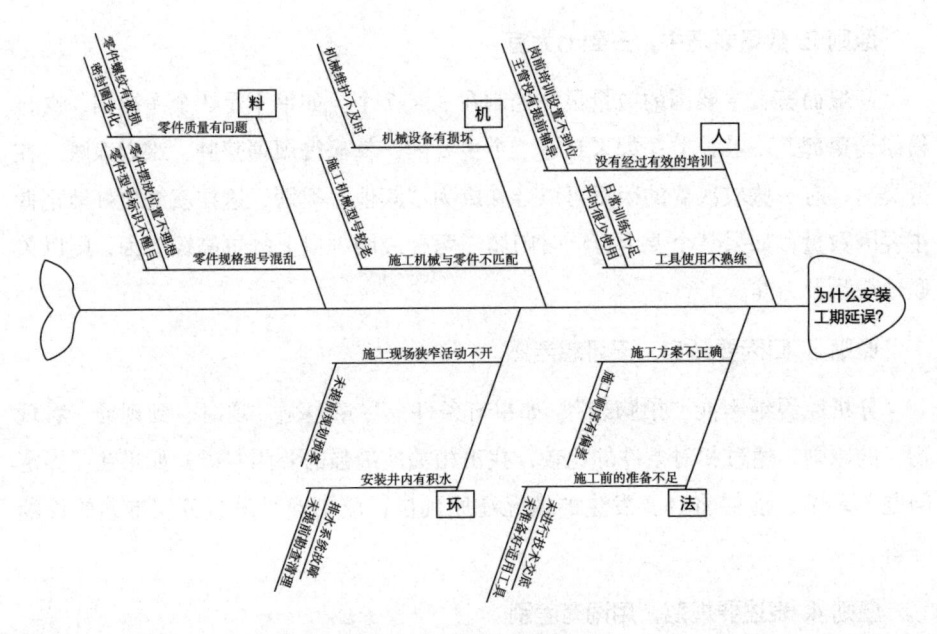

图 9-3 鱼骨图案例参考

"合并同类法"与"要因分析图"的组合运用

在复杂问题的分析过程中，最难的往往不是找到答案，而是厘清问题的本质。许多团队在进行要因分析时，常常面临归因方向不清、要因庞杂难以梳理的问题。如果直接采用"要因分析图"（鱼骨图），可能因信息碎片化或分类逻辑不明晰，导致分析效果受限。这时候就可以借助"合并同类法"，利用集体共创的优势，通过"先收集细分要因，再归类主要因"的顺序，得出鱼骨图成果。

"合并同类法"是一个便捷实用的引导工具，强调借助集体智慧，将分散的观点收敛为有组织的结构化结论。其核心在于"先收集细分要因，再归类主要因"，从而确保最终的鱼骨图逻辑清晰、全面且易于理解。操作流程如下：

第一步：做好准备，明确规则

①每人手边准备好一摞便利贴（或卡片）和一支深色笔。

②书写规则：针对即将抛出的问题，每个人写下自己的答案，一张便利贴上只写一个想法，字数不限，但必须把字写大，字体端正。

第二步：针对课题，抛出问题

①对"出坑型问题"，主持人可以问："我认为，导致……这个问题的原因，分别是什么？"

②对"登顶型问题"，可以问："我认为，要想实现……这个问题的解决，会面临哪些阻碍因素？"

第三步：限定时间，独立书写

①研讨会参与者独立思考，在便利贴上写下能够想到的所有答案。

②根据实际条件，可限定在 5 ~ 10 分钟内完成书写。

③鼓励大家思考尽可能全面，对写得多的人给予表扬。

第四步：合并同类，分区放置

①书写者对自己写在便利贴上的内容，做逐一介绍，并将其贴在白板（或桌面、引导布等平面）上。

②全体参与者认真倾听和思考，将同一类别的便利贴集中在同一个区域，不同类别的分开放置，最终形成 3 ~ 7 个区域，代表着几类分析结论（详见图 9-4）。

图 9-4　工作坊中参与者在引导布上张贴想法

第五步：清除重叠，区分层级

①将表达意思完全一致的便利贴挑出来，留下其中一张，在这张便利贴的右下角标注该内容的数量，其余重复的便利贴便可以清除掉。

②留下来的都是互不重复的内容，检查每张便利贴上的内容表述方式，做适当的修改或替换，要确保语法简明、意思明确。

③给每个类别提炼出一个中性客观的名词，对该类别内容做总概括，用粗笔

写在大号便利贴上，作为一级目录。

④梳理每张便利贴内容的逻辑关系，按照"包含"或"并列"关系，区分出层级，明确其从属关系，排列出二、三级目录。

至此，可以看到初步分析结论的"逻辑树"，通过每张便利贴右下角的数字还能看出，有哪些分析结论具有普遍性，哪些属于少数人的想法。

第六步：张贴鱼骨，补充完善

①在大白纸上画出鱼骨图的框架。

②先将大号便利贴放在主要因的位置，再将其余便利贴按照逻辑关系，张贴在鱼骨图分、支要因的位置。

③由于之前的思考是碎片化的，所以目前的分析结论往往不够全面和深入。需要在现有内容的基础上，进一步探究问题要因，写在新的便利贴上，不断补充完善鱼骨图内容。

④要因分析至少挖掘到三级目录，最好分析至可以直接下对策的程度。

合并同类法是一种充分发挥集体智慧的好方法，可以在复杂问题分析中高效整合信息，提升团队共识，提高问题分析的效率，与"鱼骨图"衔接起来，仿佛如虎添翼，让问题分析更全面，更深入。

五问法：深挖问题背后的根本原因

在寻找问题原因的过程中，我们常常会发现，有些人能够迅速洞察问题的本质，而有些人却停留在表面，甚至被错误或无关紧要的线索所误导。这其中的差别，往往在于深度思考能力的不同，也就是思维逻辑链条的长短和强弱。五问法正是为了培养这种深度思考能力而诞生的一种工具。

丰田科学方法的基础——五问法

五问法，又称5Why法，顾名思义，就是对一个问题连续提出五个"为什么"，通过层层递进的追问，深入剖析问题的真正根源。这种方法最初由丰田佐吉提出，并在丰田汽车公司的发展过程中得到了广泛的应用和完善。作为丰田生产系统的重要组成部分，五问法已经成为问题求解的关键内容。

丰田生产系统的设计师大野耐一曾高度评价五问法，认为它是丰田科学方法的基础。通过重复五次的追问，问题的本质及其解决办法就会显而易见。这种方法在丰田内部得到了广泛应用。

正如古语所言:"打破砂锅问到底",五问法正是这样一种追根究底的精神体现,其核心在于,鼓励我们摒弃主观臆断和逻辑陷阱,从问题的结果出发,沿着因果关系的链条,一步步追溯,直到找到问题的真正根源。

值得注意的是,以上三个层面的追问次数并不是固定的五次,而是需要根据实际情况灵活调整。有时候,可能只需要几次追问就能找到问题的根源;有时候,可能需要十几次甚至更多次的追问。关键在于,我们要保持耐心和毅力,不断追问下去,直到找到问题的真正根源,并制定出有效的解决方案。

五问法经典案例

为了更好地实施五问法,丰田汽车公司前副社长大野耐一曾通过一个生动的实例,向我们展示了五问法的强大威力。他讲述了一个关于机器停机问题的故事,通过连续五次深入的追问,最终找到了问题的真正根源,并实施了有效的解决方案。

问题一:为什么机器停了?

答案一:因为机器超载,导致保险丝烧断了。

这个答案看似合理,但如果仅仅停留在这一步,我们可能只会简单地更换保险丝,而忽略了问题背后的真正原因。于是,大野耐一继续追问:

问题二:为什么机器会超载?

答案二:因为轴承的润滑不足,导致机器运转时摩擦增大,进而超载。

这个答案让我们意识到,问题可能出在润滑系统上。于是,追问继续:

问题三:为什么轴承会润滑不足?

答案三:因为润滑泵失灵了,没有将润滑油及时输送到轴承处。

此时,我们已经接近问题的核心了。但大野耐一并没有停止追问:

问题四:为什么润滑泵会失灵?

答案四:因为润滑泵的轮轴耗损了,导致泵无法正常工作。

这个答案让我们看到了问题的更深层次。但大野耐一知道,这还不是最终的原因。于是,他再次追问:

问题五：为什么润滑泵的轮轴会耗损？

答案五：因为杂质跑到了轮轴里面，加速了轮轴的磨损。

终于，通过连续五次的追问，我们找到了问题的真正根源——杂质进入润滑泵轮轴。针对这个原因，大野耐一提出了有效的解决方案：在润滑泵上加装滤网，防止杂质进入。

从上面这个经典的五问法案例可以看出，要构建原因与效果的关系链，深挖根本原因才是原因分析的关键。在运用"5个为什么"时，需要遵循一些基本原则：确保回答的理由是可控的，询问和回答都应在特定的流程范围内进行，保持问题的聚焦性和针对性。这种方法适用于任何希望提高问题解决效率的组织和个人。

五问法与鱼骨图的结合

五问法需要与鱼骨图这样的诊断分析工具结合起来：一方面，鱼骨图的结构化特点，将保证诊断分析结论的全面性与条理性；另一方面，五问法又增加了诊断分析的深度。这两个工具的结合，将为诊断分析研讨发挥巨大的价值。

在研讨会上，五问法与鱼骨图结合的操作方式，可以借助不同宽度的便利贴来实现：

准备至少四种宽度的便利贴，分别用于书写不同层级的分析内容，张贴在鱼骨图相应的位置上：最宽的便利贴，用于书写"主要因"，第二宽的便利贴，用于书写主要因下面的"分要因"，以此类推，至少可以写到四级目录。

当然，如果想要更深地挖掘根因，也可以借助电脑软件，让鱼骨图（或思维导图、架构图等）层层延展，让诊断分析结论深挖到更细更深入的层级，真正发挥五问法的强大作用。

敢于深问，才能找到真正的答案；勇于追根，才能推动真正的变革。五问法的核心价值在于培养团队深度思考的能力，让问题的根因得以浮出水面，避免浅层次、片面化的分析。在实际应用中，它与鱼骨图等分析工具结合使用，可以让问题诊断更加精准、系统，从而提高组织的决策质量和执行效果。无论是在企业管理、产品优化，还是个人成长中，五问法都能发挥强大的作用。

管理觉醒

第十章

寻找方案：借力激发让创新思维涌现

案例导读

让思维自由发散，释放集体创造力

在问题解决的过程中，诊断分析帮助团队厘清了问题的根源，此时，团队已经完成了分析阶段，主持人诸葛明确认关键原因已被充分探讨后，宣布进入下一个环节——寻找方案。

诸葛明经理提醒大家：寻找方案这一步，是"基于未来的发散"，既然是面向未来，那就可以不受局限地畅想；既然是发散，就要脑洞大开，无拘无束地释放集体的创造力。

为了让讨论更具方向感，诸葛明提出了寻找方案的三步法：

第一步，从鱼骨图中提取方案线索——每个分析出的关键原因，可能都对应着多个解决方案，先梳理出潜在的方向；

第二步，将笼统的方案细化为可执行的行动措施——让每个想法变得具体可落地，确保可操作性；

第三步，在现有基础上激发更多创新点子——通过类比、借鉴、逆向思考等方式，拓展更多可能性，突破传统思维的束缚。

讨论开始后，大家立刻进入畅所欲言的模式，涌现出很多奇思妙想。小吴欣慰地看着大家贡献的想法，同时有些担忧："这些想法都很有创意，但实施起来难度会不会太大？比如小郑刚才说的'临时主管'，会不会让团队陷入混乱？"

诸葛明笑着摆摆手，打断了小吴的担忧："小吴，先别急着评判。头脑风暴的意义在于让思维自由发散，过早收敛会限制我们的创造力。现在我们要做的就是尽可能多地提出想法，哪怕它们听起来不切实际。"

随着讨论的深入，越来越多的想法被提了出来，诸葛明看着写着各种解决方案的密密麻麻的便利贴，满意地点了点头："这就是我们需要的——让思维充分发散，才能找到更多可能性。"

在问题解决研讨会上，经过了集思广益"诊断分析"后，问题的原因或实现目标的阻碍因素都已用结构化的方式呈现出来，就可以进入"寻找方案"环节，成员要充分头脑风暴，尽可能收集大量备选解决方案，为后面的"决策行动"提供备选素材。

从诊断分析到寻找方案，是一个从"看清问题"到"创造可能"的转变。创新的火花，往往就诞生在这样自由开放的思维碰撞之中。

解决方案激发表：让解决方案不断涌现

在面对问题时，我们往往希望直接找到最佳答案，但真正有效的解决方案，往往来自大量可能性的筛选和优化。《解决方案激发表》正是这样一个实用的研讨工具，其格式简单：在表格的上面抄写要解决的课题"如何……"一张大表作为主体，分为上中下三部分，上面是"常规方案"，中间是"细化方案"，下面是"激发方案"（如图 10-1 所示）。

解决方案激发表

课题：如何……

常规方案	基于诊断分析结论， 用逻辑思维转化出的解决方案 （张贴便利贴）
细化方案	在笼统的常规方案的基础上， 细化出行为层面的具体解决方案 （张贴便利贴）
激发方案	在已有方案基础上， 借力激发，延伸出的各种新想法 （张贴便利贴）

图 10-1　解决方案激发表

《解决方案激发表》的具体操作流程：

1. 书写课题，绘制三段表格

在一张 A1 大白纸的上方，标明要研讨的课题，并绘制上图格式的三段表格。

要着重强调，务必在研讨起始阶段，将研讨课题完整、清晰地誊写于表格顶端显著位置。让所有参与者在研讨过程中能随时直观地看到核心议题，从而有效规避发言偏离主题的情况。毕竟在自由开放、畅所欲言的交流氛围中，人们极易陷入"由于走得太远而忘了因何出发"的困境。

2. 对应鱼骨，转化常规方案

审视鱼骨图里的每一张便利贴，将诊断分析结论转化为解决方案，写在便利贴上，并张贴进"常规方案"中。每一个"为什么"的结论，都可以转化出至少一个"怎么办"的方案。

例如：

在原因分析鱼骨图中，有一张便利贴上写的问题原因是"没有追踪进度"，这时可以直接转化出一条解决方案"及时追踪进度"；

另一条原因便利贴写着"长期未获得正向反馈，导致动力不足"，就可以转化出解决方案"加强正反馈以提升动力"。

还有一条原因便利贴写着"培训力度不足"，就可以转化出解决方案"加大培训力度"。

3. 分解细化，推进行为落地

一般情况下，鱼骨图中的原因分析越细致，直接转化出的常规方案就越具有实操性，反之，原因分析越笼统，转化出的常规方案往往越宽泛。宽泛的解决方案仅仅指明了大方向，无法落地实操，所以需要将每一个常规方案进行审视，问一句"我该怎么做才能实现它？"将其进一步分解为多个"细化方案"，用便利贴张贴在《解决方案激发表》的"细化方案"栏目中。

例如：

"常规方案"栏目中有一条便利贴上写着"及时追踪进度"，基于这一条思考"我该怎样实现它？"就能写出多个细化方案，如："在任务计划中明确追踪节点""在周例会中增加追踪与汇报的流程""本周四设计出一套追踪表格""完善进度追踪的制度，本周五定稿"等。

针对常规方案"加强正反馈以提升动力"，可以产生细化方案如："将大目标拆解为可量化的小任务，完成一个就奖励喝杯咖啡""每天工作结束时，花 30 秒记录当天完成的 3 项具体成果""每周汇总成果并制作可视化图表（如进度条、饼图），直观感受成长轨迹""对里程碑事件（如项目上线、季度目标达成）举办小型庆祝仪式（如团队下午茶、颁发创意奖杯）"等。

常规方案"加大培训力度"，产生的细化方案如："每周二下午进行业务培训""早会上安排 5 分钟的经验分享""每月 10 日和 20 日进行话术演练并要求测试通关""每季度外请专家进行一天专题培训""下个月组织对标杆团队的观摩学习"等。

从这些举例中可以看出，"细化方案"属于落实到行为层面的可操作动作，明显比宽泛的"常规方案"颗粒度小，更具落地价值。当然，"常规方案"也有可能出现小颗粒度的落地方案，这取决于鱼骨图内的诊断分析内容的细化程度。

常规方案和细化方案，都是在诊断分析基础上，运用逻辑思维推导出的解决方案，由此我们可以感受到"诊断分析"的价值所在，如果没有借助鱼骨图做诊断，虽然也可以直接基于现状与目标想出一些好方案，但那往往是灵光一现的碎片化想法，难免不够全面和深入。鱼骨图这种结构化分析工具，为解决方案的高效收集创造了有利条件。

4. 借力激发，催生创新成果

当逻辑思考得出的方案似乎穷尽时，并不意味着讨论就要停止。事实上，这往往是思维突破的起点。创新思维的核心，在于如何超越已有方案，挖掘新的可能性。

我们的头脑拥有无穷的潜力，接下来就要借助创新思维工具，有意识地利用《解决方案激发表》的现有内容，激发出更多发散性的解决方案。整个过程的核心在于，充分激发团队的创造力与想象力，跳脱常规思考的局限，积极探索多元化的解决路径。参与者要大开脑洞，充分借力现有的方案，写下尽可能多的奇思妙想，用便利贴汇总在"激发方案"栏里。

遵循五大原则，开展"便利贴头脑风暴"

头脑风暴是一种通过集体自由联想和讨论激发创新思维的群体决策方法。该方法由美国学者亚历克斯·奥斯本于 1938 年首次提出，其核心目标是在自由交流的氛围中，让参与者尽可能提出大量想法，并最终筛选出最具价值的方案。

头脑风暴特别适合在问题解决研讨会的"发散"阶段开展，有多种开展形式，无论哪种形式，想要真正发挥头脑风暴的效能，都需要遵循以下五大原则。

1. 追求数量——创意的"广撒网"策略

追求数量是激发创意的首要原则。法国哲学家阿兰说："当你只有一个主意时，你是最危险的。"两次单独获得诺贝尔奖的科学家莱纳斯·鲍林说：获得一个好主意的最佳途径是有很多主意！

在头脑风暴中，质量并非第一要义，重要的是尽可能提出大量的想法，因为量多才有可能提供更多备选项，以及拥有更多激发新想法的"引子"，促进大脑打破限制，提出意想不到的创意。这是"发散"阶段所期待的结果。

2. 平等开放——让每一个声音被听见

真正的头脑风暴，不是由少数"声音最大"的人主导，而是让所有人都能自由表达。

在开展头脑风暴时，每个与会者都应拥有平等的发言机会，无论其职位高低或经验多少，都可以畅所欲言，表达当时的想法。只有这样，才能汇集多元化的观点，听到不同视角、不同背景、不同层级、不同专业的声音，碰撞出交叉创新的火花。

在研讨会中，有时会出现"大嗓门效应"——那些职务高、专业牛、嗓门大、气势强的参会者，占据了更多的话语权，导致其他人陷入沉默或附和的状态，特别是第一章提到的"自我为中心"的管理者，更容易把平等研讨变成一言堂演讲。

解决这一问题的方法之一，是在规则上加以调整。例如，可以设定"沉默者优先"或"资深者最后发言"等机制，确保更多声音被听见。

3. 不加批判——为创意松绑

不加批判是头脑风暴的重要原则，这与人们的沟通天性相悖，所以在研讨中，很多人常常一听到不切实际的想法，就会本能地反驳。其实，不论多么不切实际或离经叛道的想法，都有可能激发出有价值的新思路。任何想法都应被接纳和鼓励，才能够营造出轻松有趣的研讨氛围，让参与者思如泉涌，乐在其中。

研讨会主持人要通过提前强调规则，以及设置组内轮值"纠偏员"，制止对他人观点的批判。在研讨间隙，可以借鉴即兴戏剧中的"yes…and…"原则：在面对团队的任何表达，都认可、顺应和延展这个话题，不要直接或间接否定。

4. 记录完整——让每一个想法都有归属

创意的价值在于被看见、被讨论，而不是被遗忘。再好的想法，若无人记录，就如同过眼云烟。设置专门的"记录员"，成为表达式头脑风暴必需的安排。记录员需要将所有想法及时记录，确保每个观点都能被充分记录和展示。尤其是在黑板或可视化工具上进行记录，能让所有与会者清楚地看到讨论内容。记录员不仅要完成记录，也要积极参与讨论，贡献自己的想法。记录完整的意思，不一定是把每个发言者说的每个字都记下来，而是要完整记录他表达的意思，记下关键词原话，记下每个细节，确保参与者的发言不被擅自曲解、修改，甚至遗漏。

笔者曾经以参与者的身份参加一次研讨，头脑风暴环节，小组成员热情高涨，纷纷发表见解。然而，记录员仅记录了寥寥数语，理由是"内容相似，可以归纳"。大家见状，都产生了微妙的心理变化，感觉自己的想法没有得到尊重，不愿意再积极发言。这种情况很值得记录员警醒改正。

5. 借力激发——让创意相互"接力"

头脑风暴不仅仅是收集想法，更是通过观点的叠加和联想，激发更深层次的创新。一个初步的想法，经过团队的共同碰撞，往往能够演化出更加成熟、富有创造力的方案。因此，参与者应该在别人（或自己）提出想法的基础上展开联想，利用集体智慧提升创意的深度和广度。这不仅是追求数量的一种方式，更是创新思维的核心原理（详见图 10-2）。

图 10-2　头脑风暴的五大原则

通过遵循这五大原则，头脑风暴能够有效地释放团队的创造力，为解决复杂问题提供创新的思路和方案。五大原则是相互支持和促进的关系，任何一条都不可偏废。唯有如此，才能让头脑风暴发挥智慧碰撞叠加效果，实现研讨会的最佳成果。

便利贴头脑风暴的优势和实践方式

相对于传统的"表达式头脑风暴"，问题解决研讨会上倡导运用"便利贴头脑风暴"。这是一种灵活且高效的创意激发方法，参与者将自己的想法写在便利贴上，通过随时公布并张贴这些便利贴来开展头脑风暴，达到自由研讨的目的。这种方式由于利用了便利贴的优势，所以具有更佳的效果。

在问题解决研讨会中，几乎所有研讨都离不开便利贴。不论是"界定问题"环节中的《问题界定表》，还是"诊断分析"环节的《鱼骨图》，都会用大量便利贴收集信息或观点。在"寻找方案"环节，便利贴更是促进创意收集的好帮手，《解决方案激发表》的使用过程其实就是"便利贴头脑风暴"的开展过程。主持人需要在研讨会一开始，就要让参会者了解规则，这样才能确保"便利贴头脑风暴"高效开展。

受主持人现场把控能力、参与者的身份与状态、整体场域氛围等因素的影响，"表达式头脑风暴"有时会出现违背头脑风暴原则的现象。而"便利贴头脑风暴"则通过其独特的操作形式，天然契合并强化了头脑风暴的五大原则，有效规避了传统讨论中常见的干扰因素。具体优势如下：

1. 独立书写，激发思维爆发——追求数量

便利贴的物理特性（尺寸小、数量多）和规则要求（"一张便利贴一个点子"）促使参与者主动拆分细化想法，短时间内高效产出大量创意。

实践方式：要求参与者在规定时间内（如3分钟）尽可能多地书写便利贴，每张仅记录一个核心观点，避免自我审查；

效果保障：便利贴的"轻量化"降低了书写负担，参与者更易进入"思维流"状态，快速叠加数量。

2. 匿名书写张贴，打破话语权垄断——平等开放

便利贴的匿名书写与全员张贴机制，化解了职位、性格等因素对发言权的影响。

实践方式：参与者独立完成后统一张贴至大白纸的表格中，主动按区域展示，避免"大嗓门效应"；

效果保障：通过"沉默者优先张贴"规则，鼓励内向者率先展示便利贴，而

管理者需最后发言，确保多元观点平等呈现。

3. 延迟评价，营造安全环境——不加批判

便利贴式操作将"提出"与"讨论"阶段分离，自然延缓批判性反馈。

实践方式：研讨分为两阶段——发散期（仅书写张贴）与收敛期（归类点评），要求大家把所写便利贴内容念出来，但禁止相互评价；

效果保障：张贴后引导参与者用"Yes, and…"原则在他人便利贴旁补充新便利贴，而非直接否定，维持正向激发氛围。

4. 原样留存，视觉化归档——记录完整

便利贴本身即是原始记录载体，结合可视化工具可完整保留思考痕迹。

实践方式：所有便利贴按原话保留，尽量不要简化，而且要书写工整，通过拍照、标记来存档；

效果保障：后期整理时按主题聚类而非概括，避免记录员主观过滤，同时保留便利贴颜色、位置等信息辅助回溯语境。

5. 空间排列，组合催化联想——借力激发

便利贴的可移动性与视觉化呈现，使跨领域关联更直观，激发"创意链式反应"。

实践方式：将便利贴按主题分组后，引导参与者寻找不同组别间的关联，用连线、符号或新增便利贴标注逻辑；

效果保障：通过"创意接龙"游戏（如每人基于他人便利贴续写新点子），强制触发跨界联想，深化创意层次。

便利贴式头脑风暴的这种开展模式，使得团队创造力得以在低阻力环境中自然流动，真正实现"原则不靠强调，而靠机制落地"。

拆掉思维枷锁，人人都能成为创新者

在研讨会上，随着便利贴头脑风暴不断涌现，大量解决方案已被整理记录在《解决方案激发表》中的"常规方案"和"细化方案"栏目中。尽管这些方案逻辑清晰且具有可操作性，但它们往往来源于对鱼骨图诊断分析中现有便利贴的直接转化，较为保守。为进一步突破传统思维模式，需要借助创新工具，将这些基础素材转化为打破常规、具有颠覆性的"激发方案"，从而实现思维的真正自由和跨越。

然而，许多人对"创新"存在着一些误解，仿佛一座无形的枷锁，阻碍了思维的突破。以下几个常见的误区，或许正是让你在面对创新时止步不前的原因：

误区一：创新是少数人的天赋

有人认为，创新是像爱因斯坦、爱迪生、乔布斯这样的天才与生俱来的能力，而普通人不具备这样的高智商，很难实现创新。我们不否认某些天才，天生具有高于常人的创新能力，但并不意味着普通人与创新无缘。

神经科学研究表明，大脑的神经网络具有可塑性。创新力如同肌肉，可以通过科学方法锻炼，只要采用适当的工具和方法，每个人都可以提升发散思维和联想能力，突破固有模式。

误区二：创新是专家的特权

有人认为，只有深耕某个领域数十年的专家才能实现创新突破。但现实中，过度依赖经验反而会形成思维定式，反而限制创新。

在问题解决研讨会中，多元背景往往比单一经验更易触发创新，如果能吸纳不同部门、不同专业、不同年龄、不同岗位的成员加入，并遵循头脑风暴的原则展开讨论，很可能会比单一领域的专家拥有更广阔的交叉创新能力。

误区三：创新是神秘的灵光乍现

人们常将创新归结为"顿悟时刻"，忽略了背后的系统方法和流程。事实上，创新本质上是一种可以通过工具和方法掌握的思维方式。通过工具化、流程化的操作，可以让创新变得有迹可循，并走进每个人的工作和生活。

误区四：创新惧怕失败

害怕失败是创新的一大敌人。许多人在面对创新时，担心提出的方案不够完美，害怕被他人批评或否定，从而不敢大胆尝试新的想法。这种对失败的恐惧，就像无形的枷锁，束缚了创新思维的展开。

然而，创新本质上是一个试错的过程。每一次失败都是向成功迈进的一步。在问题解决研讨会中，应该营造一种包容"坏主意"的氛围，鼓励团队成员勇于表达，不怕说错。只有在这样的环境中，创新的火花才能真正被点燃，团队才能在不断的尝试和改进中找到真正有效的解决方案。

误区五：创新必须完全原创

一些人认为，只有完全原创的想法才能称为创新，对现有成果的借鉴、改良不算真正的创新。实际上，很多创新都是在已有基础上进行的改进和优化。

在问题解决研讨会中，我们应鼓励团队成员基于现有方案进行再创造，对常规方案的优化改良同样可以产生创新成果。

误区六：创新是少数人的任务

在一些团队中，创新被视为领导或特定创新部门的责任，普通员工只需执行。这种观念导致大部分员工在创新方面消极被动，创新难以在组织中广泛开展。

实际上，创新需要全体员工的参与。基层员工往往更了解实际操作中的痛点和客户需求，他们的创意可能更贴近实际。在问题解决研讨会中，应鼓励所有成员参与创新，营造创新氛围，建立激励机制，让每个员工都成为创新的主体，释放全员创新潜力，营造人人参与、人人创新的文化氛围。

运用创新思维工具，让创意持续涌现

在问题解决研讨会上，以现有成果为基石，借创新思维工具破局，参与者可以拓宽视野。思想碰撞间，灵感如活水奔涌，新颖方案层出不穷。以下是几种研讨会上好用的创新工具，可以帮助团队将头脑风暴的效果最大化，生成更多创新解决方案，体会创新思维工具带来的乐趣。

1. 升维扩展法

升维扩展法是一种从已有想法出发，激发更多创新成果的思维工具，通过把现有想法上升一个维度，提取其背后的核心概念，再从概念入手向下扩展，产生更多新想法。这种对单一想法的"先升维，再扩展"的思维工具，非常适合在问题解决研讨会的头脑风暴中应用。

例1：一个好主意，可以升维扩展出一大堆好主意

在讨论"如何促进员工创新的积极性？"时，参与者看到一张便利贴上有个初步想法：用员工的名字来命名创新成果。这显然是个有效的好主意，要想让这一个好主意激发出更多的好主意，就可以运用"升维扩展法"，首先思考："把这个做法上升一个维度，意味着什么？"可以得出结论，这个做法的本质是"给主

动创新的员工更多成就感",基于这个升维后的成果,接着向下扩展:"还有哪些做法,可以带给创新员工成就感?"(详见图10-3)。

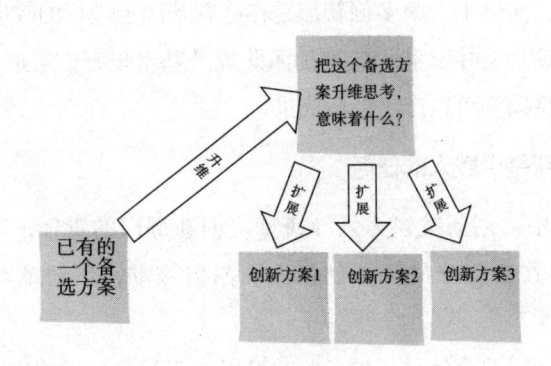

图 10-3 升维扩展法示意图

这个问题提出后,会涌现出一系列新的创意:例如,"在特定用品上印上员工的肖像表示奖励""创立公司创新名人堂""授予员工创新标兵荣誉称号""创建以员工命名的基金"等。层出不穷的好主意就此涌现。

例2:一个"坏"主意,也可以升维扩展出一大堆好主意

在讨论"如何调动年轻员工的工作热情?"这个话题时,勾起了一些参会者的负面回忆,大家给出的方案难免出现情绪化表达的内容,在《解决方案激发表》中,有一张便利贴上写的是"对不好好工作的员工,要让他的父母来管教他们!"表面看这是个荒唐的想法,但运用"升维扩展法"思考,却可能从中激发出创新的想法:

"把这个做法上升一个维度,意味着什么?"可以得出结论,这个做法的本质是"借助员工父母的力量来激发员工",基于这个升维的成果,向下扩展思考:"还有哪些做法,可以借助员工父母的力量激发员工?"一系列新的创意喷涌而出:"给员工父母寄送生日礼物""邀请员工的家人参加公司庆典""管理者去员工家慰问拜访"等。

这些创新想法是在荒唐想法的基础上被激发出来的,也进一步说明"不加批判"的重要性,头脑风暴中没有糟糕的想法,每张便利贴都可能是一个资源宝库。看似不切实际的建议,反而可能带来新的角度和有效的方法。

升维扩展法作为创新思维工具,可以帮助团队在已有的想法基础上,实现更多创新突破。

2. 强行关联法

强行关联法是一种通过将看似毫不相关的事物进行组合，来产生新的创意和想法的方法。这种方法通常会将两个或多个不同的概念、元素、形象等强行组合在一起，形成一种新的关联，从而产生新的灵感。

在问题解决研讨会中，当各种想法似乎已经穷尽，没有新想法可以产出时，可以运用强行关联法，随机地选择与主题无关的元素，比如颜色、数字、物体等，将所选的元素与主题进行强行关联或组合，在脑海中构思新的想法或方案，并进一步优化和完善。

例1：借助卡牌图案强行关联

一家饮料公司设计团队在研讨产品包装的改进方案时，遇到了瓶颈。主持人拿出一套印有各种图片的卡牌，请一位成员随机抽取，抽到的是一张"蜡烛"的图片，大家围绕蜡烛的特征进行联想，如"浪漫""圆柱外形""发热""多种颜色"等。通过将这些特征与"如何改进饮料包装"的问题结合，团队迅速提出了多种创意，例如"浪漫"引发了"情侣包装"的想法，"圆柱外形"带来了"带托咖啡杯包装"的创意，"发热"则启发了"开发自发热夹层的饮料包装"。这种通过看似无关的事物激发创意的方式，能够帮助团队跳出常规思维，提出更多创新的解决方案。

例2：借助任意物品强行关联

某团队在讨论"如何提升团队协作效率？"的课题，当思路停滞时，主持人随手拿起手边的半瓶矿泉水，请大家开展强行关联。短暂的思考后，大家思如泉涌，纷纷献上了创新解决方案，如："水瓶是透明的，我们可以用透明化看板的方式，随时呈现协作进度。""矿泉水的瓶标上有红色和绿色的图案，我们可以把团队协作的任务，用不同颜色的图案来标注。""水代表财富，所以我们可以设立协作基金，用来激励协作到位的同事。""水瓶是容器，我们不妨对出现失误的同事体现出包容的态度，建立起良性的协作文化。""瓶盖可以防止水溢出，我们可以明确团队协作的红线，制定行为规范，让大家都知晓。"

上面这些想法本来并不存在，但有了关联物，就能激发出无穷创意，新想法凭空跃出。依此类推，在研讨会上，我们手边的笔、纸、手机等物品；墙上的绘画、标语、挂饰等可见图案；窗外的景物、建筑、行人；耳边的音乐、鼻子闻到的气味、口中品尝的食物等，无一不可作为关联物，与任意课题产生强行关联，让创新思路源源不断地出现。

强行关联法可以帮助人们跳出固有模式和思维惯性，产生更具创意性的想法和方案。虽然随机选择元素可能会看起来有些随意，但它却可以发挥神奇的效果，帮助人们扩展思维范围，产出创新成果。

3. 逆向反转法

逆向反转法通过将问题从正向反转为极端的负面情景（"地狱模式"），再反转回正面（"天堂模式"），从而揭示出问题的本质和可能的解决路径。这种方法能够弥补正向思维中的遗漏，从负向角度深化对问题的理解，产出创新解决方案。

例如，研讨课题"如何提高团队凝聚力？"的过程中，团队成员把能想到的措施都已贴在了《解决方案激发表》中，大家都感到有些累了，精力不太集中。

这时，主持人运用"逆向反转法"，把问题转变为："如何让团队钩心斗角，一盘散沙？"请大家讨论。这种极端的负向问题，让陷入疲惫的研讨者重新燃起热情，踊跃贡献"馊主意"。随着层出不穷的"搞垮团队"的坏点子出现，现场传来阵阵笑声。

待想法收集到一定程度时，主持人要求大家把刚才"地狱模式"的答案，逐一反转到"天堂模式"，创新的好主意开始跃然纸上（详见表 10-1）。

表 10-1 研讨成果示例

研讨课题："如何提高团队凝聚力？"	
地狱模式问题： "如何让团队钩心斗角，一盘散沙？"	天堂模式问题：（原研讨课题） "如何提高团队凝聚力？"
1. 刻意模糊团队目标，频繁变更方向。 2. 将同一任务分配给多人且不界定主次。 3. 鼓励"告密文化"，制造猜忌。 4. 公开偏袒个别成员，奖惩不明。 5. 发动群众斗群众，团队内部恶性竞争。 6. 对推卸责任、甩锅类行为视而不见。 7. 不守承诺、敷衍执行。 8. 领导对下属缺乏反馈，团队失去方向。 9. 要求团队加班但自身早退，失去信任。 ……	1. 锁定清晰明确的团队目标，勇往直前。 2. 任务有清晰的职责分工，明确角色边界。 3. 明确协作规则，鼓励有事放在桌面上。 4. 公平公正对待每个人，一碗水端平。 5. 鼓励协作，资源共享并互补。 6. 明确责任主体，谁产生的问题谁担责。 7. 信守承诺，言出必行，认真对待工作。 8. 建立定期反馈机制，确保信息畅通。 9. 同甘共苦，荣辱与共，建立充分信任。 ……

4. 异花授粉：跨小组的智慧碰撞

异花授粉本是植物学中的术语，指的是花朵的雌蕊通过接受其他花朵的花粉来受精繁殖后代的现象。借用在研讨会中，是指通过不同小组成员的深入交流碰撞，将各组已有的研讨成果做进一步激发，进行多轮对话，最终产生富有创意的解决方案，避免故步自封。

在实际操作中，通常会将参与者分成多个小组，每组成员就一个问题展开讨论。每隔一段时间，组员会轮换到其他小组进行新的对话和观点交流。每个小组都有一位"桌长"负责引导讨论，确保讨论不偏离主题，并且鼓励每位成员提出自己的独到见解。随着讨论的深入，参与者会在新的小组中将自己的想法与他人的观点进行交汇和碰撞，最终形成丰富的解决方案。

"异花授粉"被广泛应用于团队讨论和创新工作坊中，尤其适用于那些需要快速激发创意并整合多元观点的场合。这是一种能够在团队中激发创造力、促进协作的有效方法，只要尝试运用，就能看到效果，通过不断的思想碰撞与融合，共同孕育出更多创新的解决方案。

运用创新思维工具，能让团队在头脑风暴中打破常规，跨越传统思维的边界。从升维扩展到强行关联，再到逆向反转和异花授粉，每种方法都有其独特的优势。以上举出了四个研讨会中可用的创新思维工具，其实，还有很多可以帮助团队打开思维边界，突破常规限制的方法，帮助研讨者从多维度思考问题，不断迸发出新颖的创意。通过这些方法，头脑风暴的效果将得到最大化，为解决复杂问题提供更多可能的路径。

第十一章

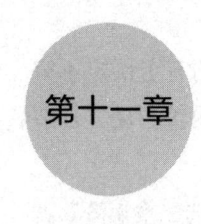

决策行动：快速筛选并落实具体行动

案例导读

在"决策行动"中找到有价值的方案

在问题解决研讨会上,经过多轮集思广益,团队成员贡献了大量解决方案,整个《解决方案激发表》上贴满了色彩斑斓的便利贴,展现出丰富的创意成果。主持人诸葛明决定带大家进入下一步"决策行动"。

诸葛明向参与者强调:决策行动阶段的思维方式,应该是"基于未来的收敛",也就是说,我们要把刚才头脑风暴发散出来的这些成果,用收敛的方式进行筛选,确定接下来要开展的行动,制定出未来的具体计划。

小冯看着密密麻麻的便利贴,略显担忧地说道:"刚才我们讨论时,严格按照头脑风暴的原则进行,所以这里面的内容鱼龙混杂,有好主意,也有拍脑袋的、无厘头的、调侃的、夸张的主意,都混在一起,现在要把这些杂乱无章的想法逐条筛选,工作量可真不轻啊!"

诸葛明笑着安慰道:"不用担心,我们有一个行之有效的工具,可以帮助我们快速做出理性筛选。"

在一轮又一轮激烈的头脑风暴之后,《解决方案激发表》里拥有了层出不穷的备选解决方案,但这些良莠不齐的方案掺杂在一起,需要在"决策行动"环节快速筛选出那些有价值的解决方案。

这时候,就需要借助筛选工具,实现理性而高效的决策。"优选二维矩阵"就是一个非常好用的研讨决策工具。

用"优选二维矩阵",快速筛选解决方案

"优选二维矩阵"是一种简单且实用的决策工具,通过将不同方案措施与明

确的筛选标准结合，我们可以更加系统地进行决策，能够帮助我们在众多备选方案中，快速筛选出那些最合适的解决方案，有效提高决策效率。具体操作分为四步：

1. 明确选择标准：根据选择场景的实际情况，确定两个关键"筛选标准"；
2. 搭建二维矩阵：将两个筛选标准以横竖坐标的形式组成二维矩阵，构成四个象限；
3. 选项评估归类：审视评估备选项，逐一归入四个象限中，形成结构化的四大类别；
4. 后续对应策略：根据四个象限的特点，区分各类备选项适合采取的后续策略。

明确选择"标准"是理性决策的关键

凡做价值选择，必先明确标准——有了清晰的选择标准，我们才能在复杂的方案中，快速准确地做出决策，找到最适合的路径。筛选标准是做出理性决策的关键，它帮助我们从复杂的选项中去伪存真，留下真正有价值的方案，排除掉不适合的方案。

事实上，不论生活还是工作中，只要面对"选择"的话题，都必然涉及"标准"的选择，标准其实是价值观的一种体现，在你心目中，什么重要？什么不重要？什么值得？什么不值得？都可以通过"标准"呈现出来。

举一个生活中"选择婚恋对象"的例子：

假设一位条件很好的年轻女士正在被多名男性追求，她需要从中做出选择，挑一位作为婚恋对象，那就先要了解其择偶标准，再看哪个候选人符合标准。人们的择偶标准五花八门，如：家里有钱、本地户口、幽默风趣、人品高尚、颜值帅气、善解人意、高大威猛、才华横溢、积极上进、底蕴深厚、性格温柔……所有这些标准本来都无可厚非，但如果当事人没有清晰的价值观排序，无法确定自己的择偶标准，就无法做出选择。

再举个工作中"招聘岗位候选人"的例子：

在面对招聘候选人时，如果没有明确的标准排序，我们就会迷失在每个候选人的优劣纠结中，无法做出果断的选择。面对一个岗位，什么是重要的，什么是次要的？招聘官必须有明确标准：名校学历、工作经验、年龄阶段、大厂背景、专业方向、口才表达、文字能力、创新能力、沟通能力、协调能力、编程能力、销售能力……这些条件很难在一个人身上兼备，如果不确定招聘岗位适用的胜任标准排序，就永远无人可用。

同样道理，在问题解决研讨会上，面对林林总总的备选解决方案，管理者必须和团队成员一起确定"筛选标准"，例如：可行性、可控度、实施难度、收益大小、创新程度、见效快慢、成本高低、资源情况、紧急程度、重要程度、潜在影响等。由于研讨课题五花八门，筛选标准无法一概而论，需要根据课题的性质、期待的结果、备选解决方案的特点等因素，有针对性地选择，或在现场集体商议适合的标准，并区分其优先级排序。

优选二维矩阵，在生活中的应用示例

以前文提到的"筛选婚恋对象"为例：

假设这位女士是务实的文艺青年，有自己清晰的价值观排序，排名最靠前的两个择偶标准分别是"财富"和"才华"，那么选择就简单了：把"有钱、没钱"作为横坐标，把"有才华、没才华"作为纵坐标，组成优选二维矩阵，将四位候选人归入四个象限中，很快就可以得出相应的行动策略（详见图11-1）。

第一位候选人处于"有钱，有才华"象限，可将其归为"男神"，应对策略是：主动出击嫁给他，毕竟茫茫人海中，最重要的条件都能满足是很难得的，不可错失良机。

第二位候选人处于"有钱，没才华"象限，可将其归为"土豪"，应对策略是：和他做朋友。

第三位候选人处于"没钱，有才华"象限，可将其归为"蓝颜"，应对策略是：和他做"知己"，蓝颜知己，才华相慕，可以清谈文艺，但不能一起过日子。

第四位候选人处于"没钱，没才华"象限，可将其归为"路人"，应对策略是：不再交往，毕竟最重要的两个标准全都不占，话不投机干脆远离。

每次在课堂上讲解这个例子，都会引发学员的笑声和调侃。有一次在课堂上，有位学员问道："如果男神不止一位，都在同一个象限里，那该如何是好？"这个问题让全场哄堂大笑。其实继续筛选也可以用同样的方法，只需把这位女士的择偶标准排序拿出来，排名第三和第四的组成二维矩阵，刚才选出来的几位"男神"作为候选人，再做一轮四象限分类，就可以缩小选择范围，这个过程反复进行，直到选出那位唯一的真命天子就好了。

当然，优选二维矩阵是一个纯理性的筛选工具，在实际生活中，人们的选择

往往是非理性的，可能一个"心动的感觉"就能胜过所有择偶标准，做出义无反顾的选择。

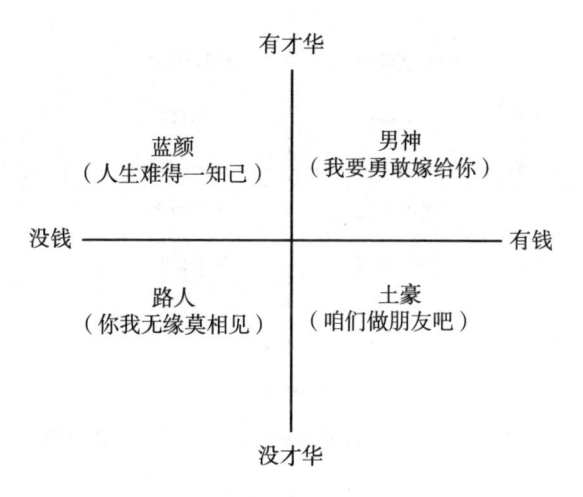

```
                    有才华
                      |
        蓝颜          |      男神
   （人生难得一知己） |  （我要勇敢嫁给你）
                      |
   没钱 ——————————————+—————————————— 有钱
                      |
        路人          |      土豪
   （你我无缘莫相见） |  （咱们做朋友吧）
                      |
                    没才华
```

图 11-1　用优选二维矩阵筛选婚恋对象

用优选二维矩阵，筛选解决方案

在筛选解决方案的过程中，运用优选二维矩阵不仅可以高效做出选择，而且还能避免情绪干扰，是一个值得学习和掌握的决策思维工具。

面对《解决方案激发表》里的备选方案，可以先用"可行性"这一个标准，把那些"不可行"的便利贴先淘汰出去，剩下的就都是"可行"的方案。但即使是可行方案，也要区分出不同类别，研讨者可以再选择两个适合的标准，例如"收益大小"和"实施难度"，组成一个"二维优选矩阵"，逐一审视当前的每一张便利贴，将其归入矩阵四象限中，很快就能确定各个象限的后续对应策略（详见图 11-2）。

如果方案"收益大，容易实施"，那就属于要优先采取行动的"最优措施"，面对这些绝佳的好主意，可以选择立刻推进执行，快速取得大回报；

如果方案"收益小，容易实施"，说明这是容易摘到的果实，可以在"最优措施"进行中顺手进行，快速斩获，毕竟其实施难度并不高，能有收益就行；

如果方案"收益大，不容易实施"，说明这些措施需要更多努力才能见到成果，可以保留下来作为后续工作内容，或者逐步推进，待条件成熟时再做打算；

如果方案"收益小，不容易实施"，那就可以暂时搁置，因为这些解决方案往往性价比很低。

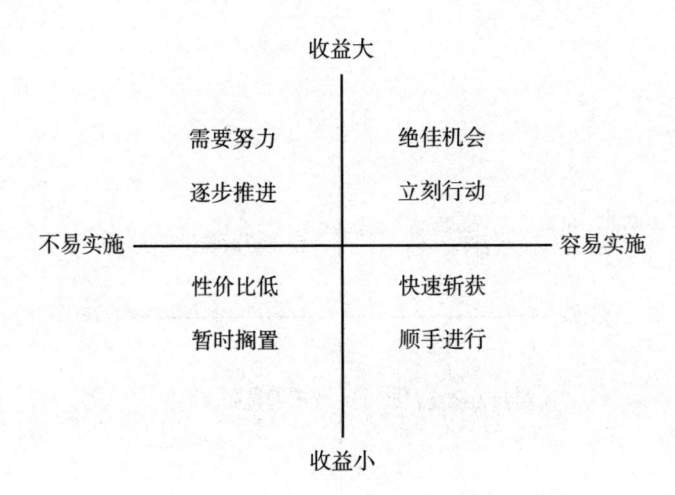

```
                    收益大
                     │
        需要努力      │      绝佳机会
        逐步推进      │      立刻行动
                     │
   不易实施 ─────────┼───────── 容易实施
                     │
        性价比低      │      快速斩获
        暂时搁置      │      顺手进行
                     │
                    收益小
```

图 11-2　优选二维矩阵在筛选解决方案时的运用

通过运用"优选二维矩阵",团队能将大量的解决方案迅速归类并筛选出最佳行动路径。这种方法理论严谨,操作简便,是理性决策和高效执行的重要工具。无论是在工作中的招聘、项目选择,还是在研讨会的解决方案筛选中,明确的标准和系统化的矩阵都能帮助我们在复杂的选项中迅速找到最合适的路径,从而推动问题的高效解决。

制定"行动计划",明确后续举措

当最终选定的解决方案经过严谨筛选后,关键在于将这些决策转化为切实可行的行动,确保成果能够落地并顺利执行。此时,问题解决研讨会的成果就要通过一个详细的"行动计划"予以落实,从而将团队智慧转化为实际效益。

确保高效执行的关键保障——《行动计划表》

行动计划不仅是推动工作进展的动力,也是确保高效执行的关键。为了让每项决策具体落地,参与者将筛选出的解决措施汇总填写进《行动计划表》中,确保每项工作有明确目标、具体步骤和可量化的成果,从而避免因执行细节不清而导致任务延误。

《行动计划表》至少要包含以下要素:

1. 工作目标

明确这个行动计划最终要达成的目标，用符合"SMART 原则"的句式明确表述出来，例如"到今年年底，把客户满意度从 80% 提升到 95%。"一般情况下，目标期限距离越近，《行动计划表》中的任务和行动内容就越细致；反之，目标截止时间越远，《行动计划表》中的任务和行动内容就越粗放。

2. 任务类别

任务类别是对具体行动的分类，分类方式要根据行动事项来因地制宜做具体分析，可以按照行动的性质分类，如，"文案撰写类""会议沟通类""追踪辅导类"等；也可以按项目阶段分类，如，"第一阶段""第二阶段""第三阶段"等；还可以按行为主体分类，如，"员工管理岗""培训岗""招聘岗"等。

3. 具体行动

这是行动计划中的关键内容，要将筛选出的解决方案细化成可操作的具体动作，每一个具体行动都要明确描述，避免模糊不清或笼统概括，确保执行者清楚自己具体要做的事情是什么。如果"解决方案激发表"中的便利贴内容足够细致，那么"具体行动"就会很容易确定，直接抄写在表格中即可；如果之前的解决方案比较笼统，那就需要在制定行动计划时，将其进一步拆解为可执行的具体行动。

4. 起始与截止时间

为每项行动设置时间表，明确开始时间和结束时间，如果是属于周期性的行动，还要明确执行的频率（如每日、每周、每月等），确保每项行动都有明确的时间节点，不会因为缺乏时间管理而导致拖延或滞后。

5. 成果标志

为了确保每项具体行动都有明确的结果，就必须明确"成果标志"，只要看到这个成果，就标志着这项行动成功完结了。如果不提前确定成果标志，就有可能出现大家对此项工作是否完成，存在不同的标准，导致执行与协作的风险。

6. 执行与监督人

为每个行动事项指定具体"执行人"，负责该事项的具体实施；同时也要明确"监督人"，负责监督和提醒执行人按时完成，避免遗忘和延误。每一项行动都有至少两个人在关注，不仅有助于提高责任感，还能确保每项任务得到跟进和落实。

7. 备注

对于特殊或复杂的行动事项，可在"备注"栏中做进一步说明，帮助理解任务背景或特殊要求。

以下是行动计划表的参考模板：

表 11-1 行动计划表

工作目标									
序号	任务类别	具体行动	时间			成果标志	执行与监督人		备注
			开始时间	结束时间	频率（每日/周/月）		执行负责人	监督人	
1									
2									
3									

为了让《行动计划表》更加直观可视化，也可以用"甘特图"的方式来呈现每个行动事项的起止时间，甘特图帮助团队清晰地看到每个环节的时间节点，通过动态更新的方式，管理者可以一目了然地看到项目的整体进度，帮助他们做出及时的调整。这种透明化的管理工具，可以确保任务的顺利执行。

PDCA 循环：持续改进，不断超越

当行动计划得以执行时，意味着问题解决研讨会取得了阶段性成果，团队成员看到自己的智慧和努力转化为实实在在的成果，自然士气大振、全力以赴，即使遇到困难也不会轻言退缩。整个团队已经形成了强大的支持力量，相互激发，同舟共济的氛围已经悄然形成。

然而，即便方案和行动计划已经制定，但如果没有持续的跟踪和调整，执行效果可能会大打折扣。因此，建立有效的追踪机制，不断评估进展，改进方案，是确保方案落地的关键。此时，PDCA 循环（计划、执行、检查、处理）作为一种行之有效的管理工具，可以帮助团队持续改进，确保达成既定目标。

PDCA 循环的四个阶段

PDCA（Plan-Do-Check-Act）循环是一种系统化的管理方法，旨在通过不断的反思和改进，持续提升质量和效率。这一方法由美国质量管理专家戴明博士推广，被称为"戴明环"，其核心理念在于每次循环后对工作进行评估，再根据反馈修正偏差，从而逐步超越既定目标（详见图 11-3）。

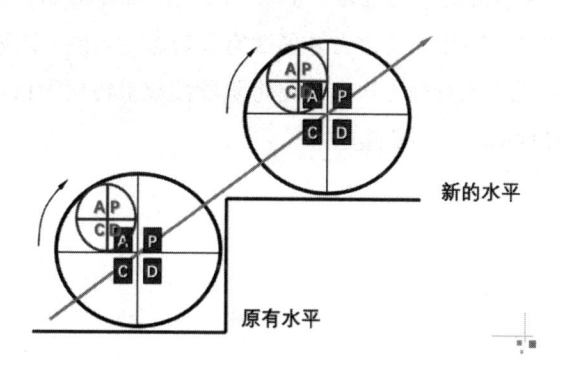

图 11-3　PDCA 循环

1. Plan（计划）

在这一阶段，团队制定详细的目标和行动方案，明确接下来的工作重点。问题解决研讨会上形成的《行动计划表》正是这一阶段的产物。清晰、量化的目标为后续工作提供了方向，也确保了任务的可衡量性和可操作性。

2. Do（执行）

将制定的计划付诸实施。此时，团队确保各项资源到位，任务分配明确，并通过及时沟通与协调，保证所有行动按计划有序展开。执行阶段要求团队成员高度协作，面对困难时也不轻言退缩。

3. Check（检查）

执行过程中，团队要定期对进展进行检查和评估。这一阶段的核心是对执行结果的反馈，比较计划与实际之间的差距，评估哪些措施起到了预期效果，找出实施过程中的差距和不足。检查阶段的关键在于对执行结果进行客观反馈，为下一步的改进提供数据支持和方向指引。

4. Act（处理）

在检查的基础上，团队需要针对问题采取处理措施，修正偏差，优化方案。

这一阶段确保了偏差被及时纠正，保证下一轮循环的效果更加完美。

借助 PDCA 循环，可以让团队建立起循环迭代、持续改进的思维习惯，一次问题解决研讨会取得了一定成果，也许无法彻底解决难题，所以真正的成功在于不断优化和迭代，将成果逐步推进，直至取得理想的成果，画上圆满的句号。正如 PDCA 循环所强调的，反思与改进是不断超越现状、追求卓越的不竭动力。

此外，PDCA 循环的应用也为即将展开的"管理改善研讨会"奠定理论基础。只有在不断改进的过程中，管理者才能够有效防患于未然，团队才能避免重蹈覆辙，通过这种系统化的管理方法，最终将阶段性成果转化为长效机制，实现创新与持续进步的良性循环与不断超越。

管理觉醒

第四部分

创新实践 2
——防患:"管理改善研讨会"实操指南

――――――――――――>>>

在团队管理过程中，经常会因负面事件而遭遇各种棘手难题。对管理者而言，解决问题固然重要，但更应该站在高维视角，从偶然事件中洞察必然因素，补足管理漏洞，杜绝类似事件再次发生。

本部分内容，源于笔者主导的另一项行动学习工作坊——《案例复盘与管理改善工作坊》的商业交付实践，经过简化改造后，形成了一种管理者可直接复制的"管理改善研讨会"。

"管理改善研讨会"旨在团队发生负面事件后，通过集体研讨发掘事件背后的管理缺陷，探索出改进路径。其核心目标不在于简单地"解决问题"，而是着眼于"防范问题"，最终打造出标准化的管理体系，实现团队自主管理。

书中以"离职交接负面事件"为案例，贯穿起管理改善研讨会的实操方法，详细阐释了底层逻辑、操作流程和研讨模板。

此外，本部分不仅提供了具体的操作方法，更传递了一种前瞻性的管理思维：从事件中树立防患意识、认识绩效提升效率的重要性，以及描绘打造自驱团队的远景规划等。这一管理视角与许多管理者惯有的思维模式形成鲜明对比，是最值得深入学习和反思的。

管理觉醒

第十二章

底层逻辑：管理改善背后的思维模式

案例导读

离职交接引发的混乱

诸葛明经理所在的部门最近发生了一件烦心事：小李在春节前突然提出离职，接任者小周在春节后发现，小李在节前交接的关键资料竟然存在缺失，导致工作推进受阻。小周多次尝试与小李电话沟通，却遭到冷漠拒绝，交接不畅影响了工作的正常运转，严重耽误了业务进程。

面对可能引发严重后果的不利局面，小周紧急向诸葛明经理求助。诸葛经理立即采取了一系列应对措施，他一方面让小周对缺失的资料进行详细梳理，拿出替代应急措施；一方面协调相关岗位和兄弟部门的同事加班加点，及时应对突发需求；同时，安排专人与小李沟通，劝导其尽快补充完整资料。经过一系列紧锣密鼓的行动，在全部门和兄弟部门的共同努力下，这场因离职交接引发的混乱得以平息。

就在小周以为这件事已经画上句号的时候，诸葛明经理却提出，要针对这次事件召开一个研讨会，小周有些困惑，担心地问道："当初交接问题已经对工作造成困扰时，您为何未召开研讨会？现在问题已经解决了，为什么还要把这件事拿出来研讨？您是不是想在会上批评我，让我为交接不畅承担责任？"

诸葛明经理笑着说："解决眼前问题固然重要，但如果不从根源上找到防范措施，类似的一幕还会重演，大家将不断陷入此类困扰中。这次我们召开的是'管理改善研讨会'，目的不是追究责任，而是借此机会共同探讨并弥补管理中的不足。"

在带团队的过程中，各类突发的负面事件如同暗礁，随时可能冲击团队的正常运转。这些事件可能包括工作失误、客户投诉、项目延误、协作障碍等问题。

大多数管理者在面对负面事件时，往往会专注于迅速解决眼前的问题，以尽快恢复工作秩序，这无可厚非。然而，具备前瞻思维的管理者，不仅会思考如何解决眼前的问题，更能从负面事件中看到背后的隐忧，汲取宝贵经验，推动管理的持续改进。"管理改善研讨会"就是借助团队的智慧，从负面事件中找出管理漏洞，共同改善管理的行动学习研讨会。

成长型思维：将负面事件视为成长的契机

诸葛明经理所在的部门遭遇的离职交接风波，只是各类突发事件中的冰山一角。面对负面事件，"怎么看"决定"怎么办"，而管理者的思维模式决定了应对事件的方式。

斯坦福大学的行为心理学教授卡罗尔·德维克在《终身成长》一书中，提出了两种思维模式：固定型思维和成长型思维。固定型思维的人往往畏惧挫折，不愿改变现状，甚至趋于逃避现实，因而陷入自我设限；而持有成长型思维的人则将改变视为必然，相信一切皆是学习的机会，人们拥有无限的潜力去不断学习与成长。

以小李离职交接不畅所引发的问题为例，固定型思维的管理者容易陷入消极状态，传递出无助和悲观的氛围；他们会将问题归结于小李的人品欠佳或小周的态度消极，从而对整个团队失去信任，加剧了团队内的焦虑和不安；他们习惯于头痛医头、脚痛医脚，忙于追究当事人责任并处罚，导致团队成员遇事习惯性地推卸责任，没有主动解决和防范问题的动力。长此以往，团队将不断陷入负面事件的循环中难以自拔。

成长型思维的管理者则会将负面事件视为团队与个人成长的契机，展现出积极的态度和坚定的信心：一方面，他们保持正向的期待，主动寻找解决方案；另一方面，他们将此事件视为优化团队管理水平的契机，推动建立更加完善的管理措施，确保类似问题未来不再发生。同时，他们鼓励团队成员从挫折中汲取经验，培养系统思维能力，打造出持续进化、不断迭代的高效团队。

下表 12-1 对比了两种思维模式在面对负面事件时的不同反应：

表 12-1　面对负面事件时，两种思维模式的不同反应

维度	成长型思维的反应	固定型思维的反应
对负面事件的态度	将负面事件视为成长的契机，认为问题可以解决，团队可以从中学到经验	将负面事件视为障碍或失败，倾向于认为问题无法解决，员工的态度和品质有缺陷
归因方式	倾向于归因于内部管理上的不完善，并主动寻找改进方法	倾向于归因于个人动机或外部环境，容易将责任推给他人或外部不可控因素
团队士气管理	面对士气低落时，以身作则，传递积极态度，鼓励团队从挫折中汲取经验，增强团队凝聚力	容易传递消极情绪，进一步加剧团队的焦虑和不安，导致团队士气进一步下降
问题解决方式	积极寻找解决方案，推动团队协作，优化流程制度，避免类似问题再次发生	被动应对，倾向于回避问题或依赖外部力量解决，一味追责惩罚，缺乏主动性和创新性
对团队成员的影响	培养团队成员的系统思维，避免孤立地看待问题，增强团队的韧性和适应能力	非黑即白地看待问题，导致成员习惯于推卸责任，缺乏全面思考的能力
长期影响	团队在挫折中成长，形成积极向上的文化，能够更好地应对未来挑战	团队陷入恶性循环，创新能力下降，最终可能重复陷入困境
对管理者自身的影响	提升管理者的领导能力和职业素养，增强应对与防范各类问题的能力	错失提升自身和团队能力的机会，可能逐渐陷入困境

团队负面事件是管理者思维模式的试金石。具备成长型思维的管理者能够将负面事件转化为团队成长与自我提升的动力，而固定型思维的管理者则可能被负面事件所困，阻碍团队和自身的进步。管理者应积极培养成长型思维，以更加开放的态度和更高维度的视角迎接挑战，引领团队不断前行。

灭火与防火：建立"解题"与"防患"的并行思维

"灭火"与"防火"的双轮驱动

在团队运营的漫漫长路中，突发的负面事件宛如草原上迅速蔓延的野火，冲击着团队的生态平衡，威胁着组织的稳健发展。在此过程中，管理者始终面临两大核心命题：一是如何在危机爆发时，迅速采取行动，果断"灭火"；二是怎样未雨绸缪，从根源上"防火"。这两者并非孤立存在、相互对立，而是相辅相成，共同构成现代管理思维的强劲双轮，驱动团队持续前行。

当危机突如其来，管理者的第一反应往往是聚焦当下，全力恢复团队的正常

运转。然而，若仅仅满足于扑灭眼前的"火焰"，而未能彻底清除隐患，危机很可能会卷土重来，使团队陷入疲于应对的恶性循环。真正的管理智慧在于：在有效"灭火"的同时，深挖隐患根源，斩草除根，杜绝危机重演。这不仅是对当下问题的妥善解决，更是对未来风险的前瞻性防控。

"灭火"考验的是管理者快速反应与精准决策的能力，它塑造了组织的敏捷性，帮助团队在危机中迅速止损，赢得宝贵的喘息时间。当问题爆发，管理者需迅速界定问题边界，追溯因果链条，制定并实施针对性解决方案，调动各方资源，展现卓越的领导力。

与之相对，"防火"体现的是系统性优化思维，锻造出组织的抗风险能力。每一次危机都是一次警示，管理者应将其转化为案例，组织团队复盘，探索预防机制，这不仅有助于优化流程，还能培养团队的反思能力。

古人云："祸兮福之所倚。"明智的管理者懂得将危机转化为契机。通过开放的心态剖析问题根源，带领团队挖掘管理中的可改善点，推动管理水平迭代升级。负面事件就像埋藏的地雷，又像送给管理者的警示信号，唯有保持警惕，及时排除，才能将隐患转化为成长的养分。

从时间管理四象限理论来看，防火工作无疑归属于"重要—不紧急"范畴。这类事务常因"不紧急"的特性，在日常工作的喧嚣中被管理者搁置拖延。但恰恰是"重要—不紧急"的事务，最值得管理者主动出击、积极投入。倘若管理者不能为这一象限的事务预留足够时间，团队迟早会被"重要—紧急"的突发火情打得措手不及，陷入慌乱无序的应对中疲于奔命。

解题与防患，构成管理思维的两极。前者助力团队在危机中迅速突围，后者推动组织在日常运营中持续进化。前者积累战术经验，丰富团队的应对策略库；后者构建战略体系，从全局保障组织的稳定发展。运用这种双轮驱动的管理思维，组织不仅能够在危机四伏中突出重围，更能在平稳时期实现自我革新，持续进化，最终实现从优秀到卓越的伟大跨越，在复杂多变的环境中稳健前行，迈向美好未来。

借经典智慧，构筑管理中的"防火"意识

纵观中外智慧，预防隐患、积极防范一直是一项备受推崇的重要理念。中国古代"曲突徙薪""亡羊补牢"的故事，前者从预防角度告诫人们要消除隐患，后者则以事后补救的教训提醒人们及时止损；而西方的"墨菲定律"则生动揭示了"可能出错的事情必然出错"的客观规律。无论东西方智慧都在强调一个道理：

任何问题都不应仅凭表象，而要看到背后潜藏的系统性缺陷和管理漏洞。

同样，我国早在《黄帝内经》中就提出了"不治已病治未病，不治已乱治未乱"的理念，主张在问题萌芽前便积极预防。古籍《鹖冠子·世贤第十六》中关于扁鹊三兄弟的故事，更给管理者带来深刻的启迪。

魏文王曾向名医扁鹊请教："你们家兄弟三人，都精通医术，究竟谁的医术最为高明呢？"扁鹊坦诚地回答："大哥医术最好，二哥次之，我是三人中最差的。"魏王听后十分不解，让扁鹊详细解释。

扁鹊说道："大哥治病，能够在病情尚未发作时，就精准下药，铲除病根。由于此时病人并未察觉到自己患病，大哥的医术难以得到大众认可，所以名气不大，但在我们家中，他一直备受推崇。二哥治病，善于在病情初起、症状尚不明显，病人尚未感受到太多痛苦时，便药到病除，因此乡里人都认为二哥擅长治疗小病。而我治病，往往是在病情极为严重之时，病人痛苦不堪，家属心急如焚。我通过在经脉上穿刺、放血，或是在患处敷药以毒攻毒，甚至实施大手术直击病灶，让重症患者的病情得到缓解或治愈，所以才名闻天下。"魏王听后，恍然大悟。

这则故事为管理者提供了清晰的对标方向：扁鹊恰似那些善于解决问题的管理者，能够在问题出现后，迅速想出应对策略，并果断采取行动加以解决。这类管理者堪称问题解决高手，常常收获诸多赞誉。然而，解决问题能力强，并不意味着就是最优秀的管理者。

真正卓越的管理者，应当像扁鹊的大哥，能够在问题尚未出现时，凭借敏锐的洞察力和丰富的经验，预见可能发生的风险，并提前采取有效措施加以防范。这类管理者在组织中十分稀缺，是可遇而不可求的卓越领导者。

虽然扁鹊的大哥难以复制，但作为普通人，我们至少可以向扁鹊的二哥学习。在问题刚刚露头或付出微小代价时，就及时诊断问题根源，找准"病灶"，采取针对性措施，从源头防止问题进一步发展，更不能让问题重复出现。因为，防止问题发生的能力，远比解决问题的能力更为重要。

不可否认，当负面事件发生时，紧急"灭火"固然必要，但深入思考"如何防止类似事件再次发生"无疑更具深远价值，这是管理智慧的核心所在。管理者若将目光局限于当下，即便找到立竿见影的解决办法，类似问题大概率会再次出现，团队终将陷入疲于应对的泥沼。

在管理中，不论我们已经采取了多少措施，问题都依然有可能会发生，在问题发生之前，我们很难提前预见到会发生什么。负面案例的出现，其实是给管理者敲响警钟，提醒此处有隐患存在，哪怕是一个微不足道的小问题都要警惕。

管理大师彼得·德鲁克的经典论断："好的管理，有预见，静悄悄，平淡淡，不出英雄。"深刻地揭示了管理的本质。只有将"防火"工作做深、做细、做实，管理才能像精密运转的机器一样，有条不紊地进行，以最小的投入获取最大的效益。

解决当下问题，可借助"问题解决研讨会"；而防止问题再次发生，则是"管理改善研讨会"的核心任务：要从每次负面事件中，寻找管理改善的机会，不要企图掩盖缺陷，而是主动探寻问题发生的原因，防止问题再次发生，最大程度上减少未来的风险。

通用框架："四步解题矩阵模型"与"黄金圈"

"四步解题矩阵模型"，也适用于管理改善研讨会

本书第七章介绍了"四步解题矩阵模型"，是将经典的"问题分析与解决"四步流程，对应"过去—未来"与"发散—收敛"两个思考维度组成的四象限。该模型为"问题解决研讨会"提供了思维的框架，也同样适用于"管理改善研讨会"的实操过程。

换言之，"管理改善研讨会"可以作为"问题解决研讨会"的一个分支，都遵循着"四步解题矩阵模型"的框架展开研讨，两种研讨会的指导方法论完全相同，每个步骤中运用的研讨工具也都可以通用。

"管理改善研讨会"与"问题解决研讨会"的核心区别，在于其"目的"的差异：问题解决研讨会是基于五花八门的团队问题，共同找到解决方案，以排除当下的困扰；而管理改善研讨会则是基于团队发生的负面事件，共同探寻管理改善点，以防范未来的风险。

管理改善研讨会将研讨课题导向"防范问题"而非"解决问题"的方向，体现了管理思维的高度与前瞻性，将其与问题解决研讨会并列呈现，是对管理工作中"风险防范"的重视与强调。

下表12-2对比了"问题解决研讨会"和"管理改善研讨会"在运用"四步解题法"时的差异：

表 12-2　两个研讨会在运用"四步解题法"时的差异

	问题解决研讨会	管理改善研讨会
第一步： 界定问题	厘清目标（三种方式）： 量化目标 理想状态 评价标准 梳理现状（三种方式）： 准确数据 客观情况 事件始末 澄清课题（多种方式）： 用"如何……"的句式表达各种各样的问题	厘清目标（一种方式）： 理想状态——不再发生此类事件 梳理现状（一种方式）： 事件始末——负面事件的来龙去脉 澄清课题（一种方式）： "如何避免此类事件再次发生？"
第二步： 诊断分析	两种类型的问题，有不同诊断方向： 对出坑型问题： "为什么……" 对登顶型问题： "实现……面临哪些阻碍因素？"	负面事件都属于"出坑型问题"，诊断方向： "为什么会发生此类事件？"
第三步： 寻找方案	基于多种多样的实际问题，寻找多方面的解决方案	基于负面事件暴露的管理缺陷，专注于寻找管理措施方面的改善方案
第四步： 决策行动	从备选方案中筛选适合的"问题解决"措施，并付诸行动	从备选方案中筛选适合的"管理改善"措施，并付诸行动

"四步解题矩阵模型"是对"黄金圈"的实践应用

"黄金圈"思维模型最早由管理学家西蒙·斯涅克在其畅销书《从"为什么"开始》中提出。该模型揭示了一种高效、深刻且具有普遍适用性的思维方式，能够帮助个人、企业等不同主体洞察事物的本质，明确目标和方向，做出更明智的决策，进而实现成功和成长。因为这种思维像黄金一样有价值，因此被称为"黄金圈"。

黄金圈以三个圆环为核心，层层递进地揭示了思考的三个维度（如图 12-1 所示）：

Why（为什么）：这是黄金圈的最内圈，主要涉及目标、使命、理念和愿景等，是动力的核心。它探究的是做一件事情的根本目的，即为什么要做这件事，是对原则、边界、价值观的确定。同时，用 Why 来进行的提问，也是原因分析的表达方式。

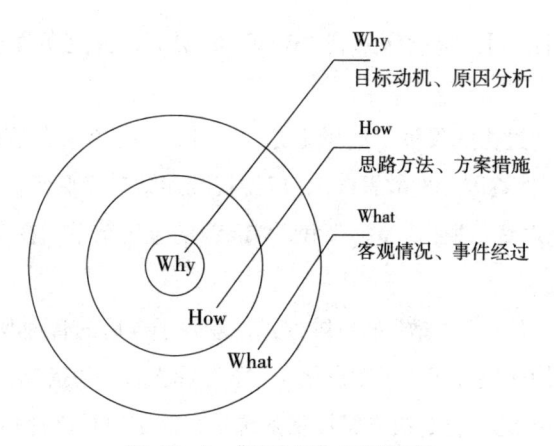

图 12-1 "黄金圈"思维模型

How（怎么做）：中间圈是 How，主要讲的是具体的操作方法和路径，也就是如何实现目标，用什么方式落实理念和价值观，如何采取措施解决问题等。

What（做什么）：最外圈是 What，主要说明客观的现实信息，具备的特点，或者具体事件的来龙去脉等。

"四步解题矩阵模型"与"黄金圈"不谋而合，应用在"管理改善研讨会"中，二者可以实现无缝连接，提纲挈领地指引研讨会的流程推进（详见图 12-2）。

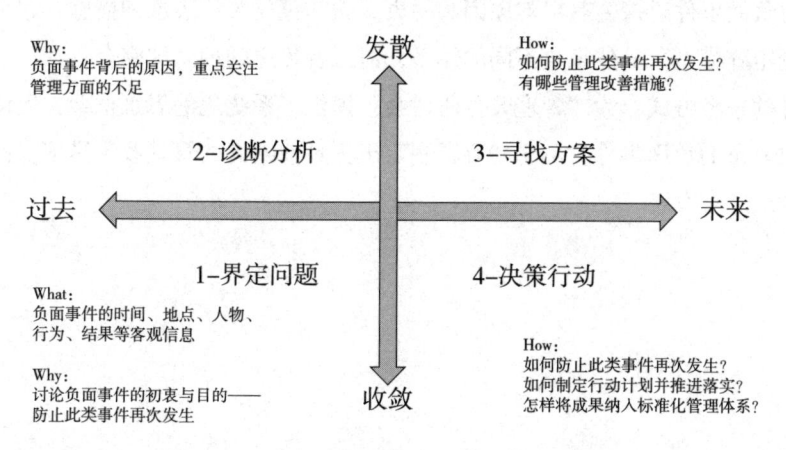

图 12-2 管理改善研讨会"四步解题矩阵模型"与"黄金圈"的结合应用

第一步 界定问题：从"What"层面清晰地描述负面事件的来龙去脉，客观呈现时间、地点、人物、行为、结果等客观发生的一切；同时从 Why 出发，明确研讨会的本质目标是"防止此类事件再次发生"。

本环节要用"过去—收敛"的思维方式，立足于已经发生的事实（过去思维），聚焦已掌握的具体信息（收敛思维），避免脱离真相的杜撰和臆断。

第二步 分析原因：继续深入到"Why"的层面，探究负面事件产生的根本原因。

本环节要用"过去—发散"的思维方式，针对已经存在的客观信息（过去思维），充分探询事件真因（发散思维），以便找准症结对症下药。

第三步 寻找方案：根据"Why"和"What"的分析结果，在"How"层面制定具体的解决方案。

本环节要用"未来—发散"的思维方式，着眼于今后的管理改善（未来思维），找到尽可能全面的解决方案（发散思维），作为备选的行动措施。

第四步 决策行动：将解决方案评估筛选后，制定出行动计划并执行，依然属于"How"层面的具体实施。

本环节用"未来—收敛"的思维方式，以防范今后再次发生为目的（未来思维），提炼出可立即开展的行动措施（收敛思维），推进落实。

在四步解题法的应用过程中，应当时刻以"Why"为导向，关注是否偏离了起始"目的"，保持初心推进研讨进程，随时根据"What"的实际情况变化，对"How"的解决措施和行动计划进行调整，并纳入标准化管理体系。

"黄金圈模型"这种通用的思维工具，可以帮助管理者建立深度思考的框架，在面对负面事件时探究其根本原因和初衷，而非仅仅关注表象和措施；它和"四步解题矩阵模型"虽然来自不同的体系，但二者传递的理念却完全一致，这种由内而外的思考方式，为"管理改善研讨会"提供了系统化的思维框架，促使研讨者面对复杂的负面事件时不忘初心，制定出更具前瞻性的管理改善措施，推动组织持续改进与发展。

管理觉醒

第十三章

界定问题：整理问题案例，澄清会议目标

案例导读

复盘离职交接事件，锚定管理改善方向

在一个阳光明媚的下午，诸葛明经理召集了部门核心成员，召开了一场"管理改善研讨会"。虽然会前通知中已明确本次研讨会的目的——通过"离职交接不到位"事件，帮助团队"改善管理"，但第一次参加此类研讨会的主管们仍难免紧张，毕竟这次负面事件给大家留下的阴影还未消散。

诸葛明经理先用暖场小游戏营造出坦诚开放的场域，让大家放松下来后再进入正题。他请当事人小周按照预先整理好的案例模板，详细介绍了此次事件的来龙去脉，使所有主管迅速对现状有个全面了解。

随后，诸葛经理启发大家思考：在之前的"问题解决研讨会"中，我们的第一步是"界定问题"，也就是通过明确"目标"与"现状"，把要解决的"问题"进行聚焦。今天的"管理改善研讨会"也一样，依然从"界定问题"入手。刚才小周介绍的案例，就是通过"事件始末"的表述方式把"现状"介绍清楚。接下来请大家思考一下，这个研讨会的"目标"是什么？对应着要讨论的"问题"又是什么？

诸葛经理请大家用"如何……"的句式提出一个问题，以确定本次研讨的话题。

主管们纷纷发表意见，讨论的问题五花八门，如："如何让工作交接顺畅？""如何解决离职交接不到位的难题？""如何在工作交接时沟通到位？""如何让离职的员工回来把工作交接清楚？"……

诸葛明经理补充强调：这个"研讨话题"的问句，必须能通用于所有的负面案例，而且还要以"改善管理"为目的，应该怎么提才合适？

小吴认真思考后说："面对所有负面事件，管理改善研讨会的目标

都应当是：让今后不再发生此类事件，那么，我们的问题就可以归纳为——如何避免此类事件再次发生？"

显然，"如何避免此类事件再次发生？"这个问句，确实能通用于所有负面案例，也是以改善管理为目的，大家纷纷点头认可，会议研讨方向也由此达成共识。

任何团队都难免遇到各种各样的突发事件，如"突发客户投诉""上级领导提出批评""协作出现障碍""被兄弟部门提意见""员工失误导致工作被动"等。出现问题不可怕，关键在于管理者如何看待这些事件。

如果将负面事件视为某个员工的问题，或者只把它当作一次孤立的偶发事件，说明管理者还没有形成系统看待问题的思维，从而错失了吸取教训、改善管理的良机。偶发事件背后往往隐藏着必然的管理漏洞，高明的管理者善于带领团队成员集思广益，从偶发事件中，看到更深层的团队管理问题，采取措施避免问题再次发生，唯有如此，工作流程才能日益顺畅，麻烦越来越少。

案例还原：如实呈现负面事件脉络

团队中发生的各类事件，都可以整理成"案例"，帮助团队持续进步，这些案例可分为"正面案例"和"负面案例"两大类。

"正面案例"又称"标杆案例"或"榜样案例"，就是将团队中的好人好事记录下来，以案例的形式传播，塑造正向的标杆，成为大家学习的榜样。这种管理方式已经普遍存在，上至国家的"时代楷模"人物故事，下至每个基层组织的"先进工作者事迹"，都是利用正面案例来弘扬组织倡导的文化。管理者往往乐于针对正面案例开展学习研讨，毕竟属于"弘扬正能量"，从管理者到当事人都乐见其成，与有荣焉。

与正面案例相反，团队中发生的负面事件，往往没有被管理者重视起来，更不会将其整理成"案例"。毕竟出现负面事件并不光彩，很多管理者常常以尽快平息事端为原则，采取"追责——处罚——息事宁人"措施三部曲，草草处理完毕，从此不再提及。表面看这样似乎避免了"家丑外扬"，其实是浪费了改善管理的良机。

团队中出现了负面事件，无论是否已经处理完毕，都可以将其整理成"负面案例"（也可称为"问题案例"或"警示案例"），通过"管理改善研讨会"来调动团队成员共同思考，以达到群策群力改善管理，培养人才的目的。

在"管理改善研讨会"召开前，管理者可以给当事人提供统一模板，将事件整理成案例的形式，作为研讨会的起点。

负面案例的主体部分要遵循"STAR 结构"，进行具体描述：

S：Situation（背景）——案例发生的时间、地点、人物等背景信息。

T：Task（任务）——是在完成什么工作任务时发生的事件？

A：Action（行动）——各当事人都做了什么？事件发生的过程、处理方式等。

R：Result（结果）——描述此案例最后的结果，采取的后续措施等。

小周遇到的"离职交接不到位"事件，就可按照以下格式整理出来：

表 13-1 小周撰写的"离职交接不到位"负面案例整理表

案例名称	因离职交接不到位引发的困扰		
撰写人	小周	所在岗位	市场策划岗主管

案例描述：

（S- 背景）

2025 年 1 月，离春节还有一周时间，营销支持岗的主管小李提出休假和辞职申请，由于该岗位没其他适合的人接手，部门经理安排了市场策划岗主管小周来承接小李的工作内容。

（T- 任务）

小周手头有自己的工作，还要在一周内完成小李的工作交接。

（A- 行动）

小李把工作都放在一个文件夹里，拷贝给了小周，并做了简单的说明，承诺若有不明白的，随时可以问他。初次接触小李的工作内容，小周对很多事情不熟悉，刚开始也没法发现问题，无从探讨细节，就把交接资料都保存好，继续忙自己手头的工作。小李在春节假期后，又继续休了年假，之后来公司办完了离职手续。

春节前后属于行业淡季，在小李休假的这段时间里，没有多少营销支持的工作要开展，所以小周也没有更多介入新岗位的工作内容，并未发现问题。

随着工作开展，衔接不畅的问题暴露出来。小周发现，小李并没有把全部信息都交代清楚，譬如，有些客户的对接人、合作细节等资料都不完整，甚至有故意隐瞒的嫌疑，这导致工作推进困难。小周给小李打电话询问，小李总是不耐烦，以正在新公司工作，不方便接电话为由加以推托，还动不动发一通牢骚，认为公司以前亏待他。

这件事给部门工作造成了困扰，甚至对公司业务的推进产生了影响。经过紧急协调资源，相关岗位同事加班加点提供支持，为应对突发需求采取了一系列补救措施；通过"晓之以理，动之以情"，劝服小李补充了交接信息。

（R- 结果）

在大家的共同努力下，交接资料得以补充完善，混乱得以平息，虽然给本部门和兄弟部门的同事增加了不少额外工作量和心理压力，但好在未造成严重后果。

研讨话题：

如何防止此类事件再次发生？

《负面案例整理表》是用来"界定问题"的模板工具，以下是表中各栏目的说明：

1. 案例名称：用一句话概括案例，给它起一个吸引人的标题，可以有主标题和副标题。例如：《一枚螺丝钉，损失50万——一次操作失误造成的巨大损失》。

2. 撰写人及部门：负责整理该案例的成员，最好是案例当事人，也可以是其他了解事件全貌的人。

3. 案例描述：是案例的主体部分，必须是真实发生的具体事件，不要隐瞒加工，更不可虚构杜撰。按照"STAR结构"还原事件发展的过程和结果，确保所有人对客观事实有统一认知。

4. 研讨话题：用一个问句"如何防止此类事件再次发生？"为研讨会指明讨论的方向：这个问句可成为各种负面案例共同的研讨话题。

在《离职交接不到位引发的困扰》这个案例中，虽然当下受到困扰的主要是小周和部门经理，但未来其他员工都有可能遇到离职交接问题，所以这个案例适合作为团队的共同话题进行讨论。

核心目标：防止此类事件再次发生

谨防本能的思维陷阱：头痛医头，脚痛医脚

管理改善研讨会的研讨话题——"如何防止此类事件再次发生？"直接表明了"管理改善研讨会"的根本目的：不是为了解决当下遇到的具体问题，也不是为了追究责任，更不是为了批判或惩罚任何人，而是要防范此类问题的重复出现，最终实现管理的改善。

在首次召开"管理改善研讨会"时，团队成员往往对研讨的目的存在理解偏差，此时，主持人可以先请参与者针对"研讨话题"的方向发表自己的看法，对比不同的思考方向后，再抛出正确的"研讨话题"，让员工对研讨会的意义有深刻的理解，讨论的热情也会更加高涨。

正如案例导读所呈现的，参会者起初所表达的"研讨话题"，往往局限在事件本身，并不会从"改善管理"的高度去思考，暴露了大多数人在面对负面事件时的本能反应——头痛医头，脚痛医脚，把研讨话题指向事件的当事人或个别问题，而忽略了"管理改善研讨会"的真正目的。

如果研讨的方向指向了某个人，讨论时就很容易导向对当事人的批判，不仅无助于管理改善，还会形成指责攻击、抱怨推诿的团队氛围；如果研讨方向是解

决细节问题，讨论时就很容易局限在具体事件中，看不到更深层的隐患，即使问题暂时得到了解决，仍难以摆脱"墨菲定律"的困扰。

用发展眼光看待当下的事件

对应四步解题流程，整理案例并明确研讨方向的过程，即是"界定问题"的关键环节：对负面案例做清晰描述就是在"梳理现状"；确定研讨话题则是在"厘清目标"，最终要解决的问题是"如何防止此类事件再次发生"，而不是"如何解决当下的问题"。

相对于"问题解决研讨会"，"管理改善研讨会"中的"界定问题"相对简单："现状"只需要讲清楚"事件始末"，"目标"也只有"避免问题再次发生"这一种表述方式，所以很容易让参与者对问题建立共同的认知。

管理者要带领团队从眼下的困扰中抽身出来，用系统视角来思考研讨会的终极目标，"如何防止此类事件再次发生？"这个问句，让参与者越过眼下的麻烦，把目光放在更长远的未来。

对比诸葛明团队起初面对负面案例的那些提问，不难发现，提问的方向不到位，就很容易让讨论停留在较低的层面，无法从中吸取教训，进一步改善管理。围绕着"防范"未来风险的方向推进研讨，才能够从负面事件中找到管理的风险点，这是把挑战转化成机遇，"坏事"变成"好事"的有效途径。

管理觉醒

第十四章

诊断分析：从"技控"角度探究管理缺憾

案例导读

陷入追责和推诿的讨论

经过回顾负面案例以及澄清研讨目标，诸葛明经理主持的管理改善研讨会上，大家完成了对问题的界定，进入"诊断分析"环节。

负面案例通常都属于"出坑型问题"，诸葛明经理请大家分析"为什么会发生此类事件？"列举背后的原因。几位主管七嘴八舌地发表自己看法——

小周说："还不是因为小李人品太差，缺乏职业素养！"

有人补充："没错，小李一直对公司有意见，这次就是挟私报复！"

还有人说："小李这个人确实有问题，不过他的怨气也能理解，咱们这个行业内卷太严重，员工收入又不高，大家难免心态失衡，照我说，行业和公司的原因不能忽视。"

又有人说："坦率地说，我认为这件事小周也有责任，作为交接人，沟通确实不到位。"

马上有人补刀："是啊，小周要是能及时梳理交接材料，也不至于等小李都离职了，还没发现漏洞。"

小周听到对自己的批评，辩解道："我一直也没闲着啊！我之前从来没接触这个岗位，突然就要交接，我怎么可能那么快上手？怎么还成了我的责任？！还有，春节假期也是一个原因，毕竟是行业淡季，那些交接材料暂时用不上，我也没必要提前整理那么多数据吧！"

有人打圆场说："你别急呀，咱们不是要分析原因吗？把可能的原因都列举出来，你说的那些都可以算数，但你自己的问题，也是客观存在的啊！"

小周继续解释："要这么说，就是让我背黑锅，你们这是柿子专挑软的呢!"

小郑连忙抹稀泥:"确实不该怨小周,咱们公司各岗位的工作量都很大,忙不过来也是一个重要原因!"

旁边有人说:"现在哪个岗位工作量不大?这好像不能成为交接出问题的原因吧?还是离职交接流程不完善导致的。"

就这样,很快大家吵成了一锅粥,有几位同事沉默不语,无奈地看着诸葛明,仿佛在说:还不如不讨论呢,怎么说来说去,成了批判和推卸责任大会?

讨论陷入了相互指责与自我辩解,会议氛围变得沉闷和对立。诸葛明见状,沉声说道:"各位,千万别忘了咱们这次研讨会的目标,不是要追究责任和寻找借口,而是要借助这次事件,反思我们的管理体系中可能存在的漏洞,只有从系统层面诊断分析,才能防止类似事件再次发生!"

在讨论"如何防止类似事件再发生"这个核心课题之前,先讨论"为什么会发生此类事件?"这个顺序符合"四部解题法"的思考流程,也就是在"界定问题"之后先做"诊断分析",再去"寻找方案"和"决策行动"。

管理改善研讨会与问题解决研讨会,在诊断分析的侧重点上有着显著差异。在问题解决研讨会中,参与者需要全面且深入地排查,尽可能罗列出所有潜在原因,杜绝任何影响因素的遗漏,以确保问题得到彻底解决。而管理改善研讨会则聚焦于负面事件背后隐藏的管理漏洞,将核心目标锁定在探寻管理环节的不足上。即便最初发现的是当事人的失误,也需转换思维视角,深入挖掘错误行为背后的管理改善切入点,通过优化管理体系,防止类似问题再度发生。

在不少团队的研讨现场,指责、辩解与推诿的场景屡见不鲜,本案例中同样出现了上述情况。此时,主持人肩负着把控研讨方向的关键职责,必须时刻保持敏锐,谨防研讨偏离正轨,掉进习惯思维的陷阱中,错失挖掘深层管理问题的机会。

借助"标靶图",避免掉入归因陷阱

为了防止讨论方向跑偏,研讨会主持人的角色在初期应由管理者亲自担纲,要在介绍研讨会规则时就明确强调,分析原因要从"管理中存在的疏漏"这个角度去思考；在参与者分析原因时思路跑偏的时候，要利用"标靶图"这一工具，将思维聚焦到可改变的原因上，避免掉入归因陷阱中。

归因陷阱1：问责当事员工

管理改善研讨会上分析"为什么会发生此类事件"，是为实现终极目的"防止此类问题再次发生"而服务的，不是为了宣泄情绪，或者批判当事人，更不是要追究谁的责任。之所以要强调这一点，是因为人们在面对负面事件时，很容易陷入"问责当事员工"的陷阱。管理者和团队成员可能会急于找出问题的责任人，对其进行批评和指责。

研讨会一旦成了声讨责任人的批判大会，就会顺理成章地开始"追责四部曲"。

- 追究责任：追查事件责任人，找到其错误的行为，以及要承担的责任。
- 依罪处罚：根据现有规章制度，确定其对应的处罚措施，给予惩戒。
- 公布警示：对所犯错误和处罚措施公之于众，敲山震虎，以儆效尤。
- 消除影响：避免事态扩大，影响组织形象，所以尽快息事宁人，不再提及。

"追责四部曲"已经成了各级组织应对突发事件的本能反应。从执行制度的角度，似乎无可厚非，毕竟当事人犯了错，需要根据制度付出相应的代价；而且制度执行到位也能够警醒当事人，震慑旁观者。

但是，只会运用"追责四部曲"这种处理方式，在实现一定效果的同时，却也给团队带来负面影响，很可能会出现以下问题：

1. 没有人愿意被批判和惩罚，当事人一旦被追责，就会想方设法为自己辩解，甚至开始推卸责任，甩锅他人，团队形成遇事推诿塞责，动辄针锋相对的风气，得不偿失；

2. 当事人被处罚付出了代价，他确实有可能不会再犯类似的错误，但也可能因此变得消极谨慎，缺乏主动性和创造力；

3. 其他同事看到做错事就会被惩罚，得出结论可能是"做得多就会错的多"，从此遇事推诿，不去承担责任；

4. 在习惯于追究责任，批判处罚的团队中，工作氛围会紧张压抑，大家都小心谨慎，胆战心惊，生怕犯错；

5. 管理者通过追责处罚，树立起严厉苛责的形象，会让员工畏缩恐惧，阳奉阴违；

6. 处罚了当事人，不一定真的能消除问题的根源，今后类似问题还会在其他人身上继续发生，管理者将陷入不断救火的境地中。

以上后果，显然与召开"管理改善研讨会"的初衷背道而驰，千万不要把研讨会开成"问责会"。下表对比了"管理改善研讨会"和"问责会"的本质区别：

表 14-1 "管理改善研讨会"和"问责会"的本质区别

	问责会	管理改善研讨会
目的	通过执行制度，追究并惩戒责任人，警示后来者，不要重蹈覆辙	借助集体智慧，发现管理漏洞，从根源上避免此类事件再次发生
形式	自上而下，层级分明	内部发起，平等讨论
针对主体	负面事件当事人	团队管理者
会议氛围	严肃、压抑、恐慌、震慑	轻松、开放、坦诚、自省
会议产出	明确责任人，按制度采取惩罚措施	找到管理中的改善点，制定行动计划
会后措施	执行问责决议，息事宁人	落实行动计划，推动管理改善

行有不得，反求诸己。当管理者以"改善管理"的系统思维替代"追责导向"的对抗思维时，团队负面事件便不再是需要掩盖的"错误"，而是暴露管理体系漏洞的"症状"。团队中发生的每个负面事件，都在揭示管理中存在的缺陷，员工出现的每一个问题，都隐藏着管理工作的改进点。

惩戒责任人固然是必要的管理手段，但在执行问责制度的同时，更应该勇敢地审视团队管理方面的原因，主动剖析管理架构中的系统性缺陷，当团队成员没有被追责惩罚的压力时，他们便不会急于推诿塞责，而是能够从改善管理的角度出发，冷静分析事件背后的真正原因，找到切实可行的改进方向。这种宽松的氛围，能够有效激发团队的自我反省和持续改进的能力，推动团队的持续发展和进步。

归因陷阱 2：抱怨客观环境

在讨论"为何会发生此类事件"时，另一个容易落入的陷阱是：抱怨客观环境。

一些管理者和团队成员常常将事件原因归咎于难以改变的客观环境，虽然能在一定程度上缓解内心的压力，但却无助于防范隐患，甚至可能加剧团队的消极情绪。

抱怨客观环境使团队陷入"受害者心态"。当人们将困境归咎于外部条件时，往往会认为自己是无辜的，被无力感淹没。大家相互裹挟，躲在虚幻的借口中自我麻醉，失去改变的动力。

这种研讨氛围的形成，与管理者的管理习惯和团队的惯性思维密切相关。如果管理者习惯于遇事追究责任，下属便会本能地推卸责任，将问题原因归咎于不可控的外部因素或其他人，以此逃避冲突，换取自身安全。这种行为本质上是一种自保机制，会进一步加剧团队的消极氛围。

管理者需要保持清醒的头脑，将团队成员视为得力的"参谋"，邀请他们共同献计献策，而不是和员工一起在纠结无奈中怨天尤人，这不仅于事无补，而且会损伤管理者的威信。

"标靶图"思维工具，聚焦可改变的原因

为了避免团队研讨掉入上述归因陷阱，管理者可以借助"标靶图"这个思维工具，帮助团队成员建立积极主动的思维方式，展开卓有成效的原因分析。

如图 14-1 所示，"标靶图"就像一个标靶，由三个同心圆构成，人们面对的所有事务都可以归入这三个圈中：

- 最里面的圈称作"掌控圈"，是可以直接着手改变，完全具备掌控力的事务范围；

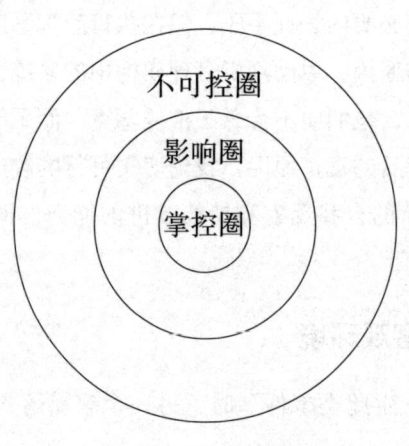

图 14-1 标靶图

- 中间的圈称作"影响圈"，是不能直接掌控，但可以间接影响他人推动改变的范围；
- 最外层的圈称作"不可控圈"，是完全无能为力，不可掌控也不可影响的

事务范围。

"标靶图"的核心价值在于，当开展原因分析时，主持人可以引导参与者判断每一条归因内容所归属的位置，提醒大家把注意力放在可以改变的"掌控圈"和"影响圈"，而不要浪费精力在"不可控圈"。

本章"离职交接不到位"案例中，研讨者在分析"为何会发生此类事件"时提出的很多原因都在"不可控圈"，根本不是参会者可以干预的，甚至也无法影响上级领导去改变。譬如"离职的小李职业素养差""行业内卷严重""公司员工收入不高""春节假期是行业淡季""各岗位工作量大"等原因，对改善管理毫无价值，没有必要去探究。

把关注点放在管理者的"掌控圈"，是最明智的选择，管理者可以在自己的职权范围内，针对负面事件背后的管理改善点，直接采取改进措施，产生立竿见影的效果。

探究原因时也可能涉及"影响圈"的内容，在这个范围内的原因，虽然无法直接掌控，但却可以通过影响他人来做出改变，帮助实现成果落地。譬如有些问题与"上级领导的管理措施"有关，与"人员的沟通"有关，这些因素虽然不归入管理者的"掌控圈"，但他可以主动采取行动，发挥自身的影响力来推动事态进程，例如通过"提交合理化建议"来影响上级，通过"主动沟通"来影响相关人员，最终依然有可能达成期待的目标。

从改善效率出发，探究技控真因

影响管理改善效率的六大因素排序

在管理改善研讨会上，经过诸葛明经理对研讨目标的反复澄清，大家都已明白，只有从系统的角度，找到管理方面的原因，才能达到"避免此类事件再次发生"的目的。诸葛明经理敢于承认自身管理上存在不足，甚至当众征求管理缺陷的坦诚态度，感染了参会者。

事件当事人小周主动做了自我批评："这件事我难辞其咎，向大家反省三点：

1. 离职交接不到位这件事，暴露了我的责任心不足，因为当时很忙，被要求接手一摊新工作，心里有抵触，所以没有真正当回事；

2. 由于我精力不足，记性也不好，新工作交接时没有领悟到关键点，有些对方交代过的事情，被我忘记了；

3. 对新工作，我确实存在知识储备不足，技能操作不熟练的问题。"

小周的勇敢坦诚赢得了大家钦佩的掌声。诸葛明经理表达了对小周的赞赏和感谢，进一步启发道："小周刚才的自我反省很有深度，非常难能可贵。不过，管理改善研讨会的目的是改善管理，我们需要继续转换思维，从'避免问题再次发生'的角度出发，找到团队管理方面的改善点。"

诸葛明经理给主管们出了一个题目："要想改善管理，你认为，以下6个分析原因的方向，哪个是最高效率的？

① 是否因为信息不畅通、反馈不到位，员工不知道该怎么做？

② 是否因为资源匹配不足、工具不完善、流程不清晰或不合理？

③ 是否因为缺乏有效的奖惩措施？

④ 是否因为员工所需的知识和技能不足？

⑤ 是否因为员工的不够聪明、素质不高或潜能未被开发？

⑥ 是否因为员工的工作动机和价值观出现偏差？（如，忠诚度、敬业度、责任心等）"

参会者对诸葛明经理的题目充满兴趣，又进入了热烈的讨论中。

笔者常在研讨会现场，请参与者按照"管理改善效率"的高低，将上述六个思考方向进行排序，得到的答案各种各样，通常大家认为"效率最高"的选择，往往集中在③或⑥，他们的理由是：

选③，因为奖惩措施能够起到激励或警示的作用，重赏之下必有勇夫，重罚之下必有畏者，胡萝卜加大棒是最有效的管理方式。

选⑥，因为唤醒员工的内驱力，调动员工积极性，使其具备高度责任心，热情投入工作，就一定能高效地把事情做好。

这两种答案，分别体现了"科学管理"和"人本管理"两种管理理念，似乎都有道理。然而，③和⑥这两个原因分析方向，却都不是正确答案。

很多人面对这个排序题，是从"重要性"的角度来思考的，其实这六个原因分析的方向，每一个都很重要。题目要求对"管理效率"的高低进行排序，答案就需要重新思考了。我们需要先理解"效率"这个关键词，才好做出准确的判断。

在绩效改进中，对"效率"这个概念有清晰的解释，指的是有价值的"成效"与付出的行为"代价"之间的比值，用一个公式可清晰地表达（详见图14-2）：

$$效率 = \frac{有价值的成效}{行为代价}$$

图 14-2 "效率"公式

这个公式告诉我们，付出少的代价，得到高的收益，就是"效率高"；反之，付出高的代价，获得低的收益，就是"低效率"；如果收益很高，但代价也很高，依然算不得高效率。从这个角度看，案例中的六个原因分析方向，改进效率是逐层递减的：序号越靠前的效率越高；序号越靠后的效率越低。

以第⑥条为例：如果员工真的因为不敬业、不负责任而导致问题出现，要把他改造成一个爱岗敬业、责任心爆棚的好员工，难度是非常大的。管理者必须投入很多的时间、精力、资源，付出巨大的代价也未必能有多少成效。所以，这条原因分析的方向，从改进"效率"的角度看，不仅不能排名第一，反而是排名最后的。

再看第①条，如果是因为"信息不畅通、反馈不到位，员工不知道该怎么做"而导致的问题，管理者只需要加强信息畅通，及时反馈，告知该怎么做，就能够取得改善成果，付出的代价相当小，但成效很显著。

所以，"效率最高"的选项是①从信息和反馈的角度找原因；"效率最低"的选项是⑥从人的态度、动机、价值观找原因。

这个结论似乎与很多人惯常的判断完全不同，却是被管理咨询界公认的结论：这六个原因分析方向，以及对"效率"的理解，均源于"绩效改进"这门影响深远的学科。

BEM 模型："先技控，再人控"的绩效改进理念

绩效改进的底层逻辑，是"绩效改进之父"吉尔伯特（Thomas F. Gilbert）提出的"行为工程模型"（Business Execution Model，简称"BEM 模型"）（详见图 14-3）。

上例中的六个寻找原因的方向，恰好对应了 BEM 模型的六个层面，分别归属于两大类别的因素——环境因素和个体因素。

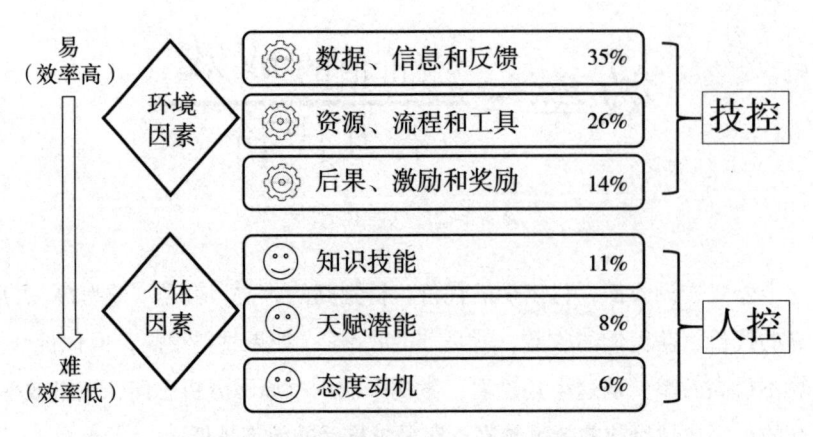

```
                易
             （效率高）
                ↑         ┌─────────────────────────────┐
              ┌─────┐    │ ⚙ 数据、信息和反馈    35% │ ┐
              │环境 │────│ ⚙ 资源、流程和工具    26% │ ├─ 技控
              │因素 │    │ ⚙ 后果、激励和奖励    14% │ ┘
              └─────┘    └─────────────────────────────┘
                │
                │         ┌─────────────────────────────┐
              ┌─────┐    │ ☺ 知识技能           11% │ ┐
              │个体 │────│ ☺ 天赋潜能            8% │ ├─ 人控
              │因素 │    │ ☺ 态度动机            6% │ ┘
              └─────┘    └─────────────────────────────┘
                ↓
             （效率低）
                难
```

图 14-3 吉尔伯特的行为工程模型（BEM 模型）

1. 上三层——"环境因素"，也称"技控"因素，分别是：
- 信息、数据和反馈；
- 资源、流程和工具；
- 后果、奖励和激励。

2. 下三层——"个体因素"，也称"人控"因素，分别是：
- 知识技能；
- 天赋潜能；
- 态度动机。

BEM 模型具备广泛且通用的指导价值，可以将其转化成行动学习的引导工具，应用于各类主题的研讨中，帮助参与者高效思考，产出成果。例如，在"问题解决研讨会"和"管理改善研讨会"中，BEM 模型既可以用来分析原因，又可以用来寻找方案和决策行动，堪称转换管理思维，实现高效引导的经典工具。

通过图中的数据可以看到，"技控"比"人控"的效率更高，越向上层的效率越高，实施也会更容易；越向下层效率越低，实施难度也在加大。特别是个体因素的后面两项："天赋潜能"和"态度动机"，在这两个层面下功夫，即使付出了很大代价，也未必能很快取得成效，需要持之以恒地施加影响。

因此，绩效改进中有个鲜明的观点：先技控，再人控。在思考改进类问题时，以"技控"为杠杆支点，"人控"略微施加力量，就能撬动绩效改进目标的快速提升（详见图 14-4）。

图 14-4　先技控，再人控

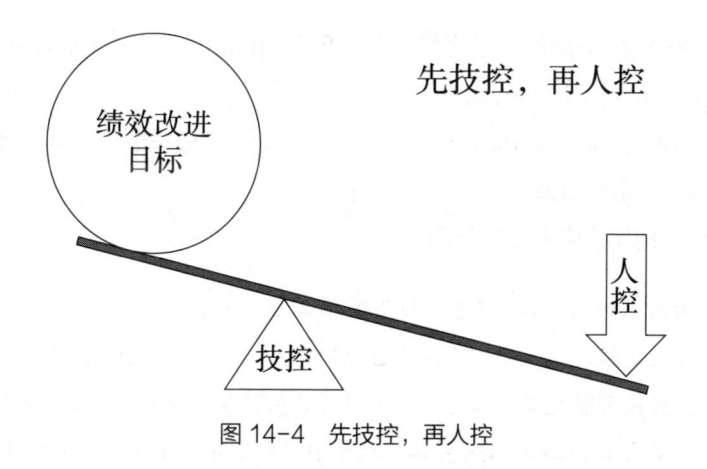

两个 BEM 诊断工具，让原因分析更高效

用《BEM 原因诊断归类表》收集分析结论

当我们真正理解了 BEM 模型，就如同拥有了一把"倚天宝剑"，在行动学习研讨中快刀斩乱麻地理清思路，把找到的问题原因与 BEM 的六个层面相对应，快速判断其改善的难度，从而做出选择和调整。下表 14-2 就是在原因诊断时可以用来归类的一个实用研讨工具。

表 14-2　BEM 原因诊断归类表

序号	问题原因	属于 BEM 哪个层面	改善的难度
1			
2			
3			
4			
5			
6			

表中的几个项目说明：

"问题原因"指的是诊断分析中提出的每一个具体原因，将其逐条罗列，其中不应出现"不可控圈"的原因；

"属于BEM哪个层面"是将每一条原因与BEM模型的六个层面相对应，将其所在的层面序号标注出来；

"改善的难度"是根据BEM模型六个层面的特点，用星级标注其改进难度（五星难度最大，一星难度最小）。

以本章案例导读中表述的原因为例：

"小周沟通不到位"属于BEM模型的第⑤层（素养、态度），改善难度5星；

"小周未及时梳理交接资料"属于BEM模型的第②层（流程），改善难度2星；

"离职交接流程不完善"属于BEM模型的第②层（流程），改善难度1星；

"小李人品太差，缺乏职业素养"属于BEM模型的第⑥层（价值观）和第⑤层（素养），改善难度5星，然而小李已经离职，这两条属于"不可控圈"的原因，没必要罗列。

……

《BEM原因诊断归类表》为研讨会的诊断分析环节提供了抓手，可以帮助参与者现场梳理诊断结论，将目光聚焦到可以高效改善的方向上，而不是陷入难以改变的无奈中。

利用BEM模型对管理问题进行诊断，不仅能帮助我们明确哪些环节是改进的重点，还能为后续制定具体措施提供有力依据。正如"先技控，再人控"的理念所示，我们应当优先关注那些排在BEM模型前列的技控原因，如信息反馈、流程工具、奖惩制度方面的不足，这类问题的改善难度低，用很小的代价就能得到显著的成效，是对管理改善最有价值的分析成果。

用《管理改善点反思清单》聚焦管理漏洞

BEM模型为诊断分析和寻找方案提供了有力的指引，管理者可以带领团队成员逐层探询，找到问题背后"环境因素"方面的原因，并采取措施加以完善；即使找到的是员工"个体因素"的原因，也可以将其转换，推导出"技控"上的缺失。

笔者收集了研讨会中常见的原因分析关键词，将其转换为寻找"管理改善点"的提问，整理出《管理改善点反思清单》。管理者可以利用这个清单来转换视角，更便捷地反思管理改善点（详见表14-3）。

表 14-3　面对负面案例的《管理改善点反思清单》

类别	BEM 层级	常见的原因分析关键词	转换为"管理改善点"的提问
环境因素	1. 数据、信息和反馈	员工不知道…… 员工不清楚…… 员工误以为…… ……	①是否通过培训、辅导、告知、公布等方式，让员工对完成此项工作的背景、数据有足够的了解？ ②是否与员工进行了必要的沟通，给予及时辅导和反馈？ ③是否通过有效方式，让员工知晓资源支持、辅助工具、工作流程、奖惩制度等方面的信息？ ④是否让员工对团队价值观达成共识？是否明确了员工行为准则？ ……
环境因素	2. 资源、流程和工具	经费不足、人手不够、物料缺乏…… 缺少辅助工具、不好用、不匹配…… 按照自己想法做、想当然地…… 操作失误、顺序不对、遗漏某环节…… 没有先做…… 之后没有做…… ……	①是否建立起了清晰完善的工作流程？现有流程是否有缺陷？是否烦琐？是否需要改进？ ②是否为完成此项工作提供了足够的资源？现有资源是否完备？ ③是否为完成此项工作配备了适合的工具？现有工具是否好用？是否需要改进？ ……
环境因素	3. 后果、激励和奖励	觉得没什么好处…… 觉得没什么后果…… 觉得奖励看不上…… 觉得惩罚无所谓…… ……	①针对工作的完成情况，是否有明确的奖励与惩罚制度？ ②现有制度的奖励和惩罚标准是否适当？是否具备奖励的吸引力？是否具备惩罚的震慑力？ ③是否将奖惩措施局限在了物质层面？还可以有哪些非薪酬激励措施？ ……
个体因素	4. 知识技能	没掌握相关知识…… 不具备工作能力…… 技能不熟练…… 不会做…… ……	①是否通过培训或辅导，让员工掌握了此项工作的知识和技能？是否需要增加培训辅导频率？ ②现有的培训和辅导，是否达到了应有的效果？是否需要改进培养方式？ ……
个体因素	5. 天赋潜能	智商不够…… 情商不高…… 素质不高…… 先天不足、缺乏天赋…… 性格原因…… 潜能未被激发…… ……	①是否在人员招聘、选拔方面存在缺陷，让不合适的人进入了团队？ ②是否在分工、授权方面存在缺陷，将工作分配给不适合的人？ ③是否在激励、培养方面存在缺陷，导致员工潜能未被发掘？ ……

续表

类别	BEM 层级	常见的原因分析关键词	转换为"管理改善点"的提问
6.态度动机		工作态度不端正（不认真、不主动、不尊重……） 缺乏工作动机（不喜欢、不热爱、不积极……） 价值观出现偏差（不敬业、不负责任、不忠诚、不重视……） ……	①是否在人员招聘、选拔方面存在缺陷，让态度、动机、价值观不符合基本要求的人进入了团队？ ②是否在团队建设方面存在缺陷，未能用积极和谐的团队氛围引领员工？ ③是否在团队文化建设上出了问题，未能用共同倡导的价值观来指引员工工作行为？ ……

需着重说明的是，"管理改善点反思清单"专为管理者自我反思而设计。尽管清单的每一项，都精准指向管理工作中的欠缺之处，但这绝非对管理者的质疑与否定，更不是无端批判。毕竟，再卓越的管理者，也难以做到尽善尽美，管理工作本身就是一个持续迭代、不断优化的过程。

当负面事件发生，管理者若能直面自身不足，以积极的态度弥补管理漏洞，防止类似事件重演，最大的受益者其实就是管理者自己。这种直面问题的勇气、虚怀若谷的胸襟，不仅能让管理者及时发现并解决管理工作中的潜在问题，还能在团队成员面前树立起"有格局、有担当、有魄力、有胸怀"的领导者形象，赢得团队成员的信任与尊重，而这，正是领导力的最佳体现。

管理觉醒

第十五章

寻找方案：共创高效率的管理改善措施

案例导读　借助工具提升研讨效率

诸葛明经理在管理改善研讨会中向大家介绍了 BEM 模型，主管们直呼"醍醐灌顶"。案例当事人小周感慨道："刚才我自我剖析的三个方面，原来都是 BEM 的下三层，看来格局低了，这些只是我的个体因素啊。"

诸葛明经理说："我很欣赏和感谢你敢于自我检讨的勇气，从自我成长的角度看，这样的自省是有价值的，但从改善管理的角度看，就需要再深挖一步，找到个人问题背后的管理改善点，才符合研讨会的初衷。另外要特别注意，对价值观的否定，千万要慎重，不要轻易给自己和别人扣上'责任心不足'之类的帽子，因为这未必是事实！在我看来，你可是很有责任心的哦！"这番话让大家频频点头，小周感到心里暖暖的。

有主管问："《管理改善点反思清单》能够比较细致地梳理管理漏洞，但里面的提问内容稍显凌乱繁杂。有没有一个更简单的工具，帮助大家便捷地讨论出管理改善的技控手段呢？"

诸葛明说："好主意！咱们可以将这个清单改造成更简便易用的研讨工具！"

在主持研讨会的过程中，如果想带领团队成员高效产出成果，就要学会将经典的模型改造成适当的工具。管理者创造和改造研讨工具的能力，是在大量研讨会实践中积累起来的，经验丰富的引导者，不仅掌握一些经典的引导技术，还会创造性地设计引导工具，甚至能在研讨会现场即兴创作引导工具。

基于 BEM 模型创作的《BEM 原因诊断归类表》和《管理改善点反思清单》，就是笔者在工作坊交付实践中提炼出来的原因分析工具。进入"寻找方案"环节后，需要对原因分析工具做进一步升级，使其成为便于研讨者共创管理改善措施的简便工具，这就是——六步检视法。

六步检视法：简便易行的管理改善共创步骤

经过归纳众多负面案例背后的管理缺陷后发现，解决管理问题的手段是有规律可循的，按照管理改善点的"问题发生频率"进行排序，可以从六个方面，分步骤，有节奏地寻找改善管理的具体措施，这就是六步检视法。

六步检视法的本质，是从方便研讨共创的角度，将 BEM 模型中的技控手段进行整合，为管理改善研讨会提供有力的抓手。检视的顺序分别是：流程步骤、制度规范、培训辅导、工具辅助、机制设置、文化塑造（如图 15-1 所示）。

① 流程步骤　② 制度规范　③ 培训辅导　④ 工具资源　⑤ 机制设置　⑥ 文化塑造

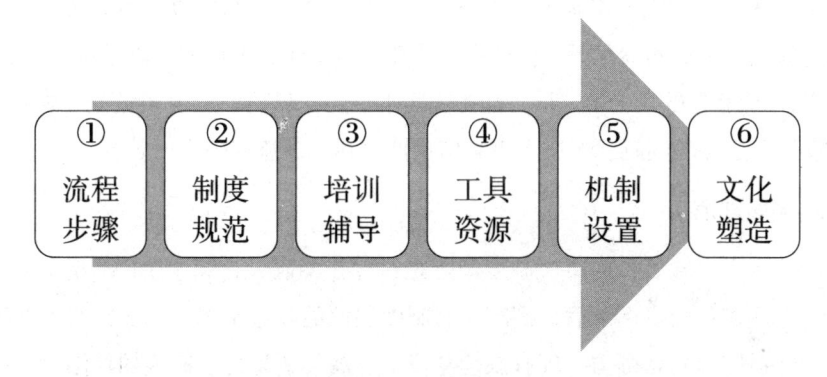

图 15-1　六步检视法

借助一个"口诀"，大家可以快速记住六步检视法的顺序：

团队发生坏事件，先别着急去埋怨；
改善管理除隐患，避免问题再出现；
六步检视有清单，按图索骥很方便；
以点带面找根源，群策群力来诊断；
员工岗位出的乱，流程当中找缺陷；
流程梳理一个遍，再把制度去规范；
规章制度已完善，培训辅导出方案；
培训效果经检验，工具资源须补全；
内部机制要沉淀，自动自发合心愿；
员工成心在捣蛋，团队文化要改变；

管理提升靠实践，日积月累多沉淀；

自我反思成习惯，组织越来越稳健！

六步检视法前四步，化解大部分管理难题

透过六步检视法可以清晰地看到，BEM 模型中的"环境因素"是其优先关注的方向，但里面并没有体现出 BEM 的第一层（信息、数据和反馈），那是因为，"数据、信息和反馈"的改善，也需要通过流程、工具和制度等方式来实现，虽然六步检视法中没有将其作为独立的步骤，但却隐藏在每一步当中。

1. 流程步骤

在运转正常的团队里，员工蓄意犯错的情况极为罕见。多数负面事件的发生，缘于缺乏标准化工作流程，或是现有流程不合理、操作流程不清晰。当员工在无清晰流程指引的情况下，仅凭主观认知开展工作，失误便难以避免。在 BEM 模型里，"流程"虽处于第二层，却是负面事件的常见诱因。很多属于"数据、信息和反馈"层面的问题，本质上也是信息披露和反馈流程缺失所导致。

2. 制度规范

完善流程步骤后，需审视制度规范是否存在漏洞，这属于 BEM 模型第三层的范畴。众多负面案例背后，都暗藏着制度层面的改进契机，如奖励制度的激励效果、惩罚措施的震慑力、现有制度与当下发展的适配性、制度的局限性、制度执行的成效等。对这些方面的深入思考，有助于让制度更趋严谨规范，成为管理改善的关键切入点。

3. 培训辅导

培训面向多人，辅导针对个体，二者都是培养员工的有效途径。培训与辅导内容，既涵盖基本信息的传递和反馈，也包括专业能力的塑造。管理者及时与员工共享关键信息和重要数据，拓展员工认知，提升其操作技能，这些举措对应 BEM 模型第一层和第四层的改进方向。此外，通过有效的培训与辅导，还能提升员工的职业素养，引导其态度转变，这涉及 BEM 模型第五层和第六层。尽管后两层的改变收效较慢，但持续发力，终将推动积极的变化。

4. 工具资源

前述四个方面的改善成果，需要借助有效的工具和资源予以巩固，从而确保

改善效果的持续性。例如，确定流程后，需要配套的资源工具保障流程顺畅运转；完善制度后，需要相应的资源工具监督落实，确保制度执行到位；开展培训辅导后，需要对应的资源工具助力员工理解和掌握知识技能。工具资源既包含办公用品、生产设备、IT 系统等实物，也涵盖流程表单、制度看板、培训手册等软性资料。

六步检视法的前四步 —— 流程步骤、制度规范、培训辅导、工具资源，均为实操性强的技控管理手段。借助这些方法，团队能够轻松共创管理改善成果，大幅降低负面事件的再次发生率。

六步检视法后两步，激发团队自驱力

在管理改善研讨会中，剖析一些负面事件的成因时，不可避免会触及个体的态度、动机及价值观问题。这类因员工个人思想偏差引发的问题，属于 BEM 模型第六层面的阻碍，改善难度较大。若要将其转化为管理上的改善点，除了反思招聘与选拔环节的疏漏，其他常规手段往往难以取得显著成效。例如，员工主动性缺失、责任心不足、价值观偏离等问题，仅依靠六步检视法前四类管理动作的优化，远远不够，还需借助六步检视法的最后两步——"机制设置"和"文化塑造"来施加影响。

机制设置，旨在通过一系列柔性管理举措，唤醒员工的主动性，促使团队形成自动自发的工作氛围。管理者可从以下六个维度搭建管理机制（详见图 15-2）：

1. 荣誉激励机制——运用精神激励，赋予荣誉，激发内在动力
2. 竞赛争先机制——开展分组挑战，相互竞争，提升团队士气
3. 同荣共辱机制——相互结成搭档，荣辱与共，推动自我管理
4. 分工轮值机制——授权岗位角色，每周轮值，强化责任意识
5. 情绪调节机制——策划职场团建，调节情绪，激活工作状态
6. 畅言分享机制——倡导坦诚开放，积极分享，促进相互学习

正所谓"人叫人叫不动，机制调动积极性"，这些机制为管理策略提供了清晰指引。管理者可依据实际情况，设计丰富多样的管理举措，助力团队建设迈向新高度。

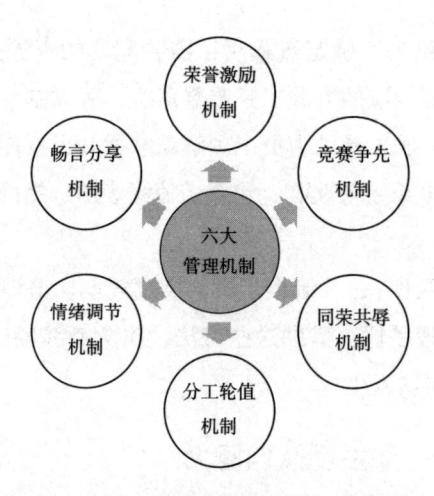

图 15-2　设置管理机制的六个方面

团队文化宛如无形的空气，虽看不见、摸不着，却实实在在地影响着组织的兴衰。管理者需持续推进团队文化建设，营造积极和谐的团队氛围，借助清晰的"愿景、使命、价值观"以及统一的"价值观行为准则"，引导员工树立共同的工作荣辱观，以潜移默化的方式助力员工心智成长，打造卓越团队。

团队文化塑造聚焦于 BEM 模型第六层，这一过程注定需要付出大量心血，且难以在短期内见到成效。然而，对于管理者而言，这是一项不可推卸的重要职责，因此需做好长期奋斗的准备，坚持不懈地推动落实，让团队文化发挥"定海神针"般的价值。

不少人对文化塑造存在误解，认为它不过是墙上的标语口号，是华而不实的形式主义，因而未能给予足够重视。实际上，真正的团队文化塑造，必须务实落地、行之有效，得到全体成员的认同与践行。这需要达成"四个化"（详见图 15-3）：

内化于心：让员工从内心深处认同团队文化；

外化于行：使员工的行为始终遵循团队文化；

固化于制：用制度为团队文化提供有力支撑；

显化于物：让团队文化在工作环境中处处可见。

团队文化塑造离不开全体成员的参与和认同。通过将"四个化"落实到位，能够激发员工的执行力与责任心，增强团队凝聚力，助力组织攻坚克难，驶向成功的彼岸。

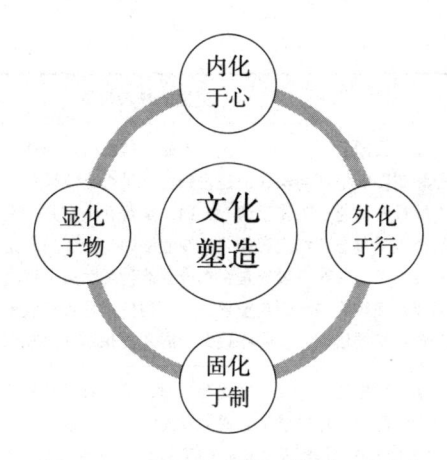

图 15-3　团队文化塑造的"四个化"

两个改善方案探究工具，助力高效成果产出

高效产出研讨成果的两个实用工具

为了提升六步检视法的研讨效率与成果质量，笔者进一步设计了《"六步检视法"提问清单》与《"六步检视法"管理改善共创表》这两个实操工具，旨在引导参与者深入剖析问题根源，共同探索并实施改进方案。

1. 工具一：《"六步检视法"提问清单》（详见表 15-1）

本清单精心罗列了一系列与六步检视流程高度契合的问题，这些问题与《管理改善点反思清单》相互呼应、一脉相承。在管理改善研讨会中，主持人可借助这些问题，引导参与者对六步检视法的各个环节进行逐一剖析，激发参会者深入思考，开展广泛讨论，助力团队精准定位管理问题，探索有效的改善策略。

表 15-1　"六步检视法"提问清单（启发思考用）

思考方向	提问参考清单
①流程步骤	信息传递、数据公开、反馈方式等方面，是否有清晰的流程？ 工作流程和操作步骤是否清晰、完善？ 如果确实是人的价值观问题，反思招聘、选拔方面的流程，是否有缺陷？
②制度规范	信息传递、数据公开、反馈方式等方面，是否有清晰的制度？ 奖惩制度是否清晰、完善？非物质激励手段是否到位？ 奖惩力度是否适当？奖励是否有诱惑力？惩罚是否有震慑力？ 如果确实是人的价值观问题，反思招聘、选拔方面的制度，是否有缺陷？

续表

思考方向	提问参考清单
③培训辅导	信息传递、数据公开、反馈方式等方面，是否有培训辅导，使其被掌握？ 对流程和制度的培训与辅导，是否到位？是否有效果？ 对员工的日常沟通、工作反馈等方面，是否到位？是否有效果？ 员工是否接受过与工作内容相关的专业培训？培训内容是否实用？ 管理者对员工的一对一辅导是否到位，能否帮助员工解决实际问题？ 对员工知识和技能的培训与辅导，是否到位？是否有效果？ 对管理者自身的培训，有哪些缺失？需要补充哪方面知识或技能？
④工具资源	信息传递、数据公开、反馈方式等方面，是否有工具和资源支持？ 是否为完成此项工作提供了必要的资源？ 是否为完成此项工作配备了适合的工具？ 现有工具资源能否满足工作要求，是否需要更新或补充？ 在工具资源的使用过程中，是否存在操作复杂或管理混乱的问题？ 培训后是否有相应的手册、表单等工具给学员，以便随时备查？ 是否有获取帮助的渠道，能在遇到困难时及时求助？
⑤机制设置	是否设置了自动自发的管理机制，唤起员工自驱力？ 荣誉激励机制是否激发了员工的内在动力和荣誉感？ 竞赛争先机制是否营造了良好的竞争氛围，提升了团队士气？ 同荣共辱机制是否促进了员工之间的协作和自我管理？ 分工轮值机制是否让员工明确了自身责任，锻炼了综合能力？ 情绪调节机制是否有效改善了员工的工作状态和情绪？ 畅言分享机制是否推动了团队内部的知识交流和学习成长？
⑥文化塑造	团队文化建设是否存在问题？ 员工是否清楚了解公司的愿景、使命和价值观？ 团队的价值观行为准则是否得到员工的认同和践行？ 对企业或团队价值观和行为准则的宣导是否到位？ 团队文化是否在日常工作中得以体现，是否营造了积极和谐的氛围？

2. 工具二：《"六步检视法"管理改善共创表》（详见表 15-2）

这是一款兼具灵活性与实用性的空白表格，它将"为什么会发生此类事件？"与"如何防止类似事件再次发生？"两大核心问题整合于一体。

在管理改善研讨会上，主持人可以借助《"六步检视法"提问清单》，引导参与者围绕"原因或改善点"和"改善措施（创新举措）"，开展深度研讨与团队共创。这一互动过程，不仅促进信息交流与思维碰撞，还有助于产出兼具全面性与系统性的管理改善方案。

表 15-2 "六步检视法"管理改善共创表（研讨共创用）

思考方向	原因或改善点	改善措施（创新举措）
①流程步骤		
②制度规范		
③培训辅导		
④工具资源		
⑤机制设置		
⑥文化塑造		

《"六步检视法"管理改善清单》中的"原因或改善点"一栏，用来承载问题案例的原因分析结论。对应的"改善措施"是指针对已有的管理漏洞，可以采取哪些措施加以改善；而"创新举措"，是在当前的管理没有发现漏洞的情况下，如何借助群策群力，创新优化出更多更好的管理措施。

运用研讨工具，引导六步检视法实操

在管理改善研讨会的关键场景中，主持人可巧妙搭配《"六步检视法"提问清单》与《"六步检视法"管理改善共创表》，让这两个工具协同发力。通过这一组合拳，引导参与者系统梳理管理改善点，有条不紊地推进成果产出，持续助力团队管理水平的优化与升级。下面，为大家介绍具体的操作流程：

1. 科学分组，明确分工

若参会人数超过 8 人，建议按照不同职级、年资和性别，将参与者进行合理混搭，每组控制在 4 ~ 6 人。分组后，各小组既可以同步研讨六步检视法的全部内容，拓宽思考维度；也可以拆解模块，分头研讨，有效节约时间。

分组完成后，各组需确定核心角色：推选一名组长，负责组织协调小组研讨；指定一名计时员，精准把控研讨节奏；安排一名纠偏员，及时纠正讨论方向；设立一名书记员，负责绘制表格，记录研讨内容。通过明确分工，让每位小组成员深度参与，为研讨进程负责。

2. 绘制表格，引导思考

书记员需在大白纸上，根据小组研讨任务绘制《"六步检视法"管理改善共创表》。若小组需研讨全部六个部分，绘制完整表格；若仅聚焦部分内容，绘制相应局部表格。

随后，组长向组员解读《"六步检视法"提问清单》中与本组研讨内容相关的问题，引导组员围绕问题展开深入思考。

3. 头脑风暴，张贴成果

为每位参会者准备充足的便利贴。参与者将思考结果记录在便利贴上，先把找到的问题原因张贴在"改善点"栏目。针对每一项原因，进一步思考管理漏洞的"改善措施"或"创新举措"，张贴在对应位置。张贴时，书写者需大声阐述内容，确保其他成员清晰接收。同时，每位成员认真倾听他人想法，从中汲取灵感，补充完善表格内容。在有限时间内，鼓励大家积极分享，让便利贴快速积累。

4. 跨组交流，共享智慧

当研讨时间结束，各小组取得一定成果后，开启小组间的交流互动。主持人可安排各组留下1~2名成员，其余成员前往其他小组交流。留守成员作为"主人"，热情欢迎到访的"客人"，详细介绍本组成果，主动邀请"客人"点评、纠错与补充。"客人"认真聆听介绍后，用便利贴提出新的想法和建议。

5. 汇总提炼，形成初案

经过充分的交流碰撞，各组《管理改善共创表》上已贴满便利贴。此时，各小组需对表格内容进行梳理，筛选出具有落地价值的"改善措施（创新举措）"，并分类整理。

各小组将整理后的成果汇总，再次进行筛选、整合与分类，形成初步解决方案。在此环节，管理者需明确筛选标准，合理运用决策权，对改善措施的质量进行评估与干预，确保方案务实可行。

6. 制定方案，规划行动

通过全体参会者的集思广益，以及管理者的严格把关，富有成效的研讨成果已初步成形。接下来，通过合理分工、协同合作与充分授权，将各项措施落实到位，制定详细的行动计划。

通过以上系统的步骤，运用"六步检视法"开展管理改善研讨会，能够在高效务实的氛围中，精准找到问题的关键根源，共同制定出可快速实施的管理改善措施。

第十六章

决策行动：落地执行并迈向管理标准化

案例导读：把研讨结论转化成行动措施

针对"离职交接不到位"事件召开的管理改善研讨会，在"六步检视法"研讨工具助力下，经过富有成效的讨论，大白纸上贴满了承载着智慧火花的便利贴，一系列旨在从根本上解决离职交接问题的管理改善举措应运而生，以下是对现场梳理的《管理改善点优化清单》的总结：

类型	可以优化的管理事项
流程方面	招聘选拔流程、分工协作流程、项目备份流程、离职交接流程等
制度方面	人员选拔制度、岗位替补制度、客户信息制度、工作交接制度等
培训方面	工作流程培训、管理制度培训、法律法规培训、职业道德培训等
工具方面	流程制度手册、文件资料档案、客户信息系统、离职交接表单等
机制方面	七大管理机制，都有进一步完善和创新的空间
文化方面	提炼团队的"愿景—使命—价值观"，在企业文化的统领下共创本团队特色文化，通过挖掘标杆案例，树立职业道德榜样等

面对这么多要做的工作，小吴表达了自己的顾虑：主管们平时工作已经够忙碌了，因为一次离职事件，又牵扯出这么多工作量，有必要吗？

诸葛明经理请大家对小吴的顾虑发表看法，经过讨论后参会人达成了共识：

1. 这些优化清单里的内容，并不是都要立刻着手行动，只是给管理改善提供了方向。当下只需要筛选出要优先采取行动的内容，迈出一小步即可；其余可以逐步完善，只要分工合理，给予足够的时间资源，并不会给每个人增加太多工作量；

2.回想为处理这次离职事件所付出的代价,如果通过优化管理措施,能避免此类事件再次发生,这些付出还是值得的。

这个结论让参会者精神振奋起来,诸葛明经理带领大家绘制出"优选二维矩阵",用"紧急"和"重要"这两个维度作为筛选标准,明确了接下来要开展的工作。这些要着手的工作中,有些属于"影响圈"的事项,需要向公司提出合理化建议,从更高层面完善工作交接的规范要求;更多的属于"掌控权"的事项,是本团队可以在内部建立的规范内容。

研讨会上制定了行动计划表,对各项工作的起止时间、执行人和监督人、成果标志等,都做出明确约定,大家分头去执行各自的工作内容。

在第一个里程碑节点,行动计划中的各项文字成果陆续定稿,宣告着离职交接管理改善的征程迈出了成功的第一步。

管理改善研讨会上所明确的管理优化方向,均源自已然发生的突发负面事件。这些事件是团队管理漏洞的直观体现,更应引起全员的高度警觉,全力推动优化措施落地实施。古人云,"亡羊补牢,未为晚矣",管理者切不可"好了伤疤忘了疼",对已暴露的问题视而不见。每一份为管理改善付出的努力,都是在为团队的稳健前行筑牢根基,是防范未来风险的未雨绸缪之举。

因此,在管理改善研讨会临近尾声时,必须将各项工作精准落实到个人。通过科学合理的分工协作,构建起高效的任务推进机制,确保能够收获切实可见的改善成果。随着时间的推移,这些成果将逐步沉淀、固化为标准化管理模式,持续为团队的稳定运营和发展注入源源不断的活力,发挥长效价值。

成果示例:"离职交接案例"的初步成果

诸葛明团队针对"离职交接不到位"事件,通过管理改善研讨会的讨论和会后分工协作,产出了初步的改善成果,现摘录如下:

规范离职交接流程

完善标准化工作交接流程,明确每个环节的责任人和时间节点。

离职申请:员工提交离职申请后,部门经理应立即启动交接流程。

交接准备：离职员工在离职前一周内完成交接清单的填写，并与接任者进行初步沟通。

交接会议：组织交接会议，由离职员工、接任者和部门经理共同参加，讨论交接内容。

交接执行：离职员工根据交接清单，逐项向接任者交接工作内容，确保信息传递的完整性和准确性。

交接确认：接任者在交接完成后，填写交接确认表，由离职员工和部门经理共同签字确认。

后续跟进：部门经理在交接后的一周内，对交接工作进行检查和评估，确保交接工作的顺利进行。

【点评】

多数公司都设有离职交接流程，但负面事件的暴发，恰恰表明这些流程可能存在深层次缺陷，如，流程指引模糊、流程设计粗放、流程架构不合理、流程内部冲突等。为有效解决这些问题，公司需对离职交接流程进行系统性规范。一方面，要深入剖析流程中存在的实际缺陷，制定针对性的改进措施；另一方面，确保新流程不仅操作便捷，符合日常工作习惯，更要贴合公司的业务特点和发展需求。通过这些优化，提升离职交接流程的严谨性和有效性，减少因人员变动带来的潜在风险，保障公司业务的平稳过渡和持续发展。

细化离职交接工具

1. 制定详细的交接清单

交接清单是确保交接工作全面且清晰的重要工具。它应涵盖以下内容：

工作内容：列出离职员工的主要工作职责和正在进行的项目；

关键资料：包括客户信息、项目文件、工作进度报告、重要联系人等；

工具与设备：电脑、软件账号、办公用品等；

未解决的问题：记录当前工作中的问题和潜在风险；

其他注意事项：如特殊的工作流程、内部沟通渠道等。

针对离职交接负面事件暴露的问题，重新编写了《离职交接清单》：

离职交接清单模板

基本信息

- 离职员工：姓名：_____ 职位：_____ 联系方式：_____
- 接任者：姓名：_____ 职位：_____ 联系方式：_____
- 部门经理：姓名：_____ 职位：_____ 联系方式：_____
- 交接日期：____年__月__日，预计完成日期：____年__月__日
- 离职原因：_____ 交接紧急程度：_____

工作内容

- 主要职责
  - 负责项目 A 的管理和推进；
  - 负责客户 B 的日常沟通和业务往来；
  - 负责部门内部的文档管理和流程优化。
- 工作进度
  - 项目 A：已完成 50%，下一步计划包括……
  - 客户 B：最近一次沟通记录为……下一步计划……

关键资料

- 客户信息
  - 客户名单存储在公司 CRM 系统，访问权限已转移至接任者……
  - 重要客户 C 的合同文件存储在……最近一次沟通记录为……
- 项目文件
  - 项目 A 的所有文件存储在公司 AMS 系统，访问链接为……密码为……
  - 项目 B 的设计图纸存储在……访问权限已设置
- 财务资料
  - 2024 年财务报表存储在公司财务系统，访问权限已设置
  - 未报销的发票和凭证存储在……注意事项……
- 内部文档
  - 公司操作手册存储在……访问权限已设置
  - 内部流程文件存储在……注意事项……

工具与设备

- 办公设备
  - 办公电脑配置信息：型号……IP 地址……已安装软件……
  - 打印机使用情况：型号……放置位置……
- 软件工具
  - 使用的项目管理软件为……账号信息为……使用权限为……
  - 使用的设计软件为……账号信息为……使用权限为……
- 通信工具
  - 邮箱账号为……密码已通过加密方式发送至接任者邮箱
  - 企业微信账号为……已添加重要联系人……

未解决的问题

- 当前问题
  - 项目 A 的技术难题：详细描述……可能的解决方案……
  - 客户 B 的投诉问题：详细描述……下一步计划……
- 潜在风险
  - 项目 A 可能存在的延期风险：详细描述……应对措施……
  - 合同续签风险：详细描述……责任人……

其他注意事项

- 特殊工作流程
  - 财务报销流程：详细步骤……注意事项……
  - 项目审批流程：详细步骤……注意事项……
- 内部沟通渠道
  - 团队会议时间：每周一上午 9:00
  - 沟通群组：企业微信群……重要通知渠道……
- 其他重要事项
  - 保密协议：已签署，有效期……
  - 安全要求：详细说明……

确认与签字

- 接任者确认：我已确认上述资料的完整性和准确性，能够顺利接手工作。

  签字：_____，日期：____ 年 __ 月 __ 日

- 离职员工确认：我已按照上述清单完成交接工作，确保资料的完整性和准确性。

  签字：_____，日期：___ 年 __ 月 __ 日

- 部门经理确认：我已审核上述交接清单，确认交接工作符合要求。

  签字：_____，日期：___ 年 __ 月 __ 日

2. 用电子工具辅助交接

电子表格：使用电子表格工具记录和更新交接清单，方便多人协作和实时更新。

项目管理软件：使用项目管理软件跟踪交接任务的完成情况，确保交接工作的透明性和可追溯性。

云存储平台：使用公司内部云存储平台存储交接清单和相关资料，确保资料的安全性和可访问性。

【点评】

优化交接清单和电子工具能够确保信息全面留存和更新。新版《离职交接清单》的设计，极大地提升了交接流程的透明度和完整性。通过将工作内容、关键资料、工具设备等细致分类，既能确保信息无遗漏，又为后续工作提供明确的操作依据；电子工具的应用，让交接数据得到更有效的存储和共享。这些都是构建标准化管理的基础动作，也是防范未来类似问题的重要保障。

优化离职交接制度

为了进一步确保交接工作的高效落地，团队提出以下制度优化建议：

（一）明确离职交接责任人

离职员工：负责在离职前完成交接清单的初步整理和更新。

接任者：负责在交接过程中和交接后，对接收的资料和任务进行确认，并及时更新交接清单。

部门经理：负责监督交接过程，审核交接清单的完整性和准确性，并在交接完成后签署确认。

（二）交接清单更新制度

1. 确保信息的准确性

核对信息：离职员工和接任者应共同核对交接清单上的信息，确保其准确

无误。

补充信息：在交接过程中，如果发现新的问题或遗漏的信息，应及时补充到交接清单中。

2. 保持信息的完整性

全面记录：交接清单应涵盖所有关键资料和任务，确保接任者能够全面了解工作内容。

详细说明：对于复杂的任务或资料，应提供详细的说明和操作指南，帮助接任者快速上手。

3. 保护信息的安全性

加密存储：对涉及敏感信息的资料进行加密处理，确保其在存储和传输过程中的安全性。

限制访问：在交接完成后，及时撤销离职员工的访问权限，确保资料的安全性。

通过明确交接清单的更新频率和责任人，建立规范的更新流程，使用工具辅助更新，以及定期培训与反馈，管理者可以确保交接清单的准确性和完整性，从而有效避免因交接不清晰导致的问题。

（三）奖惩制度

奖励措施：对交接工作完成良好的员工，给予绩效加分和公开表扬。

处罚措施：对交接不规范的员工，根据情节轻重，给予绩效扣分和批评惩戒。

【点评】

这些制度不仅为离职交接提供了操作指南，更为全体员工构建了一个科学、透明的管理体系，促使员工对离职交接工作有足够的重视。正是这种对细节的精益求精，使得管理改善不仅仅停留在表层，而是深刻到每个环节，形成预防风险的长效机制。

完善培训与反馈机制

搭建系统的培训体系：一方面，依据业务特性与岗位要求，设计分层分类的培训课程。新员工入职时，开展基础流程制度的普及培训，帮助他们快速融入公司文化与工作节奏；对于老员工，定期组织进阶培训，及时传达流程制度的更新内容。另一方面，创新培训形式，除传统的课堂讲授外，引入线上学习平台、案例分析、模拟演练等多元化方式，增强培训的趣味性与实用性。将本案例和改善成果纳入《管理改善案例集》，供团队成员随时翻阅学习。

构建完善的反馈机制：搭建多维度、全方位的反馈渠道，鼓励员工对现有流程制度提出意见与建议。设立专门的反馈邮箱，安排专人负责收集、整理员工反馈；在内部社交平台开设反馈专区，营造开放透明的沟通氛围。此外，制定科学合理的反馈处理机制，对员工反馈进行及时分类、深入分析，将合理建议融入管理改善工作中，形成管理闭环。

【点评】

通过系统的培训体系与完善的反馈机制，确保每一位员工及时、全面地掌握最新的流程制度，为管理改善成果持续迭代注入源源不断的动力，防止管理体系陷入僵化。这不仅能够提升员工的执行力，更能激发全员学习的积极性，打造学习型组织。

上述内容所摘录的，是第一阶段管理改善工作收获的成果。从当前优化的具体内容来看，该部门在离职交接管理方面已实现显著突破。以往离职交接环节常出现的资料错漏、信息模糊等问题得到有效解决，离职交接资料的准确性与完整性大幅提升，因交接不清晰引发的混乱局面得到根本遏制。如果团队能够秉持这一良好态势，持续对离职交接管理体系进行优化，进一步健全管理制度、规范操作流程，构建更加完善的管理体系，相信离职交接环节衍生的各类问题将被杜绝。

该部门不仅在离职交接管理改善方面取得了阶段性成果，更摸索出一套可供团队成员借鉴、复制的管理改善模式。这套模式具有极强的持续性与可操作性，为团队未来的管理工作指明了方向。展望未来，团队可借助这套系统化的管理方法，全面梳理其他管理环节，深度剖析潜在问题，构建全流程的问题解决与风险防范管理闭环。通过持续迭代管理机制，实现管理效能的持续飞跃，推动团队稳健前行。

以事为师：推进管理标准化与规范化建设

管理标准化与规范化的必要性

"结硬寨，打呆仗"这一战略战术，在晚清名臣曾国藩率领湘军与太平军作战时屡试不爽，其注重稳扎稳打、夯实基础的理念，对现代团队管理也有着深刻的借鉴意义。管理者带团队是一场"持久战"，不能投机取巧，得过且过，而是要持续夯实基础管理，强化制度规范，稳健应对变化，培养人才梯队，才能构建起可持续发展的标准化管理体系。

"管理改善研讨会"正是以负面事件为契机，推进团队管理标准化与规范化进程的有效手段。研讨会上产出成果，要在不断积累和迭代中逐步固化成规范的管理动作，持续稳定地发挥作用——这就是管理中的"结硬寨，打呆仗"。

以事为师，推进管理的标准化与规范化建设，具有多方面的必要性，主要体现在以下几个方面：

1. 提高工作效率

明确工作流程：通过对各类事务进行梳理和分析，制定出标准化的工作流程。使员工对每一个工作环节的操作步骤及要求心中有数，从而避免因流程不清晰而导致的时间浪费和重复劳动。

减少沟通成本：标准化的管理体系为员工提供了统一的工作标准和沟通语言。在工作中，员工之间、部门之间的沟通更加顺畅，减少了因理解不一致而产生的沟通障碍和误解，使信息传递更加准确和高效，进而提高工作效率。

2. 保证工作质量

规范工作行为：标准化建设对工作中的各项操作和任务进行规范，明确了质量标准和要求。员工在工作过程中按照标准执行，能够确保工作质量的一致性和稳定性，减少因人为因素导致的质量波动。

便于质量控制：标准化的工作流程和质量标准为质量控制提供了明确的依据。管理者可以根据这些标准对工作过程和结果进行检查和评估，及时发现质量问题并采取相应的纠正措施，保证产品或服务的质量符合要求。

3. 促进组织协调

增强部门协作：在标准化管理体系下，各个部门的职责和工作流程都得到了明确界定。部门之间的工作衔接更加紧密，协作更加顺畅，避免了因职责不清、工作流程不匹配而导致的部门间冲突和推诿现象，提高了组织的整体协调性。

优化资源配置：通过对工作进行标准化分析，可以更加准确地了解组织内各类资源的需求情况，从而实现资源的合理配置。同时，标准化的工作流程也有助于提高资源的利用效率，避免资源的浪费，使组织的资源能够得到最大程度的发挥。

4. 助力员工培养

提供培训依据：标准化的工作流程和操作规范为员工培训提供了清晰、明确的教材。新员工可以通过学习这些标准，快速了解工作内容和要求，缩短适应工作的时间。对于老员工来说，标准化的培训内容也有助于他们不断提升自己的业务水平，适应组织发展的需要。

统一培训标准：标准化建设确保了培训内容和培训方式的一致性，使所有员工都能够接受相同标准的培训。这样可以保证员工在工作中遵循相同的标准和规范，提高员工队伍的整体素质和工作能力。

5. 推动组织发展

积累经验知识：以事为师，推进管理标准化的过程也是组织对自身经验和知识进行总结和积累的过程。将成功的工作经验和方法标准化后，可以在组织内广泛传播和应用，避免因人员流动而导致的经验流失，为组织的持续发展提供有力的支持。

适应外部变化：在不断变化的市场环境中，组织需要保持灵活性和适应性。标准化的管理体系有助于组织在面对外部变化时，能够快速调整和优化工作流程和标准，以更好地适应市场需求和竞争环境的变化，推动组织不断发展壮大。

以投诉为契机：胖东来的服务管理标准化、规范化之路

有很多优秀的企业，在"以事为师"方面为我们做出了表率，被誉为"超市届的天花板"的许昌胖东来超市，就是典型的标杆。

在零售行业的激烈竞争中，胖东来凭借卓越的服务脱颖而出，成为众多企业学习的榜样。其服务管理标准化、规范化的建设并非一蹴而就，而是在处理一次次投诉事件的过程中不断总结、完善，逐步摸索出来的。

1. 投诉事件——问题暴露的窗口

胖东来高度重视每一次客户投诉，将其视为发现服务问题的重要渠道。因为在日常运营中，服务环节众多，即便已有较为成熟的服务体系，也难以做到十全十美。投诉事件恰恰能直接反映出服务管理中的漏洞与不足。

例如，曾有消费者投诉某商品价格标签模糊，导致结账时价格与预期不符。这一事件看似简单，却暴露出胖东来在商品价格管理方面的不规范。从标签制作、张贴，到定期检查等环节，可能存在责任不明确、流程不完善的问题。

又有消费者反馈，在高峰期时，生鲜区的服务人员响应速度慢，未能及时提供帮助，这反映出在人员配置和服务流程方面，未能充分考虑到顾客流量的变化，导致服务效率低下。

2. 深入分析——追根溯源找症结

面对投诉事件，胖东来不是简单地解决表面问题，而是组建专门的分析团队，对事件展开深入剖析。他们从多个维度挖掘问题的根源，包括流程、人员、制度等方面。

就价格标签问题而言，分析团队发现，价格标签的制作由不同部门负责，且缺乏统一的审核标准和检查机制。在商品促销或换季时，信息传递不及时，导致标签更新滞后。

对于生鲜区服务响应慢的问题，经过分析发现，高峰期时生鲜区的工作强度大，而服务人员数量相对不足，同时缺乏有效的应急响应机制，导致顾客需求得不到及时满足。

3. 优化标准——对症下药定规范

基于对投诉事件的深入分析，胖东来着手对服务管理标准进行优化和完善，从细节入手，制定出一系列科学、合理、可操作的服务规范。

针对价格标签问题，胖东来建立了一套严格的价格标签管理流程。明确规定标签的制作、审核、张贴和检查责任部门及责任人，要求标签信息必须准确、清晰，并定期进行检查和更新。在促销活动前，提前做好信息沟通和准备工作，确保标签及时更换。同时，引入信息化管理系统，实现价格信息的实时更新和监控，避免类似问题再次发生。

为解决生鲜区服务响应慢的问题，胖东来重新规划了人员配置方案，根据不同时间段的顾客流量，合理安排服务人员数量。制定了高峰期应急响应机制，当顾客流量达到一定阈值时，其他部门的员工将及时支援生鲜区。此外，还加强了对服务人员的培训，提高他们的服务意识和应急处理能力，确保能够及时、有效地满足顾客需求。

4. 培训宣贯——让标准深入人心

制定好标准后，胖东来通过多种方式进行培训宣贯，确保每一位员工都能理解并严格执行。他们组织开展集中培训，邀请专家和内部经验丰富的员工进行授课，详细讲解新的服务标准和操作流程。同时，制作生动形象的培训资料，如视频、手册等，方便员工随时学习。

除了集中培训，胖东来还注重在日常工作中进行现场指导和监督。管理人员会定期到一线岗位，观察员工的工作表现，及时纠正不符合标准的行为，并给予指导和帮助。通过这种方式，让员工在实践中不断加深对标准的理解和掌握。

5. 监督考核——保障标准落地执行

为确保服务管理标准得到有效执行，胖东来建立了严格的监督考核机制。他们成立了专门的监督小组，定期对各部门的服务情况进行检查和评估。监督小组不仅关注服务结果，更注重服务过程，通过现场观察、顾客回访等方式，全面了解服务标准的执行情况。

在考核方面，胖东来将服务标准的执行情况与员工的绩效挂钩。对于严格执行标准、服务表现优秀的员工，给予表彰和奖励；对于违反标准、服务不到位的员工，进行批评教育和相应的处罚。通过这种奖惩分明的考核机制，激发员工的积极性和主动性，确保服务管理标准得到切实落实。

6. 持续改进——在反思中不断提升

胖东来深知，服务管理是一个持续改进的过程，没有最好，只有更好。因此，他们会定期对投诉事件进行复盘，总结经验教训，分析服务管理标准在执行过程中存在的问题，及时进行调整和优化。

例如，在处理了多起关于售后服务的投诉后，胖东来对售后服务流程进行了全面梳理和优化，推出了一系列更加人性化、便捷化的售后服务措施，如延长退换货期限、提供上门维修服务等。这些措施不仅有效解决了顾客的问题，还进一步提升了顾客的满意度和忠诚度。

在很多企业里，客户投诉往往被视为棘手难题，讳疾忌医，唯恐避之不及，然而胖东来却主动欢迎来自客户的批评，闻过则喜。胖东来超市的标准体系负责人，在一次接受采访时说：

别觉得顾客总是挑刺、总是反映问题就是事多。其实我们应该感谢这类顾客，因为他们的反馈给了我们一次挽留他们的机会。

当客户的问题处理完毕，并不意味着工作就此结束。我们还需要通过客诉处理后的反馈，与相关部门共同查找问题根源，进行深入分析。这才是客服工作的核心价值所在——将问题转化为改进的机会。

我们要始终秉持"把坏事变好事"的理念。只要顾客反馈的问题属实，就严格按照既定标准执行。无论顾客的初衷如何，只要他们的反馈能帮助我们成长，我们都应该以开放和积极的态度去面对。通过这样的方式，我们不仅能解决眼前的问题，更能推动整个组织的持续优化和进步，这才是客服工作真正的意义所在！

胖东来借助客户投诉持续优化服务与管理，将负面事件转化为推动自身进步的强大动力，构建起一套行之有效的标准化服务和管理体系。

- 服务流程标准化：打造售前、售中和售后的极致服务体验；
- 商品管理标准化：源头把控品质，提升购物便捷性，价格透明公正、让利于民；
- 人员管理标准化：选拔优秀人才，规范员工行为，考核与激励到位，激发员工潜能；
- 环境管理标准化：硬件设施维护，打造整洁购物空间，营造舒适购物环境。

胖东来通过全方位、多层次的标准化管理，不仅为顾客提供了优质的购物体验，赢得了广大消费者的信赖和支持，也为自身的持续发展奠定了坚实的基础，树立起良好的品牌形象，雇佣的员工也为身处其中而深感自豪。

胖东来的成功经验为零售行业树立了卓越典范，也值得其他行业深入学习和借鉴，我们要把每一次负面事件当做机会去把握，而非当做威胁去逃避，通过持续改善，打造出属于自己的标准化、规范化管理体系。

自主自觉：登上团队驱动力的最高境界

在团队管理的复杂体系中，团队驱动力就像汽车的引擎，决定着团队前进的速度。团队驱动力可分为三重境界：上司指挥驱动的"人治"阶段，制度流程驱动的"法治"阶段，以及最终达到的自主自觉驱动的"自治"阶段（详见图16-1）。

管理改善研讨会的终极目的，就是引导团队走出"人治"的依赖，迈向以制度流程为支撑的"法治"，并在此基础上激发团队成员主动思考、改进管理的习惯，进而形成内在的自驱力，最终抵达自主自觉驱动这一最高境界。

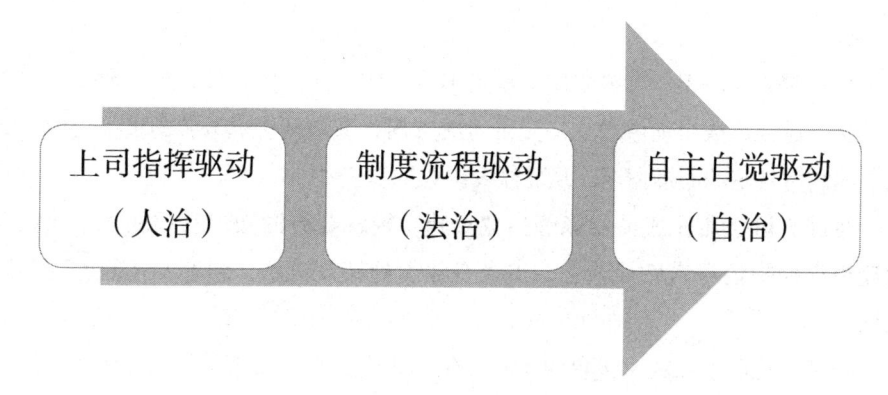

```
上司指挥驱动    →    制度流程驱动    →    自主自觉驱动
  （人治）              （法治）              （自治）
```

图 16-1　团队驱动力的三重境界

摆脱"人治"依赖：走出指挥式管理的局限

上司指挥驱动，作为团队发展初期常见的管理模式，有着明显的弊端。在这种"人治"模式下，团队成员过度依赖上级指令，缺乏独立思考和决策的能力。上司如同团队的"大脑"，事无巨细都要进行安排和指导，这不仅限制了成员的创造力和积极性，也极大增加了上司的管理负担。长此以往，一旦上司的指挥出现偏差，整个团队就可能陷入混乱，团队的应变能力和创新活力被严重削弱。要打破这一困局，团队必须摆脱"人治"的束缚，向制度流程驱动的"法治"阶段迈进，赋予成员更多自主空间。

搭建"法治"框架：奠定自治的坚实基础

制度流程驱动，是团队管理迈向成熟的重要标志。一套科学合理的制度流程，明确了团队成员的职责分工、工作标准和操作规范，为团队的运行提供了清晰的指引。在"法治"模式下，团队成员清楚地知道应该做什么、如何做，以及做到什么程度，这有效减少了工作中的推诿扯皮和不确定性。同时，制度流程的透明性和公正性，也为成员营造了公平竞争的环境，激发了他们的工作热情。

不过，制度流程驱动并非终点，而是通往自主自觉驱动的重要桥梁。要实现团队的可持续发展，就必须在完善制度流程的基础上，为成员创造自主决策的机会，培养他们的自驱力，引导其从被动执行向主动思考和自我管理转变。

培育"自驱力"：构建团队文化，激发组织生命力

管理改善研讨会作为团队成长的重要平台，为培养团队成员的自主自觉提供

了契机。

在研讨会上，组织者鼓励团队成员围绕工作中的真实事件，自由地交流和探讨。这一过程让成员能够自主决定思考的方向，参与到管理改善的决策之中，满足了他们对自主的心理需求，从而激发内在的积极性。

通过研讨交流，成员们能够拓宽视野，接触到新的知识和技能。不同观点的碰撞促使他们深入钻研业务，追求专业上的精益求精，朝着专精的方向不断发展。

研讨会营造了开放、包容的团队文化，让成员在交流中进一步理解团队的目标和价值，将个人目标与团队目标紧密结合，明确共同的奋斗目标。

当团队成员逐渐养成主动思考和改进管理的习惯时，他们的自驱力就会被激发出来，团队逐渐走向自主自觉驱动的光明大道。

自主自觉驱动，是团队驱动力的最高境界。在这一阶段，团队成员已经将团队的目标和价值观内化为自己的行为准则，能够自觉地为实现团队目标而努力奋斗。他们不仅能够主动完成本职工作，还能够积极关注团队的整体发展，主动发现问题、解决问题，为团队的持续改进贡献力量。在自主自觉的团队中，成员之间相互信任、相互支持，形成强大的凝聚力和战斗力。这种团队具备良性的文化基因，能够持续激发强大的组织生命力，保持敏锐的洞察力和强大的应变能力，实现可持续发展。

从上司指挥驱动到制度流程驱动，再到自主自觉驱动，是团队管理不断进化的过程。管理改善研讨会作为推动这一进化的重要力量，帮助团队摆脱"人治"依赖，搭建"法治"框架，培育团队成员的自驱力，最终实现自主自觉驱动这一最高境界。管理者应充分发挥管理改善研讨会的作用，持续提升团队的管理水平，打造一支具有强大驱动力和竞争力的高绩效团队。

后　记

管理者的终极觉醒

当我敲下最后一章的最后一个句点时，心情久久不能平静，依然沉浸在那一段段夜以继日的创作历程中。偶尔午夜梦回，依稀想起书中的理论与工具，尤其是诸葛明的真实成长感悟总在我耳边回荡。

诸葛明经理，管理觉醒者的化身

大家应该还记得，在这本书每一章开头，都有一个"案例导读"引出全章的内容，这些贯穿始终的案例里，主人公是某企业的部门经理诸葛明，我们在阅读全书的同时，也在见证着诸葛明及其团队的成长历程。

成长阶段一：从迷茫到觉醒

第一章到第六章，我们看到诸葛明为了摆脱管理困境，在持续努力学习与思考，虽然不得要领，但依然试图取得突破。

第一章，是处于心力交瘁和迷茫无力中的诸葛明；

第二章，他开始对团队问题的归属产生觉察与思考；

第三章，在张总的教练式辅导下，诸葛明对直击灵魂的六个问题进行反思，管理转型的意识开始萌生；

第四章，通过行动学习工作坊的初体验，诸葛明受到震撼，对工作坊模式产生兴趣；

第五章，他向老师请教行动学习的实操技术，准备在团队中进行实践；

第六章，诸葛明第一次尝试主持研讨会，却因准备不足遭遇了挫折。

成长阶段二：从探索到突破

第七章到第十一章，我们看到诸葛明在团队中正式开展"问题解决研讨会"，从生涩到成熟的过程。

第七章，由于没有指明方向，团队研讨出现了偏差，诸葛明开始回顾老师教的方法；

第八章，在带领大家界定问题时，开始走向正轨，专业度提升；

第九章，诊断分析时，诸葛明在主持中可以纠正大家的思维习惯；

第十章，诸葛明带领团队成员积极寻找备选方案，曙光初现；

第十一章，诸葛明引导团队决策行动的方法已经胸有成竹，成果呼之欲出。

成长阶段三：从成熟到跃迁

第十二章到第十六章，能够明显感受到，诸葛明主持"管理改善研讨会"的过程已经轻车熟路，体现出专业风范。

第十二章，诸葛明俨然已经是一位成熟而专业的引导师，发起了对离职交接不到位事件的管理改善研讨会；

第十三章，他带领团队成员很快对负面事件的目的达成共识，有效地界定了问题；

第十四章，诸葛明以导师的姿态，引导大家正确分析负面事件原因，避免误入歧途；

第十五章，用简明高效的改善方案探究工具，带领大家找到管理改善方向；

第十六章，产出了令人眼前一亮的第一阶段管理改善成果。

除了贯穿这十六章的故事线，其实诸葛明经理的案例还有一个尾声——

案例尾声：从"事必躬亲"到"无为而治"的觉醒之路

暮色悄然漫入会议室，诸葛明轻轻推开会议室的门扉。夕阳透过百叶窗，在满墙的荣誉证书上流淌，折射出细碎的金光，宛如一幅记录奋斗历程的鎏金画卷。手中"管理创新卓越团队"的奖杯尚带着颁奖礼的余温，那份破格提拔的红头文件，更是沉甸甸地压在心底，见证着他职业生涯的重大跨越。

谁能想到，三年前这里还是另一番光景。那时的部门深陷泥潭，项目进度如同脱缰野马，内部流程混乱不堪，各种突发状况此起彼伏。诸葛明就像一个疲于奔命的救火队员，每天被琐事缠身，焦头烂额。团队成员士气低落，工作热情如被霜打的秋叶，部门氛围压抑得让人喘不过气。

转折点始于一场"问题解决研讨会"。当团队在项目瓶颈期束手无策时，诸葛明尝试放下"指挥官"的身段，以引导者的身份组织骨干成员围坐一堂。起初，场面略显拘谨，但随着引导方法的逐步推进，大家渐渐打开话匣子，思维的火花在碰撞中迸发。那次会议，不仅找出了问题症结，更让诸葛明看到了集体智慧的无穷潜力。

自此，群策群力的行动学习研讨会成为团队管理的常态。负面事件发生时，他们不再相互推诿，而是召开"管理改善研讨会"，将危机转化为成长的契机。每一次研讨，都是一次思维的激荡；每一次碰撞，都催生出新的解决方案。慢慢地，团队不仅攻克了一个又一个难题，还建立起一套环环相扣的标准化管理体系。曾经依赖诸葛明决策的成员，如今已能独当一面，半数以上都掌握了引导技巧，成为团队成长的中坚力量。

诸葛明将奖杯轻轻置于荣誉台，缓步走向展示柜。柜中，整齐码放的标准化工作手册和规范管理图册，无声诉说着团队的蜕变。而那几本厚厚的《问题解决案例集》和《管理改善案例集》，更是格外引人注目。翻开泛黄的纸页，往昔的场景如电影般在眼前回放：研讨会上，有人眉头紧锁、凝神思考；有人妙语连珠、侃侃而谈；也有人因观点分歧激烈争论，最终又在共识达成时开怀大笑。这些珍贵的瞬间，都化作团队持续进化的养分。

如今的部门，早已脱胎换骨。项目准时交付率从 65% 飙升至 92%，客户满意度高达 98 分，成为公司上下争相学习的标杆。更令人欣喜的是，团队形成了自我驱动的文化，成员们以主人翁的姿态，为共同目标全力以赴。看着曾经的骨干员工因出色表现被委以重任，诸葛明心中满是欣慰与自豪。

回顾这段历程，诸葛明感慨万千。曾经，他"事必躬亲无巨细"，整日忙得脚不沾地，却收效甚微；如今，他学会"不管风吹浪打，胜似闲庭信步"，将舞台交给团队，自己反而更从容。这份转变，源于管理思维的彻底觉醒。

管理觉醒的真谛，在于打破"管理=控制"的固有认知。当管理者放下对权力的执念，不再以"权威者"自居，组织便如挣脱枷锁的飞鸟，重获自由翱翔的力量。这其中蕴含着三大思维跃迁：从迷信个人权威到拥抱集体智慧，从紧盯结果到注重过程赋能，从追求短期业绩到着眼长期进化。

真正的管理大师，不是鞠躬尽瘁的"拼命三郎"，而是懂得赋能团队的"幕后推手"。当管理者学会在团队的成长中隐退，组织便迎来了属于自己的觉醒时刻。

窗外，晚霞似火，将天际染成壮丽的红色。诸葛明望着这片绚烂，心中涌起前所未有的踏实。他深知，管理变革的征程永无止境，但此刻的每一份成就，都值得细细品味；而前方，更广阔的天空正等待着他和团队去探索、去征服。

本书的所有案例串联起来，仿佛一部励志片，记录了一位不甘平庸的优秀管理者的成长历程。诸葛明热爱学习，积极进取，不怕挫折，勇于实践，这个人物是管理觉醒者的化身，他寄托了作者对广大新时代管理者的美好祝福与期待，如果您也能拥有诸葛明的这些品质，就一定会迎来光明的前景，踏向充满希望的新征程！